Rabe 47

Der Flaubert-Rabe

PAVILLON FLAUBERT
Musée

Der Rabe

Magazin für jede Art von Literatur

Von Volker Kriegel herausgegeben

Der Rabe
erscheint viermal im Jahr
in jeweils einmaliger Ausgabe und Auflage
sowie nur im Buchhandel.
Nach- und Hinweise am Schluß.
Frontispiz: Foto von Peter Henisch
Alle Laternen (zu Louise Colet)
und Pissoirs (zu den Brüdern Goncourt)
sind Photographien von Charles Marville aus der Zeit Flauberts.
Umschlagzeichnung von Volker Kriegel

Erste Auflage, Herbst 1996

Satz: Fotosatz Michel, Gießen
Filme: Höhn, Oberhasli
Herstellung: Ebner Ulm
ISBN 3 251 10047 5

»Manche Leute haben ein zartes Herz und einen harten Geist. Bei mir ist es umgekehrt: Ich habe einen zarten Geist und ein rauhes Herz; und wie bei einer Kokosnuß, deren Milch von Holzschichten umschlossen ist, braucht man eine Axt, um es zu öffnen, und was findet man meistens darin? Eine Art sauer gewordene Sahne.«

Flaubert 1847

»Ich lache über alles, sogar über das, was ich am meisten liebe. Es gibt keine Dinge, Geschehnisse, Gefühle oder Personen, die ich mit meinen Possen nicht munter geplättet hätte, wie man mit einer Eisenwalze dem Tuch seinen Glanz verleiht.« Flaubert 1852

»Ich liebe meine Arbeit mit einer rasenden und pervertierten Liebe, wie ein Asket sein härenes Hemd, das ihm den Bauch zerkratzt.« Flaubert 1852

»Mein Herz bleibt intakt, aber meine Gefühle werden einerseits auf die Spitze getrieben und andererseits abgestumpft, wie ein allzu oft gewetztes Messer, das schartig und brüchig geworden ist.« Flaubert 1872

*

»Die schlechtesten Leser sind die, welche wie plündernde Soldaten verfahren: Sie nehmen sich einiges, was sie brauchen können, heraus, beschmutzen und verwirren das Übrige und lästern auf das Ganze.« Nietzsche

Danksagung

Mein Dank gilt Joachim Kersten für steten Rückenwind und antörnende Begeisterung, aber auch für entscheidende Hinweise, für glanzvolle Beiträge und kostbare Trouvaillen.

Gerne hätte ich Joachim Kersten als Mitherausgeber aufgeführt, aber in seiner Bescheidenheit hat er sich das streng verbeten. Und wie es unter Freunden üblich ist, habe ich mich diesem Wunsch dann halt letztlich doch gefügt.

Volker Kriegel, Sommer 96

Inhalt

Anhang

Gustave an Louise (1)

Von Gustave Flaubert

[Croisset,] Sonntag, 2 Uhr nachmittags.
[30. August 1846]

Wut! großer Gott! Groll und Bitterkeit, Säuernis! Was soll das heißen? Liebst Du die Streitereien, das Gemecker und dieses ganze ätzende, alltägliche Hin- und Hergezerre, das am Ende aus dem Leben eine wahre Hölle macht? Ich verstehe gar nichts. Du beklagst Dich über meine Grobheiten, mir jedoch scheint, daß ich Dir vergleichbare nie geschickt habe. Vielleicht habe ich Dir noch schlimmere geschickt, wirst Du sagen, jeder hat seine Illusionen. Aber in Deinem Brief von heute morgen sehe ich noch mehr, etwas wie einen Vorsatz, verbittert zu sein oder es zu scheinen. Wer weiß? Das ist vielleicht ein Versuch, eine Prüfung. Du wirfst mir unablässig vor, daß ich posiere, daß ich theatralisch bin, daß ich stolz bin, da ich mich brüste mit meinen Traurigkeiten, wie ein Prahlhans mit seinen Narben. Deiner Ansicht nach mache ich Dir absichtlich Kummer, indem ich vorgebe zu weinen, um Deine Tränen fließen zu sehen. Das ist eine grausame Vorstellung. Wie kannst Du mich lieben, wenn Du mich für eine so erbärmliche Figur hältst? Du mußt mich also verachten. Vielleicht verachtest Du mich tatsächlich? Du bist sicher schon soweit, daß es Dir leid tut, Du siehst, daß Du Dich getäuscht hast, und mir wirfst Du sie vor, diese verlorene Illusion. So denk daran, daß mein erstes Wort an Dich ein Warnschrei war, und als uns beide die Lust in ihrem Taumel mitriß, habe ich Dir immer wieder gesagt, Du mögest Dich retten, solange noch Zeit sei. War das Eitelkeit? war das Hochmut? hätte ich nicht im Gegenteil lügen können, mich aufblasen, mich in Positur werfen, ein höheres Wesen aus mir machen? Du hättest mich dafür gehalten. So hättest Du geglaubt, daß ich gut bin, weil ich scheinheilig gewesen wäre.

Aber was soll ich Dir sagen? was tun? Ich finde mich da nicht mehr zurecht. Ich brauche Mut, um Dir zu schreiben, jedesmal überzeugt, daß alles, was ich Dir schreibe, Dich verletzt. Die Kater verwunden ihre Weibchen bei ihren Liebkosungen, und mitten in ihren Wonnen tauschen sie Schläge aus. Warum fangen sie immer wieder damit an? Die Natur treibt sie dazu, ich bin nicht anders. Jedes Wort von mir ist eine Verletzung, die ich Dir zufüge, jede Welle der Zärtlichkeit wird als Beleidigung aufgenommen. Ach, meine arme, geliebte Frau, auf all das war ich nicht gefaßt, selbst in der fernsten Erwartung möglicher Leiden nicht. – Konntest Du denken, ich liebte Dich weniger, wenn Du ein Kind von mir hättest? Aber im Gegenteil, mehr lieben würde ich Dich. Tausendmal mehr. Wärst Du nicht viel verbundener mit mir durch den Schmerz, durch die Dankbarkeit und durch das Mitleid selbst? Vielleicht schockiert Dich dieses letzte Wort da wieder. Aber nimm es nicht in seinem banalen, engen Sinn, nimm es bei dem, was es in sich trägt an Innigstem, Ergriffenstem und Uneigennützigstem. Du denkst, es wird wegen dieser unausgesetzten Furcht vor einem zukünftigen Leben, das aus einer Minute des Sichverlierens entstehen kann, weder Lust noch Rausch mehr zwischen uns geben? Im Gegenteil. Für mich ist es diese Lust, die die Liebe trübt, denn danach rührt sich das Gewissen. Warum die Vorstellung eines furchtbaren Unglücks für Dich mit dem Glück vermischen, das Du mir schenkst? Wenn ich gewöhnlich keinen gesunden Menschenverstand besitze, wie Du mir immer wieder sagst, so scheint es mir hier, daß nicht ich es bin, dem es daran fehlt. Wenn ich nur mein Vergnügen suchen, wenn ich von der Liebe nur ihre körperlichen Freuden erwarten würde, wäre mein Verhalten, das würde jedem einleuchten, ein anderes. Also lassen wir das, liebe Freundin, noch bin ich nicht so ungehobelt, wie Sie sagen, und liebe etwas noch mehr als Ihren schönen Körper, nämlich Sie selbst. Weißt Du, was Dir fehlt, oder vielmehr, wo Du sündigst, durch den Geist tust Du es. Du siehst ihn, wo es ihn nicht gibt. An Stellen, wo man gar nicht auf die Idee kam, geistvoll zu sein. Du erörterst, Du holst aus, Du treibst alles auf die Spitze. Wo zum Teufel hast Du gefunden, daß ich Dir etwas gesagt hätte wie: »daß ich nie die Frauen geliebt habe, die ich besessen, und daß jene, die ich geliebt habe, mir nichts gewährt haben«. Ich habe Dir ganz einfach gesagt, daß ich sechs Jahre lang eine Frau geliebt habe, die es in ihrem Leben nicht erfahren hat. Es wäre ihr töricht vorgekommen. Und mir jetzt auch. Danach habe ich, bis zu Dir, nicht geliebt, weil ich nicht lieben wollte, das ist alles. Glaub bloß nicht, daß ich zu der ordinären Rasse von Männern gehöre, die nach der Lust den Appetit verlieren, da für sie die Liebe nur vermöge der Begierde besteht. Nein, was sich in mir erhebt, ist nicht so schnell entkräftet. Wenn Moos auf den Bauwerken meines Herzens wächst, kaum daß sie errichtet sind, so braucht es Zeit, bis sie verfallen, wenn sie das überhaupt jemals gänzlich tun.

– Mach Dich lustig über mich, soviel Du willst, über mein Leben, über diesen maßlosen Stolz, den Du gerade entdeckt hast, eine Entdeckung, deren Christoph Columbus Du bist, und über meine pantheistischen Glaubensgrundsätze. In all dem steckt nicht das geringste Verlangen, Dich zu unterhalten oder originell zu erscheinen. Ich gebe nicht vor, wunderlich zu sein. Wenn ich es bin, um so schlimmer, oder um so besser. Die Worte von Descartes über Campanella zu diesem Thema werde ich lesen, aber ich glaube nicht, daß sie mir das Gegenteil beweisen.

Man muß schon den Ingrimm des Exzentrikers haben, um ihn in mir zu entdecken, in mir, der das bürgerlichste und unscheinbarste Leben der Welt führt. Ich werde sterben in meinem Winkel, ohne daß man mir, so hoffe ich doch, auch nur eine böse Tat oder eine böse Zeile vorwerfen kann, aus dem Grunde, daß ich mich um andere nicht schere und nichts dazu tun werde, daß sie sich um mich scheren. Ich erfasse die Extravaganz einer so gewöhnlichen Existenz nicht ganz. – Doch darunter gibt es eine andere, geheime, ganz strahlend und erleuchtet für mich allein. Eine, die ich niemandem eröffne, weil man darüber lachen würde. Ist das denn so verrückt?

Fürchte nicht, daß ich *irgend jemandem* Deine Briefe gezeigt hätte. Nein, da sei sicher. Du Camp weiß nur, daß ich einer Frau in Paris schreibe, die vielleicht in diesem Winter für unsere

Briefe seine Hilfe brauchen wird. Er sieht mich Dir jeden Tag schreiben. Aber er kennt Deinen Namen noch nicht. Da er seinerseits das gleiche tut, hat er mich nicht mehr zu fragen, als ich ihn. Er hat mir nur neulich das Siegel mit seinem Wappen geliehen.

Ich bin traurig, daß Phidias nicht kommt. Das ist ein hervorragender Mann und ein großer Künstler, ein wirklicher Grieche, und unter all den modernen der am meisten antike. Ein Mann, der sich um nichts sorgt, weder um Politik, noch um Sozialismus, noch um Fourier, noch um die Jesuiten, noch um die Universität, und der, wie ein guter Arbeiter mit aufgekrempelten Ärmeln da ist, um vom Morgen bis zum Abend seine Aufgabe zu erfüllen, mit dem Wunsch, sie gut auszuführen und mit Liebe zu seiner Kunst. Alles liegt da, in der Liebe zur Kunst. Doch ich bin lieber still, das irritiert Dich wieder, Du magst nicht von mir hören, daß ich mich mehr um einen Vers sorge als um einen Menschen, und Dichtern mehr Anerkennung entgegenbringe als Heiligen und Helden. Was hätte man in Rom gedacht, zur Zeit des Horaz, wenn es jemandem eingefallen wäre, zu ihm zu sagen: »Oh, guter Flaccus, was macht Eure Ode auf Melpomene? erzählt mir von Eurer Leidenschaft für den jungen Knaben, den Pollion Euch überlassen hat; werdet Ihr uns in Asklepiaden oder in Jamben von ihm erzählen? Alles was Ihr sagt, beschäftigt mich sehr viel mehr als der Krieg der Parther, als das Priesterkollegium, als das Valeria-Gesetz, das man wieder zur Sprache bringen will...« Es gab also dennoch etwas Wichtigeres als die Männer, die für das Vaterland starben, als die, die für es beteten, als die, die daran arbeiteten, es zum glücklichsten aller Länder zu machen: und das waren jene, die sangen. Denn sie allein überleben. Neue Welten wurden entdeckt, um sie zu lesen. Die Buchdruckerkunst wurde erfunden, um sie dort zu verbreiten. Ach! ja, die Liebe Glyceres' oder Lycoris' wird noch zukünftige Generationen überdauern. Wie ein Stern sieht die Kunst die Erde kreisen, ohne davon berührt zu sein; das Schöne funkelt in seinem Azur und löst sich nicht vom Himmel. Aber genug, Dich ärgert das alles. Was also Dir sagen? Daß ich Dich küsse. Ich habe kaum noch Platz, aber ich schicke Dir trotzdem zwischen diesen gedrängten Zeilen hindurch einen langen und zärtlichen Kuß, wie durch Gitterstäbe.

Deutsch von Cornelia Hasting

Flauberts Furunkel

Von Volker Kriegel

Die letzten Gäste waren längst gegangen, und draußen dämmerte bereits der Weihnachtsmorgen herauf. Vor mir lag der hellblaue Briefbogen, und immer wieder las ich, was da in einer zierlichen, fein konturierten, ebenso strichsicheren wie lässigen Handschrift geschrieben stand. *Ich las* ist eigentlich nicht der richtige Ausdruck. Ich starrte verzaubert auf die Zeilen und döste mich in die Bewegungslinien hinein. Flaubert hatte offensichtlich eine gut eingeschriebene Feder benutzt, die Tinte läuft gleichmäßig ab, und die vielen Lücken innerhalb der einzelnen Wörter unterbrechen keineswegs den Fluß, sondern sie markieren den natürlichen Schreibrhythmus eines Mannes, der neben seiner schriftstellerischen Arbeit zeitlebens eine umfangreiche Korrespondenz geführt hat. Beinahe jeden Tag hat Flaubert Briefe geschrieben, Tausende insgesamt, stets mit Feder und Tinte. Eintauchen – schreiben – absetzen – eintauchen – schreiben – absetzen – eintauchen – schreiben.

Die Zeilen »meines« Briefes ziehen sich leicht schräg nach rechts oben. Flaubert hat sich nicht die Mühe gemacht, besonders ordentlich zu schreiben, er hat sogar in der vierten Zeile einen offensichtlichen Schreibfehler ausgebessert. Das Ganze wirkt wie eine rasch hingeworfene Botschaft, nicht wie ein sorgfältig aufgesetzter Brief. Viel hat Flaubert nicht mitzuteilen. Aufgrund von nicht näher bezeichneten Beschwerden kann er das Haus nicht verlassen und muß einen angekündigten Besuch in der *rue du cherche-midi* absagen. Er hat eine Woche im Bett verbracht und Druckfahnen korrigiert.

Die Anrede fehlt. – Aus der Schlußfloskel *(Ich küsse Ihre Hände sehr zärtlich/Der Ihrige)* kann man allerdings entnehmen, daß das Schreiben an eine Dame gerichtet ist. Flaubert hatte zu dieser Dame offenbar eine freundschaftliche, aber keine besonders enge oder gar amouröse Beziehung. Hier wird nur artig das

Händchen geküßt. In den Briefen an Louise Colet oder andere Geliebte zielt der postalische Kuß oft in ganz andere Regionen.

Nicht nur die Anrede fehlt, sondern auch das Datum. – Unten auf dem Briefbogen ist lediglich vermerkt *samedi soir* –

Wer mag die Dame in der rue du cherche-midi gewesen sein?

Mein Freund J. hatte mir den Brief zum Fuffzigsten geschenkt. Im mitternächtlichen Gratulationstrubel war mir zunächst überhaupt nicht richtig klar, was J. mir da soeben in die Hand gedrückt hatte. Es dauerte eine ganze Weile, bis ich es begriff, und dann kam der sanfte Schock: *Das ist ein Original! / Nein / Doch / Das hat Flohbär geschrieben! / Er selbst hat diese Zeilen auf dieses blassblaue dünne Papier geschrieben / Eigenhändig / Vor mindestens hundert Jahren / Quatsch / viel länger / vor hundertzwanzig oder vielleicht sogar hundertfünfzig / Ist das Tusche? / Nein Tinte / Das sieht ja beinahe aus wie Luftpostpapier / O Gott ist das echt? / Könnte das jemand gefälscht haben? / Unsinn / keine Panik – Woher stammt dieser Brief?*

Weder in der Geburtstagsnacht noch später hat mir mein Freund J. verraten, wie und wo er diesen Brief ergattert hatte. Es blieb bei vagen Andeutungen à la »Na ja, du weißt doch, wie man an Autographen kommt. Wie das eben so geht.« Leider weiß ich nicht genau, wie das geht. Vermutlich über Versteigerungen, über spezialisierte Antiquariate, über persönliche Beziehungen. Wer weiß.

Es ist schon eine Weile her seit dem Fuffzigsten, und ich hatte mich schon beinahe damit abgefunden, daß das Geheimnis des Briefes gewahrt bleibt. Es genügte mir, daß ich mit diesem magischen Blatt Papier den Geist Gustaves so oft beschwören konnte – ach was: *herbeizaubern* konnte, wie ich nur wollte. Und vermutlich habe ich mir sogar eingeredet, daß die Zauberkraft des Briefes um so wirksamer bleibt, solange die Geheimnisse seiner Bestimmung und seiner Herkunft ungeklärt sind.

Mit solch plumpen Beschwichtigungen läßt sich die Neugier auf Dauer nicht abdeckeln. Es kam der Tag, an dem ich es genau wissen wollte. Ich schrieb an Professor Jean Bruneau, den Herausgeber der berühmten *Pléiade*-Ausgabe von Flauberts Korrespondenz[1], schickte ihm eine Fotokopie »meines« Briefes und fragte an, ob er mir sagen könne, an wen der Brief gerichtet sei. Es vergingen viele Wochen, und ich hatte bereits die Hoffnung auf eine Antwort aufgegeben, als dann eines Tages Post aus Frankreich eintraf.

Die Adressatin »meines« (bislang unveröffentlichten) Flaubert-Briefes, so teilte mir Professor Bruneau mit, sei Madame Paule Sandeau, die Ehefrau des Romanciers Jules Sandeau. Madame Sandeau unterhielt in der rue du cherche-midi Nr. 76 einen literarischen Salon, in dem auch Gustave Flaubert gelegentlich verkehrte. »Was die Datierung des Briefes angeht«, schrieb der freundliche Gelehrte, »so sollten Sie die Bemerkung *je suis* ***cloué*** *chez moi* beachten. *Cloué* kommt von *clous*, d. h. Flaubert hatte Furunkel[2].« Das also waren die »lächerlichen Beschwerden«, die Flaubert eine Woche lang zu Hause »festgenagelt« hatten.

Er habe Flauberts Korrespondenz noch einmal rasch durchgeschaut, ließ mich Professor Bruneau wissen, und sei auf drei Zeiträume gestoßen, in denen Flaubert *cloué* gewesen sei, sprich: unter Furunkeln gelitten habe: Oktober 1862, Mai 1864 und Februar 1866.

Nun begann die Sache allmählich Konturen anzunehmen. Soviel stand fest: 1. Flaubert hatte den Brief an Madame Sandeau an einem Samstag abend geschrieben. 2. Er litt unter Furunkeln. 3. Er korrigierte Druckfahnen. Irgendein Hinweis auf die Ver-

[1] Flaubert. *Correspondance*. Hrsg. Jean Bruneau. Bibliothèque de la Pléiade. Éditions Gallimard. Bisher erschienen: Band 1 bis 3.

[2] Mein Uralt-Langenscheidt bestätigt: **clou** [klu] *m* Nagel; *fig.* Hauptattraktion *f*, Glanzstück *n;* Furunkel *n;* **clouer** [klu'e] (an-, auf)nageln; *fig.* fesseln.

bindung von Korrekturen und Geschwüren mußte in seinen Briefen zu finden sein.[3]

Beginnen wir mit dem Mai 1864. Da hat Flaubert des öfteren über einen Furunkel im Gesicht geklagt. Zunächst am 6. Mai in einem Brief an seinen Freund Ernest Feydeau. Das Übel scheint noch nicht gar so schlimm gewesen zu sein, denn Flaubert trifft immer noch Verabredungen. Am 11. Mai schreibt er dann allerdings seiner Nichte Caroline, er werde verschiedene Essensverabredungen absagen müssen. Auch bei Madame Roger des Genettes, seiner ältlichen Freundin, läßt sich Flaubert entschuldigen. Sicherlich hat auch die Eitelkeit bei diesen Absagen eine gewisse Rolle gespielt. Später ist jedenfalls nicht mehr von irgendwelchen *clous* die Rede, auch nicht in den ausführlichen Briefen an Caroline. Was die Datierung »meines« Briefes angeht, so kommt der Mai 1864 vor allem deswegen nicht in Frage, weil Flaubert in diesem Zeitraum keine Druckfahnen korrigiert hat, sondern mit Louis Bouilhet den Bauplan zu *L'Education sentimentale* ausarbeitete.

Auch im Frühjahr 1866 hat Flaubert keine Druckfahnen korrigiert. Er schrieb an *L'Education sentimentale* (»Er arbeitet tatsächlich vierzehn Stunden am Tag«, notierten die Gebrüder Goncourt), verbrachte viele Stunden in Porzellanmanufakturen und trieb intensive Studien über die Herstellungsverfahren von Fayencen. In den *Correspondances* vom Februar 1866 findet sich kein Hinweis auf die Furunkelplage. Um so mehr aber im März. Am 12. 3. 1866 schrieb Flaubert an Saint-Beuve, er könne ihn nicht besuchen, weil er einen fürchterlichen Furunkel habe, der »mich daran hindert, mich anzuziehen«. *(Je ne puis aller vous voir,*

[3] Die im folgenden erwähnten oder zitierten Briefe sind nachzulesen im dritten Band der erwähnten *Pléiade*-Ausgabe von Jean Bruneau (*Flaubert, Correspondances III*, Éditions Gallimard 1991). – In der einzigen derzeit erhältlichen deutschen Ausgabe von Flauberts Briefen (*Flaubert, Briefe*, herausgegeben und übersetzt von Helmut Scheffel, Diogenes Verlag) klafft leider eine Lücke zwischen Juli 1862 und Dezember 1862. Längst vergriffen ist die zehnbändige Flaubert-Ausgabe *Gesammelte Werke*, die E. W. Fischer zu Anfang dieses Jahrhunderts im Verlag J. C. C. Bruns, Minden i. Westf., herausgegeben hat und deren zehnter Band Flauberts Briefe an seine Nichte enthielt. (Dank für diesen Hinweis geht an J. K. in H.)

parce que j'ai un horrible clou qui m'empêche de m'habiller. –) Ein paar Tage später wurde es dann wirklich ernst. »Im Moment habe ich«, schrieb der geplagte Flaubert seiner Nichte, »einen Furunkel auf der rechten Wange, einen weiteren auf der linken Kniescheibe und einen dritten am rechten Oberschenkel.« Er sei von Umschlägen verunstaltet, klagt der Onkel, und unter Verbänden begraben. Zum Glück, fügt er hinzu, müsse er weder aus dem Haus gehen noch arbeiten.

Auch ich bin erleichtert. Das Frühjahr 1866 kommt für die Datierung meines Briefes also auch nicht in Frage. Bleibt also nur noch der Oktober 1862. Und hier werde ich prompt fündig.

Im Oktober 1862 arbeitete Flaubert (zusammen mit Louis Bouilhet) immer noch an den Korrekturen des Romans *Salammbô,* den er im April dieses Jahres abgeschlossen hatte. Und er litt unter einer regelrechten Furunkelattacke! Schon am 6. Oktober hatte er seinem Verleger Michel Levy mitgeteilt, er sei krank und liege im Bett, arbeite aber an den Korrekturen von *Salammbô.* Im selben Brief bat er um Änderungen im Satzspiegel. Von Furunkeln war noch nicht die Rede. In einem Brief an seine Nichte Caroline wurde Flaubert dann deutlicher. Am Montag, dem 13. Oktober 1862, schrieb er: »... Du beklagst Dich über die Kürze meiner Briefe, mein armer Liebling. Aber anstatt ein lustiges Leben zu führen und viele Leute zu sehen, lebe ich zur Zeit sehr zurückgezogen. Die ganze vorige Woche habe ich im Bett gelegen. Ich habe einen Furunkel, an dem sich ein Blutgeschwür gebildet hat. Der erste Furunkel ist verschwunden, aber es sind andere nachgewachsen. Ich nehme heute noch mal ein *purgierendes* Mittel und trage einen warmen Umschlag um den Hals. Meine einzige Zerstreuung bestand darin, die Druckfahnen zu korrigieren, und da Hochwürden [= Louis Bouilhet; Anm. d. Übers.] nach Mantes gereist ist (ich erwarte ihn morgen zurück), war ich total vereinsamt. Das ist der Grund, weswegen ich Dir nicht viel zu erzählen habe ...«

Der nächste Hinweis findet sich in einem Brief Flauberts an seine Freundin Amélie Bosquet. Am 21. Oktober 1862 schreibt er: »Das [Theater]Stück von Bouilhet, die Druckfahnen von *Sa-*

lammbô und zwölf Tage Zwangsaufenthalt im Bett, wo ich *festgenagelt* war«, (wieder verwendet Flaubert die Wendung *où j'etais cloué*), »haben mich daran gehindert, zu Lambert-Bey zu gehen und Ihr Buch zu empfehlen.«

Am 26. Oktober 1862 gibt Flaubert seiner Nichte Caroline noch einmal einen Abschlußbericht über die nachlassende Furunkelplage und andere Heimsuchungen: »Meine liebe Carolo! Ich habe mich noch immer nicht Eures Auftrags hinsichtlich eines Klavierlehrers entledigt, aus dem triftigen Grunde, daß ich innerhalb fast eines Monats nur zweimal an die Luft gekommen bin, einmal, um ein Bad zu nehmen, und das andere Mal, um in die Druckerei zu gehen. Ich war nicht richtig krank, aber ganz verdrießlich von all den verschiedenen Leiden. Ich habe die ganze letzte Woche im Bett verbracht und war derartig ramponiert vom Rheumatismus, daß ich keine Bewegung machen konnte, ohne zu schreien. Gott sei Dank ist es jetzt vorüber, aber Godard hat mir verboten, bei diesem regnerischen Wetter auszugehen. Übermorgen werde ich mich trotz alledem zur Druckerei fahren lassen müssen. – Nachdem ich nun keine Furunkel mehr habe, brauche ich nicht mehr soviel auszuhalten. (Auf der Backe ist mir allerdings noch einer geblieben, der mich entstellt.) Von dem unerträglichen Juckreiz an verschiedenen Stellen des Körpers will ich gar nicht erst reden. Kurzum, ich bin seit einem Monat nicht so recht auf dem Damm gewesen. Dazu noch die Korrekturen und die Diskussionen über das Märchenspiel!...«

Nach der Lektüre all dieser Berichte verdichtete sich die Vermutung allmählich zur Gewißheit: Flaubert hatte den Brief an Madame Sandeau im Oktober 1862 geschrieben. Aber an welchem Samstag? Am 11., sprich: zwei Tage vor dem Montagsbrief an Caroline, in dem er zum ersten Mal ausführlich von der Furunkelplage berichtet? Oder doch eine Woche später, am 18.? Oder sogar erst am 25.?

Der 25. fällt als erster aus der engeren Auswahl, denn in dem Brief an Caroline, den Flaubert am 26. Oktober 1862 schrieb (ausnahmsweise schrieb er am Sonntag an die Nichte, normalerweise immer am Montag), sind ja bereits deutliche Signale der

Genesung zu vernehmen. Auch waren die Korrekturen von *Salammbô* in der vorhergehenden Woche so gut wie abgeschlossen. Flaubert hatte ja bereits für allerletzte Änderungen die Druckerei aufgesucht.

Auch der 18. Oktober ist kein plausibles Datum für den Brief an Madame Sandeau. Am darauffolgenden Dienstag schrieb Flaubert an Amélie Bosquet, er habe *12 Tage* (= zwei Wochen) zwangsweise im Bett verbracht. Zurückgerechnet heißt das, die Bettlägerigkeit müßte ca. am 6. oder 7. Oktober begonnen haben. Das deckt sich mit der Nachricht an Michel Levy am 6. Oktober. Und wie hieß es doch in unserm Brief an Madame Sandeau: »... Diese ganze Woche habe ich im Bett verbracht – inmitten meiner Druckfahnen ...« ***Diese*** Woche, kein Zweifel, kann nur die Woche sein, die am 6. Oktober 1862 begann.

Voilà –: Am Samstag, dem 11. Oktober 1862, hat Gustave Flaubert den Brief an Madame Sandeau geschrieben.

*

Nachtrag.
Im April 1879, so erfahre ich von meinem Freund J. aus Hamburg, habe Flaubert noch einmal über den Furunkelbefall geklagt, in einem Brief an Madame Brainne. Nein, denke ich, vergiß es. Flaubert hatte nur noch ein Jahr zu leben. Es war erst ein paar Monate her, seit er sich bei Glatteis das Bein gebrochen hatte, es ging ihm schlecht, er quälte sich mit *Bouvard und Pécuchet* herum, und zu korrigieren gab es überhaupt nichts in diesem trüben Frühjahr. – Nein, vergiß es.

Ne croyez pas que je vous oublie
si je ne vais point vous voir.
c'est que je suis *cloué* chez moi
par des inconvénients ridicules.
J'ai passé toute cette semaine
dans mon lit – au milieu de mes
épreuves.
J'espère cependant pouvoir
me transporter dans cinq ou six
jours rue du Cherche-midi.
Écrivez-moi pr me dire
comment vous allez & ce que
vous devenez.
Je vous baise les mains
bien affectueusement
le vôtre
GFlaubert

Samedi soir.

Flauberts Brief

Ne croyez pas que je vous oublie
si je ne vais point vous voir
c'est que je suis *cloué* chez moi
par des inconvénients ridicules.
J'ai passé toute cette semaine
dans mon lit – au milieu de mes
epreuves.
J'espère cependant pouvoir
me transporter dans cinq ou six
jours rue du cherche-midi.
Ecrivez moi pour me dire
comment vous allez de ce que
vous devenez.
Je vous baise les mains
bien affecteusement
Le vôtre
G. Flaubert

Glauben Sie nicht, daß ich Sie vergäße – wenn ich Sie gar nicht mehr besuchen komme, so liegt es daran, daß ich aufgrund lächerlicher Beschwerden zu Hause festgenagelt bin.

Diese ganze Woche habe ich in meinem Bett verbracht – inmitten meiner Druckfahnen.

Trotzdem hoffe ich mich in fünf oder sechs Tagen zur rue du cherche-midi verfügen zu können.

Schreiben Sie mir, um mich wissen zu lassen, wie es Ihnen geht und was Sie so treiben.

Ich küsse Ihre Hände
sehr zärtlich
Der Ihrige
G. Flaubert

Am Bahnhof begegnet mir Flaubert

Von Edmond und Jules de Goncourt

16. November 1859

Am Bahnhof begegnet mir Flaubert, der seine Mutter und seine Nichte begleitet, die den Winter in Paris verbringen werden. Sein karthagischer Roman ist halb fertig. Er spricht von den Schwierigkeiten, die er hat, die Arbeit, die es ihn allererst kostete, sich zu überzeugen, daß es so war, wie er sagt. Dann ist kein phönizisches Wörterbuch vorhanden, was ihn zwingt, bei allen Benennungen auf Umschreibungen zurückzugreifen. In dem Maße, in dem er weiterkommt, wachsen auch die Schwierigkeiten. Er sieht sich gezwungen, sein Lokalkolorit wie eine Sauce zu verlängern.

12. Januar 1860

Wir sprechen über seinen karthagischen Roman, in dem er mittendrin steckt. Er erzählt uns von seinen Forschungen, seinen Mühen, seiner Lektüre, einem Berg von Notizen, der den Grundstock für die Karriere eines Beulé bilden könnte, von der Schwierigkeit der Wortwahl, die ihn zwingt, alle Ausdrücke zu umschreiben. »Wissen Sie, was mein ganzer Ehrgeiz ist? Ich wünschte, ein ehrlicher und intelligenter Mensch würde sich vier Stunden mit meinem Buch einschließen, und ich würde ihn in historischem Haschisch schwelgen lassen. Mehr will ich gar nicht... Schließlich ist die Arbeit immer noch das beste Mittel, das Leben zu eskamotieren!«

25. Januar 1860

Und da sind wir nun am Boulevard du Temple in Flauberts Schreibstube, deren Fenster auf den Boulevard hinausgehen, und deren Kamin in der Mitte eine vergoldete indische Göttin schmückt. Auf dem Tisch liegen Seiten seines Romans, die fast nur aus Streichungen bestehen.

20. Februar 1860
Vor dem Kaminfeuer erzählt uns Flaubert seine erste Liebe. Er fuhr nach Korsika, hatte lediglich seine Unschuld mit einem Zimmermädchen seiner Mutter verloren. Er gerät in ein kleines Hotel in Marseille, wo Frauen, die aus Lima zurückgekehrt waren, ihr Mobiliar aus dem 16. Jahrhundert mitgebracht hatten, Möbel aus Ebenholz mit eingelegtem Perlmutt, die das Entzükken der Hotelgäste bildeten. Drei Frauen in Morgengewändern aus schwerer, über den Rücken bis auf die Absätze fließender Seide; und ein kleiner Mohr in gelber Baumwolle und Pantoffeln: Für unseren jungen Normannen, der bisher nur von der Normandie in die Champagne und von der Champagne in die Normandie gereist war, war das so exotisch wie verlockend. Es gab auch noch einen Patio voll exotischer Blumen, in dessen Mitte ein Springbrunnen plätscherte.

Eines Tages, als er eben von einem Bad im Meer zurückkehrte, voll frischen Lebens aus diesem Jungbrunnen, zog es ihn zu der Frau in dem Zimmer, einer prachtvollen Frau von fünfunddreißig Jahren. Er verpaßte ihr einen jener Küsse, in die man seine ganze Seele legt. Am Abend kam die Frau in sein Zimmer und begann ihn zu lutschen. Es wurde eine himmlische Vögelei daraus, dann gab es Tränen, dann Briefe und dann nichts mehr.

Mehrfach kam er nach Marseille zurück. Nie konnte man ihm sagen, was aus den Frauen geworden war. Wann immer er dort vorbeikam, suchte er das Haus wieder auf. Das letzte Mal – auf dem Weg nach Tunis wegen seines Karthago-Romans – konnte er es nicht mehr finden. Er schaut sich um, er sucht und entdeckt, daß es ein Spielzeugladen geworden ist. Im ersten Stock gibt es einen Perückenmacher: Er steigt hinauf, läßt sich rasieren und erkennt die Tapete des Zimmers wieder.

16. März 1860
Und heute kennen wir die Schranken zwischen Flaubert und uns. Im Grunde ist er provinziell und ein Effekthascher. Man ahnt, daß all diese großen Reisen, die er unternommen hat, auch ein wenig die Leute in Rouen zum Staunen bringen sollten. Sein Geist ist plump und teigig wie sein Leib. Erlesene Dinge scheinen ihn kalt zu lassen. Empfänglich ist er vor allem für Phrasendrescherei. Im Gespräch ist er ziemlich einfallslos, und seine Gedanken trägt er laut und feierlich vor. Er hat den Geist und die Stimme eines Prunkredners. Die Geschichten, die Figuren, die er entwirft, riechen nach Fossilien aus der Unterpräfektur. Er trägt weiße Westen von vor zehn Jahren, in denen Macaire Eloa den Hof machte. Gegen die Académie und den Papst ist ihm ein heftiger Zorn verblieben und eine Entrüstung, für die das gleiche gilt, was de Maistre über den Unglauben sagt: »Das ist pöbelhaft!«

Gestern hat er sich eine Menge Münzen in der Bibliothek angesehen; heute ging er zur mineralogischen Sammlung im Jardin des Plantes. Er las alle drei Bände von Fournel über algerische Bergwerke – Studien, von denen sich vielleicht nicht ein einziges Wort in seinem Roman finden wird: »Aber ich bin ein Mensch, der fünfzig Weinflaschen entkorken muß, um ein Glas roten Wassers zu trinken.«

Er ist ein maßloser Tolpatsch, schwerfällig in allen Dingen, im Scherz, in der Übertreibung, in der Nachahmung der Nachahmung von Monnier, an dem er gerade rücksichtslos herumfeilt. Seinem Büffel-Frohsinn geht jeglicher Charme ab.

10. Dezember 1860
Flaubert erzählte uns, wie er gelitten habe, während er die Vergiftung von Madame Bovary beschrieb: es war, als läge ihm eine Kupferplatte im Magen, ein quälendes Gefühl, so daß er sich zweimal übergeben mußte. er erwähnte noch, als gehöre es zu seinen angenehmsten Eindrücken, wie er einmal, als er am Ende seines Romans arbeitete, gezwungen war aufzustehen und ein

Taschentuch zu holen, das er völlig durchnäßte!... Und all dies, um irgendwelche Bürger zu unterhalten!

17. März 1861
Flaubert sagt zu uns: »Die Geschichte, das Abenteuer eines Romans ist mir völlig gleichgültig. Wenn ich einen Roman schreibe, habe ich die Vorstellung, eine Farbe, einen Ton wiederzugeben. Aus meinem *Karthago*-Roman zum Beispiel will ich etwas Purpurnes machen. Das Übrige, die Personen, die Handlung, sind nunmehr Details. In *Madame Bovary* hatte ich nur die Vorstellung, einen grauen Ton wiederzugeben, die Schimmelfarbe von Kellerasselexistenzen. Die Geschichte, die ich damit verknüpfen wollte, kümmerte mich so wenig, daß ich noch wenige Tage, bevor ich mich an die Arbeit machte, *Madame Bovary* ganz anders konzipiert hatte: es sollte – im gleichen Milieu und im gleichen Farbton – eine frömmelnde Jungfer werden, die nicht vögelt. Und dann wurde mir klar, daß das eine unmögliche Figur abgeben würde.«

Und mit seiner dröhnenden Stimme, in der sich das Rauhe der Stimme eines wilden Tieres mit dem dramatischen Schnurren einer Schauspielerstimme mischt, liest er uns das erste Kapitel von *Salammbô* vor. Eine erstaunliche Übertragung der Imagination in ein Land der Phantasie, eine Erfindung durch Wahrscheinlichkeit, eine kunstvoll angelegte Deduktion sämtlicher Lokalfarben antiker orientalischer Zivilisation, die dank ihrer Überfülle von Tönen und Düften etwas Berauschendes hat.

Deutsch von Anita Albus

CAFÉ
DES GOURMETS
CHOCOLAT
TREBUCIEN Frères

Flaubert lesen und lachen?

Von Robert Gernhardt

Eine Entwarnung vorweg: Es geht mir nicht darum, den Nachweis zu führen, Flaubert sei ein Humorist, ein Großhumorist gar, gewesen. Und keiner, den bisher bei der Flaubert-Lektüre nie das Lachen ankam, soll durch meine Zeilen missioniert werden.

Anlaß dieser Überlegungen ist vielmehr ein Umstand, wie er persönlicher nicht denkbar ist: *Ich* habe beim Lesen Flauberts immer wieder lachen müssen, so häufig immerhin, daß ich in der Regel einen Stift zur Hand hatte, um die herausragenden Stellen zu markieren. Das geschah mit großer Regelmäßigkeit bei der Lektüre von »Die Versuchung des Heiligen Antonius« und »Salammbô«, doch auch in »November«, auch in »Die Legende von Sankt Julian dem Gastfreien« finden sich Striche, die mir das Wiederfinden der belachten Stellen erleichtern sollten.

Weshalb belacht? Als ich all die Bücher seinerzeit las – zehn Jahre her? zwanzig Jahre her? – habe ich mich mit solchen Fragen nicht aufgehalten. Ich spürte in manchen Flaubertschen Passagen eine seltsam schillernde komische Kraft, einen Humor, der weder eindeutig als freiwillig noch als unfreiwillig zu klassifizieren war – wie aber dann?

Das war mir damals herzlich egal, da mir die Wirkung vollkommen genügte. Erst die etwas unbedachte Äußerung, bei Flaubert gebe es eine Menge zu lachen, provozierte das »Wo denn?« und »Weshalb eigentlich?« einiger flaubertgestählter Gesprächspartner, und da kein Buch zur Hand und mir kein wortwörtliches Beispiel parat war, erbot ich mich nolens volens, meiner Behauptung Belege folgen zu lassen. Zugleich werde ich versuchen zu klären, was eigentlich das Komische der angestrichenen Stellen ausmacht bzw. welche Sonderform der Komik mich hat lachen lassen.

Ich werde mich auf »Salammbô« beschränken, eine der gewagtesten Unternehmungen Flauberts. Je häufiger ich dieses

Werk gelesen habe, desto nachhaltiger der Eindruck, es niste bereits im Kern des Unternehmens ein Widerspruch, der, komikträchtig wie alle Widersprüche, seine virulente Komik entfalte, von Satz zu Satz, von Absatz zu Absatz, von Kapitel zu Kapitel.

»Flauberts zweiter Roman (nach Madame Bovery) erzählt die Geschichte der aufständischen Söldner, die sich nach dem Ende des Ersten Punischen Krieges (264–241 v. Chr.) gegen Karthago wenden und König Hamilkar mit Hilfe afrikanischer Stämme bedrohen, und der Tochter Hamilkars, Salammbô, die im Tempel den heiligen Schleier der Göttin hütet und den ›letzten der Barbaren‹ liebt«, teilt mir der Klappentext meiner »Salammbô«-Ausgabe nicht ganz zutreffend mit: Hamilkar ist kein König, sondern Feldherr und Handelsmann. Dafür hätte ruhig noch erwähnt werden können, daß der ›letzte Barbar‹ sich Mâtho nennt, daß er es ist, der das Söldnerheer gegen Karthago führt und daß er seinerseits durchgehend in Salammbô verliebt ist.

Als Flaubert »Salammbô« veröffentlichte, 1862, hatten die Künste längst damit begonnen, Funde und Erkenntnisse der Archäologie und der Altertumswissenschaften für Bilder, Texte und Opern zu nutzen, doch Flaubert hatte die Latte höher gelegt als seine Kollegen. Nicht im alten Ägypten, Rom oder Griechenland spielt sein Roman, im alten Karthago ist er angesiedelt, und ausgerechnet über diese versunkene Welt war zu Flauberts Zeiten so gut wie nichts bekannt.

»Nach mehrmaligem Wiederaufbau und Zerfall ist Karthago verschwunden«, schreibt Theophile Gautier in seiner »Salammbô«-Besprechung, »hinterläßt an Sichtbarem nur ein paar Ruinen seiner Aquädukte. Seine Sprache ist ausgestorben (...) Da es an erhaltenen Bauwerken fehlt, hat M. Flaubert mit engelhafter Geduld die gesamte Geschichte der Antike studiert. Jede Passage, die sich direkt oder indirekt auf sein Thema bezog, ist durchleuchtet worden: für ein einziges Detail hat er sich durch dicke Bücher gearbeitet, die nur dieses Detail behandelten.«

Das mag ein Detail aus der Entstehungsgeschichte »Salammbôs« – von Flaubert auch »Karthago« tituliert – belegen. 1858 schreibt er an Mademoiselle Leroyer de Chantepie: »Wissen Sie, was mich augenblicklich beschäftigt? Die Krankheiten der Schlangen (immer noch für *Karthago*)« – Salammbôs Python soll, ein böses Vorzeichen, vom Fleisch fallen – »Ich werde deshalb heute sogar nach Tunis schreiben. Wenn man den Anschein des *Wahren* schaffen will, kostet das Mühe!«

Zugleich aber setzt Flaubert seine ganze Kunst darein, einen dem Anschein des Wahren durchaus entgegengesetzten Effekt zu erreichen. Er nennt ihn beim Namen, als er in einem Brief an Jules Duplan wütend jedwede Illustrierung des soeben beendeten Werkes ablehnt: »Ah, man zeige mir doch das Bürschchen, das Hannibals Portrait anfertigen kann und die Zeichnung von einem karthagischen Sessel! Er würde mir einen großen Dienst erweisen. Es hätte nicht der Mühe bedurft, soviel Kunst darauf zu verwenden, alles im Unbestimmten zu lassen, wenn nachher ein Schusterjunge daherkommt, um mit seiner albernen Genauigkeit meinen Traum zu zerstören.« Hie also »Traum« (Flaubert), »orientalisches Märchen« (George Sand), »Gemälde« (Theophile Gautier), »episches Gedicht« (derselbe) – hie ein Detailrealismus, eine Detailwütigkeit geradezu, die Seite für Seite, wenn nicht Zeile für Zeile, von der paradoxen Absicht des Autors kündet, beides unter einen Hut bringen zu wollen: das orientalisch glühende, absichtlich unbestimmt angelegte Gemälde voll großer Gefühle und extremer Schicksale und das ständige schulmeisterliche, um nicht zu sagen schusterjungenhafte Ausbreiten von oft kleinen, manchmal auch kleinlichen Lesefrüchten zwecks Schaffung des »Anscheins des Wahren«.

Ein Widerspruch, der Flaubert freilich nicht schrecken konnte, da er es gewohnt war, noch weit prallere Paradoxa zu schultern: »Mein Wille läßt jedoch nicht nach, und der Inhalt beginnt hübsch zu werden«, schreibt er 1860 an Ernest Feydeau, »Man hat schon angefangen, einander *aufzufressen*. Doch mach Dir meine Sorge klar, ich bereite augenblicklich einen Coup vor, den *Coup* des Buches. Es muß schweinisch, keusch, mystisch und realistisch zugleich werden. Ein Schleim, wie man ihn noch nicht gesehen hat, und doch muß man ihn sehen!«

Also schaun mer mal:

I. KÜCHENREZEPTE, KUREN UND KOSMETIKTRICKS AUS DEM ALTEN KARTHAGO

»Was Hanno angeht (die Hundemilch *ist,*
beiläufig gesagt, keineswegs ein Scherz!*)…«*
Flaubert an Sainte-Beuve

»Salammbô« setzt mit einer Schmauserei ein, die der karthagische Große Rat auf Kosten des abwesenden Hamilkar und in dessen Gärten ausrichtet. Die Speisenfolge beginnt gut, habhaft und einigermaßen konventionell: »Gebratene Ochsen, anisbestreute Brote, große Käse, schwerer als Diskusscheiben.« Dem schließen sich im nächsten Absatz bereits etwas weniger normale Speisen an, »Vögel in grüner Brühe«, »Schnecken mit Kümmel auf Tellern von Bernstein«, worauf Flaubert, des trockenen Tones satt, hart an der Ekelgrenze servieren läßt: »Kamel- und Büffelkeulen, Igel in Fischbrühe, geröstete Heuschrecken und eingemachte Siebenschläfer«.

Iiiihgel in Fischbrühe, eingemachte Siiiiebenschläfer– meine Freude beim erstmaligen Lesen dieser Iiiih-Gerichte glich der des Kindes, das sich undenkbare Speisen ausdenkt, und wiederholte Lektüre hat meine Vermutung bestätigt, daß dem Schreiber Flaubert diese Freude nicht unbekannt gewesen sein kann, da er ein besonders ekliges Gericht nicht nur bis zum Schluß aufbewahrt hat, sondern auch als dezidiert eklige Speise anbietet: »Man hatte auch nicht vergessen, einige von den kleinen dickbäuchigen Hunden mit rosigem Seidenfell aufzutischen, die mit Oliventrebern gemästet waren, ein karthagisches Gericht, das die anderen Völker verabscheuten.«

Abscheulich in der Tat, obwohl die Oliventrebermast einen Hauch Lehrbuch in die ekle Materie bringt; ein Fütterungshinweis, der in »Salammbô« nicht allein steht. Rund 240 Seiten später treibt Hamilkar in einer dramatischen Situation sein Pferd den Barbaren entgegnen, ein Roß, von dem es heißt: »Es war ein oryngischer Hengst, den man mit Mehlklößen fütterte (…) Warum trieb er ihn zurück? War es ein Opfer?« Vermutlich. Aber was bezweckte die Mehlkloßinformation mitten im Schlachtgetümmel? Gehe ich fehl in der Annahme, daß es Flaubert in diesem Fall nicht so sehr um den Anschein des Wahren ging als darum, daß er das Licht seiner Kenntnis karthagischer Fütterungstricks ganz einfach nicht unter dem Scheffel spannungsorientierten Erzählens verglimmen lassen wollte?

Für den Engländer ist der Franzose ein »frog eater«, dem Italiener gilt der Deutsche als »mangiapatatén«, alles einigermaßen moderate Anwürfe neben dem, was Flaubert bei seinen Studien antiker Quellen über Iiiih-Esser im Alten Afrika erfahren und getreulich aufgezeichnet hat: »Man sah (...) scheußliche Auseer, die Heuschrecken aßen, Achyrmachiden, die Läuse verzehrten, und Gysanten, die mit Zinnober bemalt waren und Affen aßen.«

Alles ziemlich unrein und doch nur ein gemütlich folkloristisches Igittigitt, vergleichen mit den Iihs, Äbähs und Würgs, die dem Leser immer dann bevorstehen, wenn Hanno, der Suffet, auftritt. Dieser karthagische Politiker und Feldherr hat sich bei der Belagerung von Hekatompylos den Aussatz geholt, und durch »Salammbô« ziehen sich seine Versuche, diese Krankheit loszuwerden. Den Anfang macht ein karthagisches Hausmittel: »Von Zeit zu Zeit kratzte er sich die Glieder mit einem Aloespatel oder unterbrach sich auch wohl, um aus einer silbernen Schale, die ein Sklave ihm reichte, einen Trank aus Wieselasche und in Essig gekochten Spargeln zu genießen.«

Das Wort »Wieselasche« – vermutlich einzig im europäischen Roman des 19. Jahrhunderts – elektrisierte mich sogleich, nicht einmal ein von Flaubert genußvoll nachgereichtes Detail konnte die Faszination schmälern, die von diesem unerhörten Kompositum ausging: »...denn er (Hanno) hatte allerhand Vorsichtsmaßnahmen getroffen und sogar Wiesel aus Hekatompylos in Käfigen mitgeführt, die man lebendig verbrannte, um seine Arznei zu bereiten.«

Im Lauf des Romans freilich müssen die Wiesel ausgegangen sein. Oder hatte sie Hannos griechischer Arzt abgesetzt? Auf jeden Fall gerät der arme Suffet aus dem Regen in die Traufe: »Drei Stunden später saß er noch immer in der mit Zimtöl gefüllten Badewanne. Eine Ochsenhaut war vor ihm ausgebreitet, und er aß während des Badens Flamingozungen mit in Honig getauchten Mohnkörnern. Neben ihm stand unbeweglich im langen, gelben Gewande sein griechischer Leibarzt und ließ von Zeit zu Zeit das Bad erwärmen (…), und die völlig nackten Badesklaven, die wie Schwämme schwitzten, rieben ihm die Gelenke mit einer Salbe aus Weizenmehl, Schwefel, Rotwein, Hundemilch, Myrrhen, Galbanum und Storax. Ein unaufhörlicher Durst verzehrte ihn. Der Mann im gelben Gewande gab diesem Gelüst nicht nach und reichte ihm einen goldenen Becher, in dem Vipernbrühe dampfte.

›Trinke!‹ sagte er.«

Wieselasche, Hundemilch, Vipernbrühe – eine Trias der Unappetitlichkeiten, über die ich, wenn ich es recht bedenke, aus drei Gründen schmunzeln muß. Einmal, weil sie lustvoll meinen Ekelnerv kitzelt, dann, weil ich in jeder Zeile des Romans spüre, daß Flauberts Finderglück immer dann am größten war, wenn er bei der Lektüre seiner antiken Gewährsmänner auf ein besonders haarsträubendes »Das-glaubt-mir-keiner«-Detail stieß, und drittens, weil ich davon überzeugt bin, daß der Autor mir bei der Andeutung des auch nur kleinsten Zweifels an der Authentizität dieser Informationen seine Fundstellen triumphierend um die Ohren geschlagen hätte – so, wie er dem vorlauten Sainte-Beuve die Hundemilch unter die Nase gerieben hat, und nicht nur die: »Sie werfen mir die *Karfunkel* vor, *die sich aus dem Urin der Luchse bilden.* Das ist aus Theophrast, *Abhandlung über die Edelsteine;* Pech für ihn!«

Und woher mag Flaubert den folgenden Wimpernverlängerungstrick herhaben? Fragen wir nicht lang, glauben wir dem Meister und bewundern wir seine Kunst, Salammbôs kosmetisches Rezept ebenso überraschend zu pointieren wie zuvor die kathargische Speisefolge. Hatten da die eingemachten Siebenschläfer den Höhepunkt gebildet, so sind es nun – aber hören Sie selbst: »Tanaach trat wieder zu ihr (Salammbô), und nachdem sie zwei Leuchter aufgestellt hatte, deren Flammen in wassergefüllten Kristallkugeln brannten, färbte sie ihr die Handflächen mir Lausonia, betrich ihr die Wangen mit Zinnober, die Augenlider mit Antimon und verlängerte ihre Wimpern mit einem Gemisch aus Gummi, Moschus, Ebenholz und zerstoßenen Fliegenfüßen.«

II. BARBARISCHE KRIEGSLISTEN, PUNISCHE GREUEL, ENTSETZLICHE SCHWÜRE

»Ich bin ungefähr bei der Hälfte meines letzten Kapitels.
Ich widme mich Späßen, die den ehrlichen Menschen
vor Ekel den Magen umdrehen werden.
Ich häufe Schrecken auf Schrecken.«
Flaubert an Edmond und Jules de Goncourt

Die Schrecken, die Flaubert in »Salammbô« je länger je grauslicher häuft, sind die Folge eines Wortbruchs. Da Karthago das Söldnerheer nicht vertragsgemäß entlohnt, sondern mit Igeln in Fischbrühe und halbherzigen Versprechungen abzuspeisen versucht, steigert sich der Zorn der Barbaren von Kapitel zu Kapitel. Am Anfang steht eine Art »Tag der Offenen Tür«: Die Söldner haben ihr Lager vor den Toren der Stadt aufgeschlagen, und karthagische Bürger besuchen auf Empfehlung des Rates die Fremden in der Hoffnung, »dieses Vertrauen werde die Söldner beruhigen«.

Daß der Besuch zu keinem reinen Vergnügen wird, liegt einmal an der Ernsthaftigkeit der Kinder – »kräftige Kinder, von Ungeziefer starrend, nackt und unbeschnitten, rannten den Vorübergehenden mit dem Kopf in den Leib oder überfielen sie hinterrücks wie junge Tiger, um sie in die Hände zu beißen« –, zum anderen aber am etwas ausgefallenen Humor der erwachsenen Lagerbewohner: »Die Soldaten klopften ihnen (den Karthagern) auf die Schulter, um sie aufzuheitern. Sobald sie jemanden erblickten, luden sie ihn zu ihren Spielen ein. Beim Diskuswerfen richteten sie es so ein, daß ihm die Füße zerquetscht wurden, und beim Faustkampf zerschmetterten sie ihm beim ersten Gange die Kinnlade. (...) Die Leute, an friedliche Beschäftigungen gewöhnt, senkten bei diesen Beleidigungen den Kopf und bemühten sich zu lächeln.«

Ein Lächeln, das ihnen spätestens dann vergeht, als die Barbaren auf alle Neckereien verzichten und Karthago allen Ernstes zu belagern beginnen, ein Vorgang, der ihrer aller obersten Kriegsherrn, den Autor Flaubert, in regelrechte Raserei versetzt. »Die Kriegslust der Alten blendet und erfüllt mich«, schreibt er an Feydeau, »ich kotze Katapulte, ich habe Schleudermaschinen im Arsch und pisse Skorpione.«

Die Drastik, mit welcher Flaubert über sein Schreiben spricht, durchzieht sein Geschriebenes: »Eine doppelte Wut beseelte die Barbaren. Man sah von weitem, wie sie Leichenfett schmolzen, um ihre Maschinen zu ölen. Andere rissen den Toten die Nägel ab und nähten sie Stück für Stück aneinander, um sich Panzer zu machen. Sie kamen auf den Einfall, Gefäße voller Schlangen, welche die Neger herbeibrachten, in die Katapulte zu laden (...) Dann verbesserten die Barbaren ihre Erfindung, da sie ihnen noch nicht genügte; sie schleuderten Unrat aller Art, Menschenkot, Stücke von Aas und Leichen. Die Pest brach aus. Den Karthagern fielen die Zähne aus...«

Zeit also, den großen Angriff zu starten: »Man zertrat sich. Weiber, über die Zinnen geneigt, heulten. Man zog sie an ihren Schleiern herab, und ihre plötzlich entblößten weißen Hüften glänzten in den Armen der Neger, die den Dolch hineinstießen. Die Toten, von der Menge eingekeilt, fielen nicht mehr um; von den Schultern ihrer Gefährten hochgehalten, gingen sie noch eine Weile aufrecht, mit starren Augen. Einige, denen beide Schläfen von einem Wurfgeschoß durchbohrt waren, wiegten den Kopf wie Bären. Zum Schreien geöffnete Lippen blieben aufgesperrt. Abgehauene Hände flogen umher. Es fielen mächtige Streiche, von denen die Überlebenden noch lange sprachen.«

Fast scheint es, als habe Flaubert selber seine Sprache verloren, doch zwei Seiten weiter ist er es, der von den mächtigen Streichen des Barbarenführers Mâtho spricht, und er tut dies auf eine Weise, die verdachtig der eines heutigen Action-Drehbuch-Schreibers ähnelt. Das mag eine leicht gestraffte Pasage belegen, die ich aus dem nacherzählenden Präteritum ins vorschreibende

Präsens übertragen habe: »Er (Mâtho) hat sein starkes Wehrgehenk umbehalten, an dem eine Doppelaxt blitzt; und sein großes Schwert in beiden Händen schwingend, wirft er sich ungestüm in die Bresche… Er schreitet daher, die Karthager rings um sich niedermähend. Die, welche ihn von der Seite zu fassen suchen, stößt er mit dem Schwertknauf nieder; wenn sie ihn von vorne angreifen, durchbohrt er sie; den Fliehenden spaltet er den Schädel. Zwei Männer zugleich springen auf seinen Rücken; mit einem Satz weicht er rückwärts gegen ein Tor und zerquetscht sie. Sein Schwert hebt und senkt sich immerfort. An einer Mauerecke zerspringt es. Da faßt er seine schwere Axt und schlitzt die Karthager vor und hinter sich auf wie eine Schafherde« –: das alles nimmt derart detailgetreu die Hollywood-Dramaturgie vergleichbarer Szenen vorweg – die Feinde von allen Seiten, der Wechsel der Waffe –, daß mir nicht zum ersten Mal während der »Salammbô«-Lektüre das ebenso geisterhafte wie kuriose Gespann Flaubert–Spielberg vor Augen trat, zwei Männer, die sich auch in puncto Iiiihs und Äbähs gut verstanden hätten, man denke nur an die Schlangenphobie des »Jägers des verlorenen Schatzes« und an die Hirne lebender Affen, welche in der »Indiana Jones«-Fortsetzung, im »Tempel des Todes«, aufgetischt werden.

Vermutlich würde Spielberg auch all das mit professionellem Interesse lesen, was Flaubert an ebenso schauerlichen wie präzisen Informationen in Sachen Karthager und Kriegselefanten zusammengetragen hat, immerhin so viel, daß sich aus »Salammbô« ein *Kleiner Ratgeber für den Umgang mit Kriegselefanten* zusammenstellen ließe. Hier nur einige Kostproben, die noch auf eine Computeranimation à la »Jurassic Park« warten:

Wie lassen sich Kriegselefanten erschrecken? »Nun ließ Spendius Schweine aus den Meierhöfen holen, bestrich sie mit Erdöl, zündete es an und jagte sie auf Utica zu. Die Elefanten, durch das Feuer erschreckt, ergriffen die Flucht.«

Wie lassen sich erschreckte Kriegselefanten stoppen? »Aus den Elefanten, die aus Utica entkommen waren, und anderen aus Privatbesitz, bildete er (Hamilkar) eine Phalanx von zweiundsiebzig, die er bis an die Zähne bewaffnete. Ihre Führer rüstete er mit Hammer und Meißel aus, damit sie den Tieren, wenn sie im Handgemenge wütend wurden, den Schädel spalten konnten.«

Funktioniert diese Bremse im Notfall? »Vierzehn Elefanten vom äußersten rechten Flügel, durch ihre Wunden in Wut versetzt, wandten sich zurück gegen das zweite Glied. Da griffen die Indier zu ihrem Hammer und Meißel, setzten diesen auf das Kopfgelenk und schlugen mit aller Kraft zu. Die riesigen Tiere brachen zusammen und fielen übereinander. Sie bildeten einen Berg.«

Wie macht man Kriegselefanten wilder? »Um sie wilder zu machen, hatte man sie mit einer Mischung von Pfeffer, Wein und Weihrauch berauscht.«

Wie kann der Fußsoldat sich der Kriegselefanten erwehren? »Die Barbaren suchten ihnen die Augen auszustechen oder die Kniekehlen zu durchschneiden. Andere krochen unter ihren Bauch, stießen ihnen das Schwert bis zum Heft hinein und wurden von ihnen zerquetscht.«

Was fühlt ein Kriegselefant bei alldem? »An dem steilen Abhang rollten die Leichen hinab und reichten dem Elefanten, der den Hügel erklimmen wollte, bis zum Bauch. Er schien mit Wonne in ihnen herumzustampfen, und sein abgehauener Rüssel mit dem breiten Stumpf erhob sich von Zeit zu Zeit wie ein riesiger Blutegel.«

Wie endet ein solches Gemetzel? »Die Nacht brach an. Karthager wie Barbaren waren verschwunden. Die Elefanten, die entflohen waren, streiften am Horizont mit brennenden Türmen umher.«

Den Schlußpunkt unter all die – auch spaßigen, nur ekligen? – Greuel aber soll eine regelrechte Pointe setzen. Flaubert hat sie sicherlich nicht komisch, sondern melodramatisch gemeint, doch die Fallhöhe, von welcher sie runterpurzelt, ist derart, daß sie nicht meine Gefühle anrührte, sondern direkt den Lachnerv traf:

Hamilkar, Salammbôs Vater und Meer-Suffet, ist zurückgekehrt und wird vom Großen Rat, welcher vor dem Söldnerheer versagt hat, aufgefordert, Karthago zu retten. Er weigert sich zunächst, worauf die Ratsmitglieder mutmaßen, er tue das aus Rücksicht auf seine Tochter, die es mit dem Söldnerführer Mâtho getrieben habe: »Man sah ihn aus ihrem Gemach kommen.«

Diese Unterstellung versetzt Hamilkar in höchste Wut. Er reißt sich die Abzeichen seiner Würde ab, zittert am ganze Leibe, betritt den Altar des Gottes Moloch – »das hieß sich dem Gotte weihen, sich zum Opfer anbieten« –, bleibt zwischen den Beinen der Kolossalstatue stehen, nimmt »zwei Hände voll von diesem Staub auf, dessen bloßer Anblick alle Karthager vor Entsetzen erbeben ließ« und spricht:

»Bei den hundert Fackeln eurer Geister! Bei den acht Feuern der Kabiren! Bei den Sternen, den Meteoren und Vulkanen! Bei dem Durst der Wüste und der Salzigkeit des Meeres! Bei der Höhle von Hadrumetum und dem Reiche der Seele! Bei der Ausrottung! Bei der Asche eurer Söhne und der Asche der Brüder eurer Ahnen, mit der ich jetzt die meine vermenge. Ihr, die hundert vom Rate Karthagos, ihr loget, indem ihr meine Tochter anklagtet! Und ich, Hamilkar Barkas, der Meer-Suffet, Haupt der Reichen und Bezwinger des Volkes, ich schwöre vor Moloch dem Stierköpfigen…«

Man erwartete Entsetzliches, doch er fuhr mit lauter und ruhiger Stimme fort: »Daß ich mit ihr nicht einmal darüber reden werde!«

Bumsti!

III. LERNE PUNISCH MIT M. FLAUBERT

»Haben Sie Salammbô gelesen, Madame?«
»Nein, Monsieur, ich verstehe leider kein Punisch.«
Text einer zeitgenössischen Karikatur

In seinem Rechtfertigungsbrief an den »Salammbô«-Kritiker Sainte-Beuve antwortet Flaubert auch auf dessen Einwand: »Man vermißt ein Lexikon.« Das sei ein höchst ungerechter Vorwurf, kontert der Schriftsteller: »Ich hätte den Leser mit technischen Ausdrücken erschlagen können. Weit davon entfernt!«

Worte, die entweder an der Ehrlichkeit des Autors zweifeln

oder auf eine ausgeprägte Betriebsblindheit schließen lassen. Denn bei jeder sich bietenden Gelegenheit schlägt Flaubert dem Leser Fachausdrücke aus den verschiedensten Wissensgebieten um die Ohren, und er tut dies im unverstellten Hochgefühl dessen, der weiß, daß er alles über alles und jedes weiß, jedenfalls alles Punische.

Er weiß alles über punische Wohlgerüche: »Der Aufseher über die Wohlgerüche, lang und bleich wie eine Wachskerze, näherte sich Hamilkar, um eine Rolle Metopion zu zerdrücken, während zwei andere ihm die Fersen mit Baccarisblättern rieben... Dann fragte er, wo sich die drei Schachteln Psagas befänden, die zu seinem Gebrauche bestimmt waren.«

Er weiß alles über die punischen Wasserpreise: »Die Stadt begann Durst zu leiden. Das Wasser, das zu Beginn der Belagerung zwei Kesitah das Bat gekostet hatte, kostete jetzt einen Silbersekel.«

Er kennt alle Belagerungsmaschinen, die gegen Karthago eingesetzt worden sind: »Sechzig Karrobalisten, achtzig Onager, dreißig Skorpione, fünfzig Tollenonen, zwölf Widder und drei riesige Katapulte.«

Und er weiß alles über die Folgen solcher Waffen: »So prallte der Kopf eines Mannes gegen den Giebel der Syssitien, in der Kinisdostraße ward ein gebärendes Weib von einem Marmorblock zerschmettert und ihr Kind mitsamt dem Bette bis zum Kreuzweg von Cinasyn geschleudert, wo man die Decke wiederfand.«

Er kennt sich überhaupt gut in der in keiner Einzelheit überlieferten Stadt Karthago aus: »Mâtho schien fühllos. Plötzlich nahm er eine Anlauf und begann draufloszurennen... Er stürzte durch die Budestraße, die Söpostraße, über den Gemüsemarkt und langte auf dem Khamonplatz an.«

Flaubert weiß alles über den Kult der Cerespriester: »Die Cerespriester in ihren blauen Gewändern hatten klüglich in der Sathebstraße Halt gemacht und sangen mit leiser Stimme ein Thesmophorion in megarischem Dialekt ab.«

Er weiß aber auch alles über die Musik der Molochpriester:

»Die achtsaitigen Scheminiths, die zehnsaitigen Kinnors und die zwölfsaitigen Nebals knirschten, pfiffen und dröhnten. Riesige Schläuche, mit Röhren versehen, gaben einen scharfen, klatschenden Ton von sich; die Tamburine erdröhnten von dumpfen, hastigen Schlägen, und trotz des wütenden Trompetengeschmetters ertönten die Salsalim wie das Schwirren von Heuschreckenflügeln.«

Flaubert weiß und überläßt es dem Leser, was der aus seinem Unwissen macht: Soll er sich widerstandslos dem Wohllaut der fremden Worte hingeben und somit dem Zauber der vom Autor angestrebten Unbestimmtheit erliegen? Soll er im Lexikon nachschlagen und überprüfen, wie weit es dem Erzähler mit seinem Ziel »Anschein des Wahren« ernst ist? Oder soll er, nachdem er einmal Blut geleckt hat, auf einen Flaubert anderthalbe setzen und den Versuch wagen, dessen Faktenrausch vollends in Enzyklopädenwahn zu überführen?

Im Heer des Hamilkar seien die Lebensmittel knapp geworden, schreibt Flaubert im Neunten Kapitel, Hunger habe um sich gegriffen und üble Folgen gezeitigt: »In der vierten Dilochie des zwölften Syntagmas erstachen sich drei Phalangiten mit Messern im Streit um eine Ratte.«

Wieso mit banalen Messern? Warum wegen einer schlichten Ratte? fragt sich der Flaubert-Adept und versucht sich an einem suggestiveren Ende des kleinen Dramas: »...erstachen sich drei Phalangiten mit Sarissen im Streit um ... eine Handvoll Wieselasche«? Nein ... »Im Streit um ... einen eingemachten Siebenschläfer«? Auch nicht ... »Im Streit um eine Urquappe«? Ja wohl – die gibt es: Schlag nach in »Salammbô«, Erstes Kapitel, Seite 18, jedenfalls in meiner Ausgabe.

Sonntagnachmittag bei Flaubert

Von Edmond und Jules de Goncourt

Wir verbringen den Sonntagnachmittag bei Flaubert.

Nachdem alle gegangen sind, bleiben wir, um noch ein bißchen mit Flaubert zu plaudern. Er erzählt uns von seiner Manie, im Laufe des Schreibens inbrünstig seinen Roman zu spielen und zu deklamieren, wobei er sich so heiser schreit, daß er ganze Kannen voll Wasser leertrinkt; er berauscht sich dermaßen am eigenen Lärm, daß eine der hiesigen vergleichbare Metallschale zu vibrieren anfängt; das geht so weit, daß er eines Tages in Croisset fühlte, wie in ihm etwas Heißes vom Magen hochstieg, und er Angst bekam, Blut erbrechen zu müssen.

3. März 1862
Bei Gautier.

Das Gespräch kommt auf Flaubert, auf sein merkwürdig gewissenhaftes, geduldiges Verfahren, sieben Jahre lang an einem Buch zu arbeiten. »Stellen Sie sich vor, neulich hat er zu mir gesagt: ›Es ist fertig. Etwa zehn Sätze habe ich zwar noch zu schreiben, aber ich weiß schon den Ausklang jedes einzelnen!‹ Er hat also schon die Musik, das Finale der Sätze, die er noch gar nicht geschrieben hat, er hat ihren *Ausklang*… Das ist doch komisch, wie? Meiner Ansicht nach muß ein Satz vor allem einen Rhythmus haben, der ins Auge springt. Zum Beispiel darf ein Satz, der zu Beginn weit ausholt, nicht knapp und unvermittelt enden, es sei denn, man beabsichtige damit eine bestimmte Wirkung. Ein Buch wird doch nicht geschrieben, um laut gelesen zu werden… Und außerdem erschließt sich Flauberts Rhythmus sehr häufig nur ihm selbst, während er sich uns entzieht. Er brüllt sich das selber vor. Wissen Sie, es gibt bei ihm sogenannte *Brüllarien,* Sätze, die ihm sehr harmonisch vorkommen; aber man müßte lesen wie er, um die Wirkung seiner *Brüllarien* zu erzielen…

Schließlich gibt es bei uns Seiten, bei allen beiden, bei Ihnen in Ihrem *Venedig*... Nun wohl! Das ist genauso rhythmisch wie all das, was er geschaffen hat, und ohne daß wir uns derartig abmühen mußten!...

Es gibt einen Gewissensbiß, der sein Leben vergiftet, der ihn noch ins Grab bringen wird: er hat in *Madame Bovary* zwei Genitive aneinander gehängt, *une couronne de fleurs d'oranger.* Das bringt ihn zur Verzweiflung; aber wie man es auch dreht und wendet, es läßt sich nun mal nicht anders sagen...«

21. Mai 1862
Flaubert ist als Mensch seinen Büchern weit unterlegen, und er wäre die beste Bestätigung für den Satz von Buffon: »Was das Genie ausmacht, ist die Geduld.«

6. Dezember 1862
Über die Liebe, von der er häufig spricht, hat Flaubert allerlei spitzfindige, raffinierte Thesen, Thesen, die so geziert wie gekkenhaft sind. Im Grunde hat dieser Mensch etwas von einem Schönredner und Sophisten. Seine Obszönitäten sind grob und gesucht zugleich. Innerhalb der Erregung, die er den Frauen verdankt, stellt er tausend Unterabteilungen auf, indem er von der einen behauptet, sie löse in ihm nur das Verlangen aus, ihr die Augenbrauen zu küssen, bei einer anderen sei es die Hand, bei wieder einer anderen der Wunsch, ihr das Haar glattzustreichen. Er macht aus diesen einfachen Dingen etwas Gesuchtes und Kompliziertes, macht sich stark für ihre Inszenierung und Anordnung – zum Beispiel erzählt er uns von seiner Vögelei mit der Colet, die sich abzeichnete, als er sie in der Droschke nach Hause geleitete; er schilderte sich als denjenigen, der ihr gegenuber die Rolle des Lebensüberdrüssigen einnahm, des Umdüsterten, der sich nach dem Tode sehnt, eine Rolle, die zu spielen ihn derart amüsierte und die ihn innerlich so belustigte, daß er von Zeit zu Zeit die Nase aus dem Wagenschlag hielt, um nach Herzenslust lachen zu können.

Beiläufig versicherte er uns, daß ihn die heutige Zeit langweile, anöde und mit Abscheu erfülle; für sein Gefühl gebe es nichts, was ihn mit diesen Leuten, die vorübergehen, verbinde; so habe er auch nicht das Verlangen, in ihrer Haut zu stecken, um einen Roman daraus zu machen; jede Rothaut sei ihm hundertmal näher, rühre ihn unmittelbarer als all diese Leute, die wir auf dem Boulevard sähen.

11. Januar 1863
Flaubert erzählt uns, wie er sich als Kind derart in die Lektüre vertiefte, sich dabei eine Locke um den Finger wickelte und sich auf die Zunge biß, so daß er gelegentlich glatt auf die Erde plumpste. Eines Tages zerschnitt er sich die Nase, als er gegen eine Scheibe des Bücherschranks fiel.

Deutsch von Anita Albus

Gustave an Louise (2)

Von Gustave Flaubert

[Croisset,] Freitag abend. [16. Januar 1852]

Es könnte sein, daß der Brief, den ich Miss Harriet anläßlich der Ereignisse im Dezember geschrieben habe, sie nicht erreicht hat, da ich bisher keine Antwort bekommen habe. Soll ich sie bitten, mir das Album zurückzuschicken, wenn sie es nicht günstig loswerden konnte, auch teilweise nicht?

Nächste Woche muß ich nach Rouen. Ich werde *Saint Antoine* auf die Bahn bringen und einen Briefbeschwerer, den ich lange benutzt habe. Was den Ring betrifft, hier der Grund, aus dem ich ihn Dir noch nicht gegeben habe: er dient mir als Siegel. Ich lasse mir einen Skarabäus fassen, den ich statt dessen tragen werde. Ich werde Dir also den Ring bald schicken.

Ich bin erstaunt, liebe Freundin, über die maßlose Begeisterung, die Du mir für bestimmte Teile der *Education* bekundest. Ich meine, sie sind gut, aber nicht soviel besser als die anderen, wie Du sagst. Jedenfalls bin ich nicht einverstanden mit Deiner Idee, den ganzen Part von Jules aus dem Buch herauszunehmen, um es zu vereinheitlichen. Man muß sich an die Art und Weise halten, in der das Buch konzipiert wurde. Der Charakter von Jules ist nur einleuchtend durch den Kontrast zu Henry. Eine der beiden Personen allein wäre schwach. Ich hatte zuerst nur die Idee von Henry gehabt. Durch die Notwendigkeit eines Kontrastes bin ich auf die von Jules gekommen. Die Sätze, die Dich frappiert haben (über die Kunst, usw.), kommen mir nicht schwer zu machen vor. Ich werde sie nicht noch einmal schreiben, doch ich glaube, ich würde sie besser schreiben. Es hat Feuer, aber es könnte synthetischer sein. Seitdem habe ich Fortschritte in der Ästhetik gemacht, oder habe zumindest meine früh erworbenen Grundlagen gefestigt. *Ich weiß, wie man es machen muß.* O mein Gott! wenn ich den Stil schreiben würde, den ich im Kopf habe, was wäre ich dann für ein Schriftsteller! Es gibt in meinem Roman ein Kapitel, das mir gut vorkommt und über das Du nichts sagst, das ihrer Reise nach Amerika und des ganzen Überdrusses ihrer selbst, Schritt für Schritt nachvollzogen. Du hast dieselbe Überlegung angestellt wie ich in bezug auf die *Voyage d'Italie.* Das heißt, einen Triumph der Eitelkeit, der mir geschmeichelt hat, teuer bezahlen, das gebe ich zu. Ich hatte es erahnt, das ist alles. Wiederum nicht so verträumt, wie man meint, verstehe ich zu sehen, und zwar so zu sehen, wie die Kurzsichtigen es tun, bis in die Poren der Dinge, weil sie mit der Nase dran kleben. In mir stecken, literarisch gesprochen, zwei verschiedene Kerle: einer, der verliebt ist in lautstarke Sachen, in Schwärmereien, in große Adlerflüge, in die ganze Klangfülle des Satzes und die Gipfel der Idee; ein anderer, der das Wahre durchwühlt und durchpflügt, der es liebt, den kleinen Fakt genauso stark hervorzuheben wie den großen, der einen die Dinge, die er reproduziert, beinahe *körperlich* spüren lassen möchte; letzterer liebt es zu lachen und hat Spaß an der Tiernatur des Menschen. Die *Education sentimentale* war, unbewußt, ein Kraftakt, diese beiden Neigungen meines Geistes zu verschmelzen (einfacher wäre es gewesen, in einem Buch Menschliches zu machen und in einem anderen Lyrisches). Ich bin gescheitert. Welche Retuschen man diesem Werk auch zukommen läßt (vielleicht werde ich sie vornehmen), es wird immer mangelhaft sein, zu vieles fehlt darin, und schwach ist ein Buch immer durch das *Nichtvorhandene.* Eine Stärke ist nie ein Mangel, es gibt kein Zuviel. Aber wenn diese Stärke eine andere frißt, ist sie dann immer noch eine Stärke? Kurz gesagt, um die *Education* neu zu schreiben oder wenigstens das Ganze zurechtzuhobeln, müßte man zwei oder drei Kapitel neu verfassen und, was mir von allem das schwierigste zu sein scheint, ein Kapitel schreiben, das fehlt, wo man zeigen würde, wie fatal ein und derselbe Stamm sich hat spalten müssen, das heißt, warum diese und jene Handlung bei der und der Person, eher als bei einer anderen, zu jenem Ergebnis geführt hat. Die Ursachen sind dargelegt, ebenso die Folgen: aber die Verkettung von Ursache und Wirkung ist es absolut nicht. Da hast Du das Laster des Buches, und wie es seinen Titel Lügen straft.

Ich habe Dir gesagt, daß die *Education* ein Versuch war. *Saint Antoine* ist ein anderer. Indem ich ein Thema genommen habe, wo ich im Lyrischen, in Tempo und Zügellosigkeit völlige Freiheit hatte, war ich ganz in meinem Element und brauchte bloß loszulegen. Nie werde ich stilistische Rasereien wiedererleben, wie ich sie mir die ganzen anderthalb Jahre lang gegönnt habe. Wie eifrig ich die Perlen meines Colliers geschliffen habe! Nur eine Sache habe ich vergessen, den Faden. Zweiter Versuch und schlimmer noch als der erste. Jetzt bin ich beim dritten. Es ist jedoch Zeit, Erfolg zu haben oder sich aus dem Fenster zu stürzen.

Was mir schön vorkommt, was ich machen möchte, das ist ein Buch über nichts, ein Buch, das an nichts Äußerem hängt, das sich durch die innere Kraft seines Stils von selbst hält, so wie sich die Erde, ohne gestützt zu werden, in der Luft hält, ein Buch, das fast kein Thema hätte, oder in dem das Thema beinahe unsichtbar wäre, wenn das möglich ist. Die schönsten Werke sind die, in denen es am wenigsten Materie gibt; je mehr sich der Ausdruck dem Gedanken nähert, je mehr ihm das Wort anhaftet und verschwindet, desto schöner. Ich glaube, die Zukunft der Kunst liegt in dieser Richtung. Ich sehe sie, wie sie, in dem Maß, in dem sie wächst, so ätherisch wird, wie sie nur kann, von den ägyptischen Pylonen bis zu den gotischen Spitzbogen und von den Poemen der Inder mit zwanzigtausend Versen bis zu den Geistesblitzen Byrons. Indem die Form gewandter wird, schwindet sie; sie löst sich von jeder Liturgie, von jeder Regel, jedem Maß; sie gibt das Epos auf für den Roman, den Vers für die Prosa, sie versteht sich nicht mehr auf das Orthodoxe und ist frei wie jeder Wille, der sie hervorbringt. Diese Befreiung des Stofflichen ist überall anzutreffen, ja die Regierungsformen haben sich danach entwickelt, von den orientalischen Formen der Gewaltherrschaft bis zu den zukünftigen Formen des Sozialismus.

Deshalb gibt es auch weder schöne noch häßliche Themen, und wenn man sich auf den Standpunkt der Kunst an sich stellt, könnte man es fast zum Grundsatz erheben, daß es gar keine gibt, da der Stil ganz für sich allein eine absolute Weise ist, die Dinge zu sehen.

Ich brauchte ein ganzes Buch, um zu entwickeln, was ich sagen will. Über all das werde ich schreiben, wenn ich alt bin, wenn ich nichts anderes mehr zu kritzeln habe. In der Zwischenzeit arbeite ich eifrig an meinem Roman. Werden sie wiederkehren, die schönen Zeiten von *Saint Antoine?* Möge das Ergebnis ein anderes sein, Herrgott! Ich gehe langsam vor: in vier Tagen habe ich fünf Seiten geschrieben, bis jetzt macht es mir jedoch Spaß. Hier habe ich den inneren Frieden wiedergefunden. Das Wetter ist gräßlich, der Fluß gebärdet sich wie der Ozean, keine lebende Seele kommt an meinem Fenster vorbei. Ich mache ein großes Feuer.

Bouilhets Mutter und ganz Cany haben sich darüber *aufgeregt,* daß er ein unmoralisches Buch geschrieben hat. Es hat einen Skandal gegeben. Man betrachtet ihn als einen *homme d'esprit,* aber als verloren; ein Paria. Wenn ich irgendwelche Zweifel an der Bedeutung von Mann oder Werk gehabt hätte, ich hätte sie nicht mehr. Diese Weihe fehlt ihm. Eine schönere kann man nicht bekommen: von seiner Familie und seiner Heimatstadt verflucht zu werden! (Ich meine das sehr ernst.) Es gibt Beleidigungen, die einen für jeden Triumph entschädigen, Pfiffe, die für den Stolz süßer sind als Bravorufe. Da ist er nun, was seine zukünftige Biographie angeht, als großer Mann klassifiziert, allen Regeln der Geschichte nach.

Du erinnerst mich in Deinem Brief daran, daß ich Dir einen voller Zärtlichkeit versprochen habe. Ich werde Dir die Wahrheit schicken, oder, wenn Du lieber willst, die Liquidation meiner Gefühle vor Dir machen, aber nicht aufgrund eines Bankrotts. (Ah! ist der hübsch.) In dem erhabenen Sinne des Wortes, in diesem wunderbaren und erträumten Sinn, der die Herzen klaffend offenstehen läßt, vor Gier nach diesem Manna, das es nicht gibt, in diesem Sinne also: nein, ist es nicht Liebe. Ich habe diese Materie in meiner Jugend so sehr ausgelotet, daß mir davon für den Rest meiner Tage der Kopf brummt. Ich empfinde für Dich eine Mischung von Freundschaft, Anziehung, Wertschätzung, Herzensrührung und Sinnesrausch, die ein komplexes Ganzes bildet, dessen Namen ich nicht weiß, das mir aber solide vorkommt. Es gibt für Dich, in meiner Seele, feuchte Segnungen. Du bist dort in einem Winkel, an einer kleinen, süßen Stelle, für Dich allein. Wenn ich andere liebe, wirst Du dort nichtsdestoweniger bleiben (scheint mir); Du wirst wie die Gattin sein, die Lieblingsfrau, die, zu der man zurückkehrt; und ist es nicht einem Sophismus zu verdanken, stritte man das Gegenteil ab? Geh in Dich: gibt es ein Gefühl, das Du hattest, das verschwunden wäre? Nein, alles bleibt, nicht wahr? alle. Die Mumien, die man im Herzen hat, zerfallen nicht zu Staub, und beugt man den Kopf über die Luke, sieht man sie dort unten, wie sie einen mit ihren offenen Augen anstarren, reglos.

Die Sinne führen einen eines Tages woandershin; die Laune verliebt sich in neues Schillern. Was macht das schon? Wenn ich Dich früher geliebt hätte, wie Du es damals wolltest, würde ich Dich jetzt nicht mehr so lieben. Die Liebesgefühle, die einem Tropfen für Tropfen aus dem Herzen sickern, bilden am Ende Stalaktiten. Das taugt mehr als die großen Sturzbäche, die es mit sich fortreißen. Da hast Du die Wahrheit, und dabei bleibe ich.

Ja, ich liebe Dich, arme Louise, ich wollte, Dein Leben wäre in jeder Weise süß und mit Sand bestreut, gesäumt von Blumen und Freuden. Ich liebe Dein schönes und gutes, offenes Gesicht, den Druck Deiner Hand, die Berührung Deiner Haut unter meinen Lippen. Wenn ich hart bin zu Dir, denke daran, daß das der Rückstoß der Traurigkeit ist, der ätzenden nervösen Zustände und tödlichen Wehmutsempfindungen, die mich heimsuchen oder mich überschwemmen. Ich habe stets in meinem tiefsten Innern so etwas wie den Nachgeschmack der mittelalterlichen Melancholien meiner Heimat. Das schmeckt nach Nebel, nach Pest, eingeschleppt aus dem Orient, und ist schief und krumm mit seinen Ziselierungen, seinen bunten Scheiben und Bleigiebeln, wie die alten Holzhäuser in Rouen. In dieser Nische wohnen Sie, meine Schöne; es gibt viele Wanzen, kratzen Sie sich.

Noch einen Kuß auf Deinen rosigen Mund.

Der Deine.

Deutsch von Cornelia Hasting

Warum so viel Lärm um einen Eierkuchen?

Flaubert wilhelminisch

Von Joachim Kersten

Flauberts Tagebücher sind auf deutsch vollständig erst im Jahre 1920 im Verlag von Gustav Kiepenheuer in Potsdam in der Übersetzung von E. W. Fischer erschienen. Aber bereits 1911 haben sie einen Skandal verursacht.

Die Pariser Zeitschrift »Les Marges« hatte im Jahre 1910 erstmals Auszüge aus den Tagebüchern veröffentlicht. Darauf erschienen in der von Paul Cassirer verlegten Halbmonatsschrift PAN in der No. 6 vom 16. Januar 1911 unter der Überschrift »Tagebuch des jungen Flaubert« erste Auszüge mit einer nicht gezeichneten, aber von Alfred Kerr stammenden Vorrede, der damals Mitgesellschafter des PAN war:

> »Es folgen hier zum ersten Mal in deutscher Sprache – soweit nicht Wendungen in einer fremden zum Vermeiden gesetzlichen Anstoßes erforderlich schienen – unlängst bekannt gewordene Aufzeichnungen, die Flaubert zwischen Zwanzig und Dreißig unterwegs in ein braunledernes Notizbuch kritzelte.«

Der gesetzliche Anstoß folgte auf dem Fuße, nicht wegen der Textpassage »VON MAILAND NACH COMO« aus dem Jahre 1845, sondern wegen Eintragungen »VON DER ÄGYPTISCHEN REISE« (1849 bis 1851). Stein des Anstoßes war gewiß Flauberts »Abendbesuch bei der Triestinerin«:

> »Kleine Straße hinter dem Orient-Hotel. Vorne ein großer Divan-Saal, nach der Straße hinaus, an beiden Seiten kleine Luftlöcher nach der Straße hinaus, unverschließbar. Gerade-

aus ein großes Fenster ohne Rahmen, vergittert, durch das man einen Palmenbaum sieht. Die beiden Mädchen, in Schleier gehüllt, kauern auf einem großen Divan. Auf einer Art Kamin eine Nachtlampe und eine Karaffe mit Raki. Die Triestinerin ist die Treppe heruntergekommen, eine kleine, blonde Frau mit Madonnenfrisur. – No. 1 stumpfnäsig, lustig, brutal, un poco mata signor; No. 2 große schwarze Augen, regelmäßige Nase, müdes, leidendes Gesicht. Sie spielte auf dem Tische Tarabusch, während die andere tanzte, nachdem sie ihren Gürtel aufgewickelt und abgeworfen hatte. Alexandrinischer Tanz, die beiden Arme heben sich abwechselnd und die Hand berührt die Stirn. Ein anderer Tanz: Die Hände gerade, der Rumpf unbeweglich, Triller des Beckens. Vorherige Abwaschung der Damen. Eine Katzenfamilie, von meiner Decke aufgestört. Hadely hat ihr Kleid nicht aufgemacht; sie hat mir ein Zeichen gemacht, daß sie Brustschmerzen habe.

Ein festgehaltener Augenblick: sie voran – Rascheln der Gewänder – Geräusch der Goldpiaster in ihrem Haarnetz, ein helles, langsames Geräusch – Mondschein – sie trug eine Leuchte.

Auf der Matte – hartes Fleisch. –... von Bronze. –... rasiert, trocken, dabei fett – das Ganze war ein Eindruck von Pestilenz und Lepra-Hospital – sie hat mir geholfen, mich wieder anzuziehen – ihre arabischen Worte, die ich nicht verstand. Es waren Fragen von 3 oder 4 Worten, und sie wartete auf Antwort – die Augen dringen ineinander ein – die Intensität des Blickes ist verdoppelt – Josephs Benehmen inmitten alles dessen – faire l'amour durch Dolmetscher.«

Sodann notiert Flaubert noch einige »Spaßmacherzüge«, mitgeteilt von Linant Bay, dem »Oberingenieur der Straßen und Brükken in Ägypten«, wie es in einer Fußnote heißt:

»Der Narr des Mehemed ergriff in einem Basar eine Frau und ... sie vor dem Laden coram publico – Vor einiger Zeit ließ sich, auf dem Wege nach Choubra, ein Kind von einem

Affen ... – Ein Marabut (Priester) ging ganz nackt in den Straßen spazieren mit einem Hut auf dem Kopf und einem anderen auf dem..., er nahm ihn ab, um zu pissen, und die unfruchtbaren Frauen legten sich unter die Urin-Parabel und benetzten sich damit – ein Heiliger (Idiot) starb kürzlich, erschöpft durch die... der Frauen, die ihn besucht hatten.«

Der Abdruck endet mit Flauberts Notiz:

»Wieder in der Hurenstraße. Gehe dort spazieren. Sie rufen mir zu: ›Cawadja, Cawadja, Bakschisch!‹ Ich verschenke Piastermünzen. Das alles scheint mir so schön, daß ich es mir versage, sie zu..., damit die Melancholie des Augenblicks mir bleibe, und ich gehe weg.«

Danach ist ein Gedicht von Alfred Kerr mit der Überschrift »Der deutsche Schwund« abgedruckt mit dem ersten Vers:

»Etwas blöde, etwas hart
Ist die deutsche Gegenwart.«

Der Berliner Polizeipräsident Traugott von Jagow verbietet die weitere Verbreitung der No. 6 des PAN und läßt am 21. Januar 1911 sogar noch die letzten sechs Exemplare der Zeitschrift im Verlag Paul Cassirer beschlagnahmen. Daraufhin meldet sich Alfred Kerr im PAN No. 7 vom 01. Februar 1911 mit einem Offenen Brief »An den Polizeipräsidenten« unter der Überschrift »Jagow, Flaubert, Pan« zu Wort, der indes reichlich jokos ausfällt:

»S. g. H.,
ich habe für Sie eine Vorliebe: Weil Sie gleich mir die kurzen Sätze mögen. Darf ich Sie für einen Schüler halten... (von abweichender Denkart)?«

Er nennt den Polizeipräsidenten nicht nur »lieber Zögling«, sondern auch noch »Bruder in Apolline«, druckt aber immerhin die Beschlagnahmequittung als Facsimile ab. Er greift zur Klampfe:

> »Es ist ja verständlich: Man will sich der tierischen Vergangenheiten gerne nicht entsinnen – aber ist es ›Tierisches‹, was die dahingesunkenen Blätter dieses Vereinzelten, dieses Flaubert, dieses Schreib-Heiligen, dieses Jahrhundertkünstlers durchsonnt, durchtastet, durchatmet? Ist es nicht am Ende das Gegenteil: Eine Hochzeit der Unterleibswelt mit einer Wipfelwelt? Jagow – ist er nicht eben der Aufstieg, der zwischen Peniswallungen, Gerüchen, Abstoßungen, Neugierden, Ergüssen, Rasereien liegt… und zwischen Nachsinnlichkeiten, Ruhegefilden, Sterntümern, Schicksalsstunden?«

Und er spricht die Empfehlung aus: »– – kurz: Jagow, lesen Sie zu jeder dienstfreien Stunde, am Alexanderplatz, die Éducation sentimentale –:

Und Sie verbieten diese Blätter nie mehr.«

Und kumpelhaft fährt er fort:

> »Sie selber fallen ja nicht vom Stuhl, ich auch nicht, wenn scharfe Sachen menschlichster Art geäußert werden; warum also dergleichen gebildeten Lesern versagen?
>
> Wollust wird nicht erzeugt: Kenntnisse werden erweitert!
>
> Verbieten Sie pornographische Blätter: nicht geschichtliche!«

Und so endet dieser Brief

> »Mit herzlichem Gruß
> collegialiter gesonnen
> Ihr
> Grunewald, 30. Januar. ALFRED KERR«

Im selben Heft des PAN wird der zweite Teil aus dem »Tagebuch des jungen Flaubert« veröffentlicht, wiederum von der Ägyptischen Reise (1849 bis 1851), nun aber mit dem Abdruck von Flauberts Erlebnissen bei der »berühmten Sophia Ruschuk-Hanem«:

> »Heiterer... mit Saphiah Zougairah (kleine Sophie), die den Diwan..., sehr verdorben, nervös und wollüstig. Am schönsten dann mit Ruschuk. Gefühl ihres Halsbandes in meinem Gebiß. –... – mich wie mit Samtstreifen, ich komme mir wie ein Tiger vor.«

Der Polizeipräsident läßt sich von Kerr nicht beeindrucken, obwohl die ... vorherrschen; auch dieses Heft wird verboten: 12 Hefte polizeilich beschlagnahmt.

Aber Alfred Kerr legt mit der No. 9 des PAN vom 1. März 1911 noch einmal nach. »Vorletzter Brief an Jagow« lautet sein Schreiben wieder an den »S. g. H.«.

Anlaß dieses zweiten Sendschreibens ist indes nicht der weitere Akt Jagowscher Zensur gegen Flauberts Bordellerien, sondern ein Brief des Polizeipräsidenten an eine Schauspielerin, die er als Theaterzensor bei einer Probe kennengelernt hat und mit der er »unser heutiges Gespräch fortzusetzen« wünscht. Er fragt also an, ob ein Besuch genehm sei – »etwa Sonntag ½ 5?«.

Kerr druckt nicht nur den Brief des Polizeipräsidenten an die Schauspielerin ab, sondern höhnt gar fürchterlich, was in der Enthüllung kulminiert:

> »Unter allen Künstlerinnen der Welt schrieben Sie, Herr Polizeimeister (soviel Pech gibt es nie wieder) – unter allen schrieben Sie ahnungslos just an die Eine, an Tilla Durieux, welche mit Paul Cassirer, dem Mitherausgeber des ›Pan‹, verheiratet ist. Sie waren davon ohne jede Kenntnis; es ist beweisbar. Fest haltet's mich. Sie erfuhren es... ich sage nicht zu Ihrem Schrecken, Ritter, doch zu Ihrer bleichen Verblüffung erst, als der Brief (von Ihnen ins Theater gesandt) in den Hän-

den der graziösen Empfängerin war; als sie mit ihrem feinsten Angoralächeln ..., aber doch befremdet auf das Papierchen sah.«

Beide Affären bleiben im Blätterwald nicht ohne Antwort.

In der »Schaubühne« Nr. 11 vom 16. März 1911 schreibt der Schriftsteller Oscar A. H. Schmitz seinen »Offenen Brief an Herrn Alfred Kerr«. Er findet staatstragend das Flaubert-Verbot in Ordnung:

»Nun, bei den Manen Flauberts, ich glaube: Herr von Jagow hatte recht. Sie richten Ihre Geschosse nach einer falschen Seite, wenn Sie gegen den Polizeipräsidenten die unbestrittene Größe Flauberts ausspielen. Sie hat mit dieser Angelegenheit nicht das Geringste zu tun. Für den Zensor liegt die Sache ganz einfach so, daß in einem für den Straßenhandel bestimmten dünnen Heft eine üppige Lupanar-Szene dargestellt ist. Dies widerspricht jedoch durchaus den Sitten, auf denen unser gesellschaftliches Zusammenleben aufgebaut ist. Es widerspricht aber auch zugleich dem guten Geschmack. Dem jungen Flaubert hat ein gütiges Geschick in dem Niltal ein angenehmes Abenteuer beschert. Er hat es sich, ohne an die Öffentlichkeit zu denken, in sein Tagebuch notiert, auch einigen Freunden in Briefen davon Mitteilung gemacht. Daß derartige Intima Flaubert-Verehrern und Flaubert-Kennern in Büchern zugänglich gemacht werden, hat nichts auf sich, und noch niemals ist etwas Derartiges beanstandet worden. Etwas ganz andres aber ist es, ein solches Analectum in eine auf der Straße und an Bahnhöfen verkäufliche Zeitschrift zu bringen.«

Die Brief-Affäre nimmt Oscar A. H. Schmitz schon richtiger. Er spricht von dem »grotesken Malheur« des Herrn von Jagow.

»Ist das Billett des Präsidenten eine Beleidigung – was ich nicht finde – so machen Sie sich zum Verbreiter dieser Beleidigung, gaben ihr durch die Veröffentlichung erst Resonanz. War aber das Billett ein Nichts, warum dann so viel Lärm um einen Eierkuchen? Vor allem ist Herrn von Jagow nicht im mindesten irgendeine galante Absicht nachzuweisen.«

Denn die Schauspielerin hatte ihrem Gatten Mitteilung von dem Billett gemacht, »und der wandte sich an Herrn von Jagow, von dem er eine einwandfreie Erklärung der Situation erhielt«.

In der »Schaubühne« vom 23. März 1911 wird die Debatte von Harry Kahn fortgesetzt. »Der andere Brief an Kerr« heißt das Pamphlet: »Du bist ein Philister, Alfred. Ecco.«

Er witzelt: »Wenn Dich Dein geliebter Flaubert, Philistrophobe seines Zeichens, noch erlebt hätte, Junge, Junge … Bouvard und Pécuchet wären zuletzt, als Krönung, Kritiker geworden.« Es ist ein reichlich mühsamer Humor: »Du fühlst es ja selbst, Fred. Daß Du nicht mehr mitkommst. Du äußerst Dich ja nicht mehr oft. Und nicht sicher. Du suchst krampfhaft nach … nach … Wie nennt mans doch gleich? – Wirkungssegmenten.«

Der »PAN« nimmt die Polemik nicht auf, sondern wird theoretisch und veröffentlicht zwei Abhandlungen des Wiener Psychoanalytikers Theodor Reik aus seiner bisher unveröffentlichten Abhandlung »Psychogenese von Flauberts Tentation de Saint-Antoine«, die der Autor unter das Motto Nietzsches gestellt hat: »Grad und Art der Geschlechtlichkeit eines Menschen reichen bis zum höchsten Gipfel seines Geistes hinauf.« Die redaktionelle Einleitung kennzeichnet die Abhandlung Reiks richtig: »Sie ruht vor allem auf den Ergründungen Freuds.« Und das geschieht recht mechanisch: »Das erste Objekt der Liebe des Kindes war die Mutter, das erste Objekt seines Hasses war der Vater.« – »Das Belauschen des Geschlechtsverkehrs wurde für das ernste Kind zum Trauma.« – Also »Inzestwunsch« und »Trieb zum Vatermord«.

Der Knabe war auf die Mama fixiert. »Alle späteren Neigungen des Mannes gehen unbewußt diesem Vorbild nach. Der Liebestypus Flauberts war die verheiratete Frau, die Kinder hatte. Die Bedingung war, daß sie einem anderen gehörte. Zeit seines

Lebens hatte er eine (wenn auch nur platonische) Liebe zur Prostitution gehabt.« Die zuvor abgedruckten Tagebücher Flauberts strafen diese nur »platonische« Neigung Lügen. Reik stellt fest: »Noch in der ›Madame Bovary‹ bricht mehr oder minder verhüllt der Dirnencharakter hervor.«

Der Auszug aus Theodor Reiks Abhandlung wird im folgenden Heft unter dem Titel »Der liebende Flaubert« fortgesetzt – das Schlußkapitel der Abhandlung, die im Jahre 1912 als Buch im Verlag J. C. C. Bruns in Minden herauskommt, der auch die erste deutsche Gesamtausgabe der Werke Flauberts ediert.

Reiks Methode ist die Bestätigung Freudscher Thesen: »Dieser lebendige und intensiv (nach innen) lebende Mensch ist der stärkste Beweis für die Richtigkeit der Theorie Freuds über einen Typus der Objektwahl.« Er konstatiert »Inzestwünsche in ungeheurer Intensität. Sadistische Tendenzen traten hinzu.«

Reik beschäftigt sich auch mit Flauberts Epilepsie – er nennt sie eine »pseudoepileptische Hysterie«: »Die Attacke ersetzt oft den Geschlechtsakt.« Reik lobt: »Flaubert führt die Selbstanalyse durch wie ein geprüfter, geübter Psychoanalytiker: Er geht auf die Vergangenheit, auf die Kindheit zurück. Die Abhandlung endet mit einem Zitat aus einem Brief Flauberts an Louise Colet: »Wir lieben uns jetzt, wir werden uns vielleicht noch mehr lieben, aber wer weiß: Eine Zeit wird kommen, wo wir uns nicht einmal mehr unserer Gesichter erinnern werden. Hast Du manchmal Greise von ihrer Jugend erzählen gehört?«

Im PAN No. 9 vom 1. März 1911 erscheint auch Robert Musils Abhandlung »Das Unanständige und Kranke in der Kunst«, die auch das Flaubert-Verbot zum Anlaß hat:

> »In Berlin wurde Flaubert verboten. Daß dies wider das Gesetz geschah, weil dieses sagt: Der geschlechtliche Reiz einer Darstellung ist erlaubt, wenn ein künstlerischer Zweck damit verbunden, hat bereits Alfred Kerr hier mit wenig Worten unwiderleglich gemacht.«

Musils Notizheften ist zu entnehmen, wie sehr er von Kerr beeindruckt war: »Er ist für mich eine schicksalsvolle Persönlichkeit.«

Ostern 1911 notiert er indes:

> »Mit Kerr Beziehungen so gut wie abgebrochen. Ich fand das Honorar vom Pan gering, war beleidigt, schrieb ihm, keine Antwort. Ich schrieb ihm noch einmal kurz, abschließend ungefähr: Ich wußte nicht, daß Sie glauben, mich so behandeln zu sollen, hätte ich es gewußt, hätte ich Sie nicht öfters um kleine Gefälligkeiten ersucht.«

Am 23. Mai 1911 ist Musil versöhnt: »Mit Kerr als Mißverständnis herausgestellt.«

Seine eigene Abhandlung nennt er »trotz stilistischer Haltung so schön wissenschaftlich geometrisch« – ein schönes Wort für langweilige Ingenieursprosa. Der erste Satz der Abhandlung soll der letzte sein:

> »Gedanken, die klügeren Menschen längst bekannt sind, eines äußeren Zweckes halber ordnen, hat etwas unleugbar Langweiliges.«

Dazwischengehauen hat schließlich noch Karl Kraus. In der »Fackel« Nr. 319/320 vom 31. März 1911 erscheint als Glosse »Der kleine Pan ist tot«.

Kraus wird grundsätzlich: »Das demokratische Temperament mag es ja als eine geistige Tat ohnegleichen ansehen, daß einer dem Polizeipräsidenten ›hähä‹ zugerufen hat.«

> »Herr Kerr begann fließend zu stottern, teilte den Polizeipräsidenten in sechs Abteilungen und fühlte sich aristophanisch wohl. Herr Cassirer, der am Skandal und am Geschäft beteiligte Verleger, duldete still. Und der Fall wurde zum Problem, wieviel Aufsehen man in Deutschland mit schlechten Manieren machen kann.«

Kraus unterstellt dem »PAN« niedere Motive::

> »Fast könnte man fragen, ob Herr v. Jagow dem ›Pan‹ durch die Unterlassung der Annäherung an Frau Durieux nicht mehr geschadet hätte, als durch die Konfiskation der Flaubert-Nummer.«

Kraus kritisiert scharf die Erklärung des Verlegers Cassirer, er habe »keinen Einfluß« auf die Entschlüsse der Redaktion des PAN gehabt, und höhnt:

> »Deutsche Verleger sind gegenüber den Geboten ihrer Redakteure vollkommen machtlos, und gegen einen ausbeuterischen Angestellten helfen ihnen bekanntlich weder die Gerichte noch können sie selbst mit dem Komment in der Hand einen Privatwunsch durchsetzen. Die Redakteure des ›Pan‹ waren nicht davon abzuhalten, einen Eingriff in das Familienleben ihres Verlegers zu begehen.«

Und er resümiert: »Herr Kerr nennt das Ganze einen ›ethischen Spaß‹. Ich nenne es eine völlig humorlose Unsauberkeit.«

Karl Kraus ist es auch, der den Schlußpunkt unter die Affäre setzt. In der Fackel Nr. 339/340 vom 30. Dezember 1911 unter dem Titel »Für die Polizei« schreibt er:

> »Im Zweifelsfall ist zwischen Zensor und Zensurkämpfer blind der Zensor vorzuziehen, und der vom ›Büttel‹ angefaßten Kunst gehts erst schlecht, wenn sie vom Freigeist verteidigt wird.«

Weiter schreibt er: »Das Verbot der Schaustellung des Nackten könnte ein soziales Unrecht von mäßigem Interesse sein; der Protest zum Schutze der Kunst ist sicher eine Gemeinheit.« »Der Vorwurf der Unsittlichkeit gegen einen Künstler muß keine Ehre sein, seine Rettung für die Sittlichkeit ist immer eine Schande.« Er nimmt konkret Bezug auf den ›PAN‹-Fall:

»Gegen das Verbot von Tagebuchaufzeichnungen Flauberts hat sich in Berlin das Pathos eines Verlegers gewehrt. Er hatte aber schon vorher selbst an einigen Stellen Zensur geübt, und diese Übereinstimmung mit dem Standpunkt der Polizei schien dem Richter ein Argument gegen den Angeklagten. Stolz nun bestritt dieser die Gleichheit der Motive, indem er sagte, er habe nicht aus Gründen der Sittlichkeit die Vorzensur besorgt, sondern bloß aus Gründen des guten Geschmacks. Und das literarische Deutschland jagte diese Freigeister, die Flaubert lieber der Geschmacklosigkeit als der Unsittlichkeit verdächtigt haben wollten, nicht zum Teufel, sondern brüllte gegen die Polizei.«

Gut gebrüllt? – Wohl kaum. Aber immerhin!

In Croisset bei Rouen

Von Edmond und Jules de Goncourt

29. Oktober 1863
In Croisset bei Rouen.

In der Ankunftshalle treffen wir Flaubert mit seinem Bruder, dem Chefchirurgen des Spitals von Rouen, einem ellenlangen und satanischen Kerl mit einem gewaltigen schwarzen Bart, mager, das Profil gestanzt wie der Schattenriß eines Gesichts, der Körper in sich ausgewogen, biegsam wie eine Liane... Wir fahren in einer Droschke bis nach Croisset, einem hübschen Wohnsitz mit Louis XVI.-Fassade, am Fuß eines Abhangs gelegen, am Ufer der Seine, die sich hier wie der Zipfel eines Sees ausnimmt und deren leichte Wogen ans Meer erinnern.

Da sind wir nun in dieser Stube, in der so beharrlich und ohne Unterlaß gearbeitet wird, die so viel Mühsal gesehen hat, und aus der *Madame Bovary* und *Salammbô* hervorgegangen sind.

Zwei Fenster gehen zur Seine hinaus und geben den Blick auf Wasser und vorüberziehende Kähne frei; drei Fenster blicken auf den Garten, wo eine prächtige Weißbuchenlaube den Hügel anzustützen scheint, der hinter dem Haus ansteigt. Kasten-Bücherschränke aus Eichenholz, mit gewundenen Säulen zwischen den Fenstern, schließen sich an die große Bibliothek an, die den geschlossenen Hintergrund des Zimmers bildet. Gegenüber der Gartenaussicht vor weißer Holzvertäfelung: ein Kamin, der eine väterliche Stutzuhr aus gelbem Marmor mit einer Bronzebüste des Hippokrates trägt. Daneben ein schlechtes Aquarell, das Porträt einer kleinen schmachtenden und kränklichen Engländerin, die Flaubert in Paris kannte. Außerdem Schachteldeckel mit indischen Zeichnungen, die wie Aquarelle gerahmt sind, und eine Radierung von Callot, eine *Versuchung des Heiligen Antonius*, die hier gleichsam das Abbild der Begabung des Meisters sind.

Zwischen den beiden Fenstern, die zur Seine hinausgehen,

steht auf einem mit Bronze bemalten Postamentwürfel die weiße Marmorbüste seiner verstorbenen Schwester von Pradier, mit zwei langen Korkenzieherlocken und einem reinen, unerschrokkenen Gesicht, einem griechisch anmutenden Gesicht, wie man es in einem Album mit gestochenen Porträts wiederfindet. Daneben ein Schlafdiwan aus einer mit türkischem Stoff bezogenen Matratze, die mit Kissen beladen ist. In der Mitte des Zimmers – neben einem Tisch samt einer farbig gemusterten Schatulle aus Indien mit einem vergoldeten Idol darauf – steht der Arbeitstisch, ein großer runder Tisch mit einer grünen Decke. Die Tinte entnimmt der Schriftsteller einem Tintenfaß in Form einer Kröte.

Lustiger bemalter Kattun, altmodisch und leicht orientalisch, mit großen roten Blumen, schmückt Türen und Fenster. Hier und da, auf dem Kamin, auf dem Tisch, in den Fächern der Bücherschränke, an Haken baumelnd oder an der Wand angebracht: orientalischer Klimbim, Amulette mit grüner Patina aus Ägypten, Pfeile, Waffen, Musikinstrumente, eine jener Holzbänke, auf denen die Stämme Afrikas schlummern, sitzen und ihr Fleisch schneiden, Kupferschalen, Glasperlenhalsbänder und zwei Mumienfüße, die er den Grotten von Samoun entrissen hat und die, inmitten der Verzierungen, mit ihrer florentinischen Bronzehaut und dem erstarrten Leben ihrer Muskeln prangen.

Dieses Interieur entspricht ganz dem Mann, seinem Geschmack, seinem Talent: seine eigentliche Leidenschaft gilt dem plump Orientalischen, seine Künstlernatur hat einen barbarischen Kern.

30. Oktober 1863

Er liest uns sein eben beendetes Feenstück *Das Schloß der Herzen* vor, ein Werk, das ich ihm in meiner Hochachtung nicht zugetraut hätte. Sämtliche Feenstücke gelesen zu haben, um schließlich das allervulgärste zu schreiben!

Er lebt hier mit seiner Nichte, der Tochter jener verstorbenen Schwester, deren Büste er besitzt, und mit seiner Mutter, die – 1793 geboren – sich die Vitalität des Menschenschlags jener Zeit bewahrt hat und unter den Zügen einer alten Frau die Würde großer ehemaliger Schönheit.

Es ist ein ziemlich strenger, sehr bürgerlicher und ein wenig knausriger Haushalt. Spärliche Feuer im Kamin, und die Teppiche reichen nicht über die Fliesen. Normannische Sparsamkeit bis hin zum Essen, mit dem man in der Provinz gewöhnlich so großzügig ist. Kein anderes Metall als Silberzeug, das ein bißchen frösteln macht, wenn man bedenkt, daß man sich in dem Haus eines Chirurgen befindet: vielleicht ist die Suppenterrine der Preis für ein abgeschnittenes Bein, und für die Silberplatte wurde eine Brust abgenommen?

Mit dieser Einschränkung, die ich eher dem Normannischen als dem Haus zuschreiben möchte, sind sie herzliche, freimütige und zuvorkommende Gastgeber. Das arme Mädchen, das in der Klemme zwischen dem Arbeitseifer ihres Onkels und der Greisenhaftigkeit ihrer Großmutter lebt, hat eine liebenswürdige Sprache, hübsche blaue Blicke und einen niedlichen Schmollmund, wenn sie um sieben Uhr, nach dem »Gute Nacht, meine Liebe!« Flauberts zu seiner Mutter, von ihrer alten Großmama in ihr Zimmer gebracht wird, damit sie zeitig schläft.

1. November 1863
Wir sind den ganzen Tag drinnen geblieben. Das behagt Flaubert, der Spaziergänge zu verabscheuen scheint und den seine Mutter unaufhörlich mahnen muß, damit er wenigstens einen Fuß in den Garten setzt. Wenn sie nach Rouen gehe, so sagte sie uns, finde sie ihn bei ihrer Rückkehr häufig noch am selben Platz und in der nämlichen Haltung, so daß sie über seine Unbeweglichkeit fast erschrecke. Keinerlei Bewegung, er lebt in seinem Manuskript und in seinem Kabinett. Kein Pferd, kein Boot.

Den ganzen Tag hat er uns, ohne sich auszuruhen, mit donnernder Stimme, in der Lautstärke eines Boulevardtheaters, seinen ersten Roman vorgelesen, den er noch zu Schulzeiten geschrieben hat und der auf dem Umschlag nur mit »Fragmente irgendeines Stils« betitelt ist. – Das Thema ist der Verlust der Unschuld eines jungen Mannes mit einer *idealen Hure.* Der junge Mann hat viel von Flaubert, seine Hoffnungen, seinen Ehrgeiz, seine Melancholie, seine Misanthropie, seinen Haß auf die Massen. Mit Ausnahme der nicht vorhandenen Dialoge zeugt es insgesamt von einer für sein damaliges Alter erstaunlichen Kraft. Da gibt es auch schon im kleinen Landschaftsdetail die feinfühlige und bezaubernde Beobachtung wie in *Madame Bovary.* Die Beschreibung herbstlicher Trauer, mit der dieser Roman beginnt, ist etwas, das seinen heutigen Stempel tragen könnte. Mit einem Wort, es ist, trotz seiner Mängel, sehr stark.

Vor dem Abendessen wühlte er zur Erholung in seinem Sammelsurium aus Kleiderplunder, Kostümen und Reiseandenken. Mit Wonne setzte er seinen ganzen orientalischen Mummenschanz in Bewegung; und da verkleidet er uns und sich; herrlich steht ihm der Turban, ein wunderbarer Türkenkopf, mit seinen schönen fetten Zügen, seinem blutvollen Teint und seinem hängenden Schnauzbart. Zuguterletzt zog er seufzend die alte Lederhose seiner weiten Reisen hervor und schaute sie an mit der Rührung einer Schlange, die ihre abgestreifte Haut betrachtet.

2. November 1863

Den ganzen Tag über liest er uns aus seinen Reisenotizen vor, und während des ganzen Abends spricht er darüber. Am Ende dieses Stubenhocker-Tages sind wir so erschöpft, als hätten wir wirklich alle beschriebenen Länder und Landschaften durchquert. Zur Erholung gönnte er sich nur einige Pfeifen, die er hastig rauchte, während er immerfort über die Literatur redete; er sagt, man müsse sich an die ewig gültige Literatur halten, und indem man sich spezialisiere, verfehle man gerade dieses Ewigwährende; das Besondere und Lokale könne das wahrhaft Schöne nicht erzeugen. Und als wir ihn fragen, was denn seines Erachtens das Schöne sei, antwortet er: »Das, was mich auf eine unbestimmte Weise erhebt!«

Es läutet Mitternacht. Eben hat er seine Rückkehr aus Griechenland zu Ende gelesen. Er will uns noch nicht loslassen, will noch plaudern, weiter vorlesen; sagt, daß er um diese Stunde erst anfange, richtig aufzuwachen und daß er sich um sechs Uhr hinlegen würde, wenn wir keine Lust hätten zu schlafen.

Deutsch von Anita Albus

Gustave an Louise (3)

Von Gustave Flaubert

Dienstag. [6. Juli 1852]

Ich habe, ganz für mich und in Ruhe, Deinen letzten langen Brief noch einmal gelesen, die Beschreibung des Spaziergangs im Mondschein. Den ersten mochte ich auf jeden Fall lieber, sowohl von der Form als auch vom Inhalt her. – Ist da nicht in Dir etwas Konfuses vorgegangen? Wenn Du auch diese Anwandlung noch so verächtlich abgetan hast, sie hat Dir doch eine Zeitlang das Herz verdreht. Du würdest mich mißverstehen, wenn Du glaubtest, arme, liebe Louise, daß ich Dir irgend etwas vorwerfe. – Man kann Herr dessen sein, was man tut, nie jedoch dessen, was man fühlt. Ich finde nur, daß Du schlecht daran getan hast, ein zweites Mal mit ihm spazierenzugehen. Du hast es ohne Hintergedanken getan, das glaube ich gern. Aber an seiner Stelle würde ich es Dir übelnehmen. Er kann Dich für eine Kokotte halten. – Nach allgemeinen Vorstellungen geht man nicht mit einem Mann im Mondschein spazieren, um den Mond zu bewundern. Und der Herr Musset steckt verteufelt in allgemeinen Vorstellungen. Seine Eitelkeit ist von bourgeoisem Blut.

Ich glaube nicht wie Du, daß es die Werke der Kunst sind, was er am tiefsten empfunden hat. – Seine eigenen Leidenschaften hat er am tiefsten empfunden. Musset ist eher Poet als Künstler, und im Augenblick eher Mann als Poet – und ein kläglicher Mann.

Musset hat die Poesie nie von den Gefühlen getrennt, die sie vervollständigt. Die Musik ist seines Erachtens für Serenaden geschaffen worden, die Malerei für das Porträt und die Poesie für die Tröstungen des Herzens. Wenn man sich derart die Sonne in die Hose stecken will, verbrennt man sich die Hose und pißt auf die Sonne. Das genau ist ihm passiert.

»Die Nerven, das Magnetische, das ist die Poesie.« Nein, sie hat eine reinere Basis. Wenn es genügte, empfindliche Nerven zu haben, um Dichter zu sein, so würde ich mehr taugen als Shakespeare und Homer, den ich mir nicht gerade als nervösen Mann vorstelle. Diese Verwechslung ist gottlos. Ich kann dazu etwas sagen, ich, der ich durch geschlossene Türen Leute habe flüstern hören, die dreißig Schritte von mir entfernt waren, ich, bei dem man durch die Bauchdecke alle Eingeweide zucken sah, und der ich manchmal verspürt habe, wie im Zeitraum einer Sekunde tausend Gedanken, Bilder, Zusammenhänge aller Art zugleich in meinem Hirn losknallten wie sämtliche gezündeten Raketen eines Feuerwerks. – Aber das sind vorzügliche Themen zur Unterhaltung und noch dazu rührende.

Die Dichtung ist mitnichten eine geistige Schwäche, diese nervösen Empfindlichkeiten sind es. Diese Veranlagung zur übermäßigen Wahrnehmung ist eine Schwäche. Ich fasse mich deutlicher.

Hätte ich ein solideres Hirn gehabt, wäre ich nicht davon krank geworden, Jura zu studieren und mich zu grämen. Ich hätte Nutzen daraus gezogen, statt Schaden dabei zu nehmen. Anstatt mir auf dem Schädel zu bleiben, ist mir der Kummer in die Glieder gefahren und hat sie mir in Krämpfen verzerrt. Es war eine *Fehlleitung*. Man trifft häufig auf Kinder, denen die Musik schadet. – Sie haben große Voraussetzungen, behalten Melodien beim ersten Hören, geraten außer sich beim Klavierspielen; sie haben Herzklopfen, sie nehmen ab, werden blaß, werden krank. Und ihre armen Nerven winden sich, wie die von Hunden, beim Klang der Noten vor Schmerzen. Das sind sie nicht, die zukünftigen Mozarts. Die *Berufung* ist fehlgelenkt worden. Die Idee ist ins Fleisch übergegangen, wo sie unfruchtbar bleibt, und das Fleisch vergeht. Daraus entsteht weder Genie noch Gesundheit.

Desgleichen in der Kunst. Die Leidenschaft macht keine Verse. – Und je persönlicher man ist, desto schwächer ist man. Da habe ich immer gesündigt; denn immer habe ich in alles, was ich gemacht habe, mich selbst eingebracht. – Anstelle des heiligen Antonius zum Beispiel stehe ich. Die Versuchung galt mir und nicht dem Leser. – *Je weniger man eine Sache empfindet, desto besser ist man imstande, sie auszudrücken, wie sie ist* (wie sie *immer* ist, in sich selbst, in ihrer allgemeinen Bedeutung und frei von all ihren flüchtigen Anteilen). Aber man muß die Fähigkeit haben, *sie sich zu Herzen zu nehmen.* Diese Fähigkeit ist nichts anderes als das Genie. Sehen. – Das Modell vor sich haben, das da steht.

Das ist es, warum ich *schwatzhafte* Dichtung verabscheue, Dichtung in Phrasen. – Für die Dinge, die keine Worte haben, reicht der Blick. – Den Hauch der Seele, die dichterische Erhabenheit, die Zeichnung, von all dem will ich im Stil. Sonst ist es Prostitution der Kunst und sogar des Gefühls.

Diese Scham ist es, die mich immer daran gehindert hat, einer Frau den Hof zu machen. – Ich fürchtete, sie könnte sich, spräche ich die po-e-tischen Sätze aus, die ich dann auf der Zunge hatte, sagen: »Was für ein Scharlatan!« und die Angst, tatsächlich einer zu sein, hielt mich auf. Dabei fällt mir Madame Cloquet ein, die, um mir zu zeigen, wie sehr sie ihren Mann liebe und wie beunruhigt sie bei einer Krankheit von fünf bis sechs Tagen, die er durchgemacht hatte, gewesen war, ihr sorgsam gelegtes Haar zurückschob, damit ich zwei oder drei weiße Haare an ihrer Schläfe sehen sollte, und zu mir sagte: »Ich habe drei schlaflose Nächte verbracht! drei Nächte bei ihm gewacht.« Das war wirklich ungeheuer aufopferungsvoll.

Vom gleichen Schrot und Korn all jene, die einem von ihren verflossenen Liebschaften erzählen, vom Grab ihrer Mutter, von ihrem Vater, von ihren seligen Erinnerungen, die Medaillons küssen, bei Mondschein weinen, beim Anblick von Kindern vor Zärtlichkeit dahinschmelzen, im Theater vor Begeisterung außer sich geraten, vor dem Ozean eine nachdenkliche Miene annehmen. Schwindler! Schwindler! und dreifache Gaukler! die auf ihrem eigenen Herzen Trampolin springen, um an etwas heranzureichen.

Auch ich habe meine nervöse Zeit gehabt, meine Epoche des Gefühls, und wie ein Galeerensklave trage ich noch die Spur davon am Hals. Mit meiner verbrannten Hand habe ich nun das Recht, Sätze über die Natur des Feuers zu schreiben. Du hast mich kennengelernt, als diese Zeit gerade zu Ende gegangen war und ich das Mannesalter erreicht hatte. – Davor jedoch, einstmals, habe ich geglaubt, daß es die Poesie im Leben wirklich gibt, die schöpferische Schönheit der Leidenschaften etc. Für jeden Krakeel war ich gleichermaßen begeistert; ich bin davon taub geworden und habe gelernt zu unterscheiden.

Ich hätte Dich in einer für Dich angenehmeren Weise lieben können. – Mich an Dein Äußeres halten und dort bleiben. – Das ist es, was Du lange gewollt hast. Doch nein. Ich war im Inneren. – Ich habe nicht bewundert, was Du nach außen gezeigt hast, was alle Welt sehen konnte, was das Publikum verblüffte. Ich war jenseits dessen und habe Schätze entdeckt. Ein Mann, den Du verführt und beherrscht hättest, würde nicht wie ich Dein liebendes Herz bis in den kleinsten Winkel auskosten. – Was ich für Dich empfinde, ist keine Sommerfrucht mit glatter Haut, die beim geringsten Windhauch vom Ast fällt und ihren rotgoldenen Saft im Gras verspritzt. – Sie hängt fest am Stamm, mit harter Schale wie die einer Kokosnuß, oder mit Stacheln besetzt wie die Kakteenfeigen. – Das verletzt einem die Finger, enthält aber Milch.

— — —

Welch schönes Wetter! Louise, die Sonne strahlt! All meine Fensterläden sind geschlossen, ich schreibe Dir im Dunkeln. – Es gab zwei oder drei schöne Nächte. – Was für ein Mondschein! Ich fühle mich körperlich und seelisch in guter Verfassung und hoffe, daß meine *Bovary* wieder ein wenig in Schwung kommt. Die Hitze wirkt auf mich wie Branntwein. Sie trocknet mir alle Fasern aus und erregt mich. – Ich warte auf Bouilhet. Einen lieben Kuß. Ich mache den Brief heute abend zu. Der Deine

Dein G.

— — —

Ich schicke Dir auch Deinen Artikel zurück, wegen der gekürzten Zitate.

— — —

Bouilhet wundert sich, daß er weder Brief noch *Pays* von Dir bekommen hat. Was ist los?

Hier der Artikel; so wird er gehen. Versuch doch, ihn durchzubekommen. – Und auch das Gedicht über Pradier, wenn es das noch nicht ist.

Deutsch von Cornelia Hasting

AND AT LONDON

Sie fragen mich nach der Lektüre!

Von Jacob Burckhardt

Basel, 27. April 1870

Sie fragen mich nach der Lektüre! Ach, ich bin allmählich im Wust meiner eigenen Bibliothek (von öffentlichen Bücherschätzen nicht zu reden) ein *homo paucorum librorum* geworden. Gerne hätte ich mir Flauberts »éducation sentimentale« angeschafft, aber das Ding ist mir noch zu teuer und ich warte eine etwas wohlfeilere Ausgabe ab, denn zur ganz wohlfeilen *à 1 fr. le volume* mag ich mich doch nicht gedulden. Die neuliche Rezension in der »Augsburger Allg. Zeitung« war jedenfalls von einem Meister geschrieben, und ich möchte sehr gerne wissen, von wem? Einleitungsweise bekommen einige deutsche Romanschriftsteller in hochachtungsvoller Form Einiges zu hören. Ich kann nicht helfen, bei mir sind Roman und Poesie noch zwei völlig geschiedene Gattungen; im Roman, wenn ich zur Seltenheit mich damit einlassen soll, verlange ich Realismus, und zwar unerbittlichen, kann ihn aber auch vertragen, da ich wenig davon zu mir nehme. In der Poesie dagegen verlange ich die ideale Ergänzung, und in den ersten anmutigen Tagen dieses Monats habe ich mir ein Geschenk gemacht mit Mörikes Gedichten (vierte Auflage), die ich schon längst gern gehabt hätte.

Der realistische Roman.

L'Éducation sentimentale – Histoire d'un jeune homme.
Par Gustave Flaubert.
2 Vol. Paris, 1870

Von Heinrich Homberger

(Aus der Beilage der Augsburger Allgemeinen Zeitung.
Nr. 77, Freitag, den 18. März 1870)

Ein berühmtes Bild von Rembrandt stellt einen Anatomen vor, wie er vor seinen Zuhörern, jungen ernstblickenden Ärzten, den Leib einer Leiche geöffnet hat und die Eingeweide vorweist. Der Beschauer fühlt sich von dem Bilde zugleich gefesselt und abgestoßen; nachdem er es lange betrachtet hat, wendet er den Blick hinweg und atmet auf.

Das ist der Eindruck, mit dem man das neueste Buch des Verfassers der »Madame Bovary« liest und aus der Hand legt.

Ob in Deutschland wohl je ein Roman wird geschrieben werden wie »Frau Bovary« oder wie »Die empfindsame Erziehung«? Schwerlich! Gott sei Dank! wird mancher hinzusetzen. Doch eben weil durchaus nicht zu befürchten steht, daß unsre deutschen Dichter in realistischer Darstellung zu weit gehen möchten, so hat es keine Gefahr, sich klar zu machen, was Büchern wie den Flaubert'schen ihren eigentümlichen Wert und peinlichen Reiz verleiht. Mag dies immerhin nur Wert und Reiz einer anatomischen Lektion sein. Die Anatomie gehört allerdings nicht in die Kunst. Aber es hat noch keinem Künstler geschadet, sich einmal in einem Sektionssaal umgesehen zu haben. Und so ist wohl auch etwas zu lernen bei einem Schriftsteller, welcher die menschliche Seele präpariert wie einen Leichnam, sie mit schonungsloser Hand bloßlegt, mit scharfem Messer in Stücke schneidet, ihre innersten Windungen durchwühlt, ihre feinsten Fasern unter das Mikroskop bringt. Lebendige Wesen zu schaffen, das freilich wird der Anatom uns nicht lehren. Aber wir können bei ihm etwas erfahren über die Knochen und Muskeln und Nerven, ohne welche kein lebendiges Wesen zu existieren vermag. Das ist schon der Mühe wert.

Unter unsern deutschen Romanschreibern gibt es sehr talentvolle Männer, welche viel studiert, viel gelesen haben, und zu hoch denken von dem schriftstellerischen Beruf, als daß sie nicht gewissenhaft bemüht wären, bedeutsame würdige Werke zu schaffen. Und in der Tat werden bei uns fortwährend Romane geschrieben, welche uns Achtung, Sympathie, ja Bewunderung einflößen durch den Ernst der Arbeit, durch die Tiefe der Gedanken, durch den Adel der Gesinnung, durch würdevollen, an den höchsten Mustern der Weltliteratur geschulten Stil – Werke, die jeden Vorzug aufweisen, welchen Begabung, Bildung und Fleiß zu geben vermögen. Aber nur *eines* fehlt unsern meisten Romanen: sie überzeugen nicht. Den erzählten Begebenheiten merkt man an, daß sie sich nur im Kopfe des Erzählers zugetragen haben; angesichts der geschilderten Gestalten werden wir nie die Physiognomie des Verfassers los. Gewiß, ein gebildeter, denkender deutscher Autor, auch wenn er nie außerhalb seiner Studierstube geatmet haben sollte, ist eine viel reichere, gehaltvollere Persönlichkeit als ein ganzes Schock von Pariser Weltmännern, Weltdamen, Bohemiens und Loretten – von der Verschiedenheit des moralischen Wertes ganz zu schweigen. Aber der Roman soll uns nicht die Innerlichkeit eines einzigen – und sei es auch des tiefstangelegten – Individuums vorführen, noch soll er eine Thesis dartun, und sei sie auch die Essenz aller Weltweisheiten. Der Roman hat heute zu leisten, was das Drama auf seinem engen Brettergerüst nicht mehr völlig zu leisten vermag: »Der Natur den Spiegel vorzuhalten – dem Jahrhundert und Körper der Zeit den Abdruck seiner Gestalt zu zeigen.« Unsere deutschen Romanschreiber halten gewöhnlich nicht der Natur, sondern ihrer eigenen Person den Spiegel vor. Sie sind entweder Lyriker und wollen sich von einer sie quälenden Stimmung durch ein Gedicht befreien, oder sie sind Professoren und verkünden die Ergebnisse ihrer Studien. Daher kommt es, daß deutsche Schriftsteller – doch sonst die bescheidensten Geschöpfe dieser Erde – uns in ihren Romanen oft so unleidlich prätentiös erscheinen. Der eine ignoriert ganz die Welt außer ihm, der andere schaut in ihr nichts als den Beleg einer ihm teuren Theorie. Statt uns die Menschen und Dinge zu malen, malen sie uns ihre Vorstellung von Menschen und Dingen. Sie sind Pantheisten, und alle ihre Helden, Bürger und Bauern sprechen die Sprache Spinozas. Sie sind Demokraten, und ihre Edelleute müssen sich als lauter Schurken und Schelme präsentieren. Am wunderlichsten wird es, wenn sie ausdrücklich jeder Theorie abschwören und Realisten sein wollen; sofort finden sie wieder heraus, daß der realistische Roman das deutsche Volk in seiner Tüchtigkeit, bei seiner Arbeit zu suchen habe. Als ob nur die Tüchtigkeit, als ob nur die Arbeit für Realismus gelten könnte!

Einem Franzosen, einem Pariser kann es nicht wohl einfallen, seinem Realismus ein Scheuleder vorzubinden, das kecke Füllen durch einen kategorischen Imperativ zu zähmen. Dem Auge des Pariser Romanschreibers drängen sich die Erscheinungen zu gewaltig, zu bunt, zu eng gepaart auf, als daß er zu den einen sagen könnte: euch will ich sehen, und zu den andern: von euch nehme ich keine Notiz. Wo das Leben, ein bewegtes Meer, in so mächtigen Wogen rollt, wie möchte da der Dichter abseits auf einem Isolierstühlchen sitzen und sich eine Weltanschauung aus den Fingern saugen? Wie hätte er so verschlossene Sinne, daß ihm diese Fülle der Gestalten nicht interessanter däuchte als die blassen Geburten des eigenen Gehirns? Wen ließe es am Ufer, wen zöge es nicht in den verführerischen Strudel, daß er alles aus nächster Nähe sehe und höre und erfahre? Doch freilich, wenn keiner ungestraft unter Palmen wandelt, so schwimmt auch keiner ungestraft im Strome des Lebens. Wer den Dingen zu nahe steht, verliert das Gefühl der Verhältnisse, das Bewußtsein der Entfernungen. Wessen Sinne allzu sehr von der reizenden Flucht der Erscheinungen bedrängt sind, dessen Aufmerksamkeit bleibt leicht an der Oberfläche der Dinge hängen, und er versäumt darüber, ihre dauernde Bedeutung zu ergründen. Und wen die Welt rings in unaufhörlichem Wirbel umkreist, der habe acht, daß er nicht schwindlicht werde und den Spruch der Hexen für wahr halte: *fair is foul, and foul is fair* – daß sich seinem Auge nicht Schön und Häßlich, Gut und Böse ununterscheidbar mischen und mengen, gleichwie die Farben einer rasch schwingenden Scheibe zu einem einzigen unterschiedslosen Grau gerinnen.

Das sind die Gefahren, welche den Realisten bedrohen; gerade je näher er an die Dinge herantritt, je schärfer er sie beobachtet, je unbefangener und vorurteilsloser er sie in sich aufzunehmen sucht, desto bedenklicheren optischen Täuschungen ist er ausgesetzt – und so kann es kommen, daß, während wir in jeder Einzelheit seiner so genauen Schilderungen eine bewundernswerte Bestimmtheit der Umrisse und Glut der Farben finden, doch das Ganze uns den Eindruck macht eines eintönigen, licht- und schattenlosen Gemäldes ohne Vordergrund und ohne Ferne, ohne Mittelpunkt und ohne Rahmen.

Es existiert kein zweiter so entschlossener, rücksichtsloser, unerbittlicher Realist wie Gustave Flaubert, jedenfalls seit Balzac der bedeutendste französische Romanschreiber. Im Jahre 1857 veröffentlichte Flaubert seinen ersten Roman und begründete damit sofort seinen Ruf. »Madame Bovary«, die Geschichte einer Ehebrecherin, war geschrieben wie ein Arzt einen Krankenbericht schreibt – ohne irgend ersichtliche Teilnahme an dem Leidenden, nur um des wissenschaftlichen Interesses willen: Der Beobachter, kalt, geduldig und neugierig, verzeichnet jedes Symptom, jede kleinste Änderung, unbekümmert ob zum Guten oder Schlimmen; es ist ihm darum zu tun, daß Entstehung und Verlauf des pathologischen Prozesses völlig klar werden, und es fällt ihm nicht ein, mit der Natur zu rechten, weil sie Erscheinungen darbietet, welche die Menschen Krankheit nennen. Die Leser dieser pathologischen Studie wunderten sich nicht, als sie erfuhren, daß der Verfasser früher Arzt gewesen [war].

Als ob Flaubert so recht hätte zeigen wollen, daß ihm wie dem Naturforscher alle Dinge dasselbe rein objektive Interesse einflößen, unternahm er es in seinem zweiten Werke »Salammbô«, das Karthago der Barkiden mit derselben ins einzelste gehenden gleichgültigen Genauigkeit zu schildern, wie er in »Madame Bovary« das gegenwärtige Leben eines Landstädtchens der Normandie geschildert hatte.

Flaubert schafft langsam. Er hat jetzt erst seinen dritten Roman veröffentlicht. »Die empfindsame Erziehung« erzählt uns die Geschichte eines jungen Mannes namens Frédéric Moreau. Doch verweilen wir einen Augenblick bei dem Titel. Auch der objektivste Schriftsteller tritt im Titel seines Buches mit seiner subjektiven Persönlichkeit hervor. Selbst wenn z. B. ein Romanschreiber den bloßen Namen einer seiner Gestalten oder gar nur den Namen einer Örtlichkeit zum Titel seines Werks wählt, so zeigt er immerhin damit an, daß er, Verfasser, diese Gestalt als die wichtigste, als die Trägerin der Handlung, daß er die Örtlichkeit als den Schauplatz der bedeutsamsten der erzählten Ereignisse betrachte[t]. Durch die einfache Hervorhebung eines Namens tritt der Verfasser aus der bloßen Erzählerrolle heraus und ergreift einen Standpunkt, nimmt Partei. Noch viel deutlicher zeigt sich aber dieser subjektive Charakter des Buchtitels, wenn der Verfasser sich nicht mit der Unterstreichung eines Namens begnügt, sondern im Titel den Inhalt des Buches andeutet. Er berechtigt uns dann, im Titel einen Hinweis auf die vorzüglichste Tatsache oder den leitenden Gedanken seines Buches zu suchen. Was hat nun Flaubert damit gemeint, als er seinem Roman den Titel »Eine empfindsame Erziehung« gegeben hat? Einem Schriftsteller gegenüber, von dessen eigener Person wir in dem ganzen Buch kaum noch eine Spur entdecken, ist die Frage interessant genug.

Frédéric Moreau, der Held, zählt bereits 18 Jahre, wenn wir ihn kennen lernen. Die sentimentale Erziehung – fällt sie etwa in die ersten 18 Jahre, welche uns nicht geschildert werden, und ist der Held nur eben das Produkt dieser früheren Erziehung? oder wohnen wir vielmehr seiner sentimentalen Erziehung erst bei, wie er sie in der Folgezeit empfängt? Das zu entscheiden wird dem Leser überlassen. Von der früheren Jugend Frédérics erfahren wir nichts, als daß sein Vater früh starb, daß er von der Mutter in einer kleinen Stadt der Provinz, in Nogent, erzogen wurde und daß er seine Schulbildung im Lyzeum zu Sens erhielt. Die Mutter wird uns nicht eben als sentimental geschildert; um der künftigen Laufbahn ihres Sohnes nicht zu schaden, »liebte sie es nicht, daß man in ihrer Gegenwart die Regierung tadelte«. Auch dem Lyzeum werden keine sentimentalen Einflüsse nachgesagt. Aber Frédéric hat sich früh an den Dichtern der Liebe und Leidenschaft berauscht, und im Alter von 18 Jahren hält er bereits sein Leben für verfehlt und verloren. »Ich würde etwas geleistet haben mit einer Frau, die mich liebte ... Was lachst du? Die Liebe ist die Nahrung und gleichsam die Atmosphäre des Genies. Außerordentliche Gemütsbewegungen bringen erhabene Werke hervor. Doch ich verzichte darauf, die zu suchen, welche mir fehlt. Übrigens: wenn ich sie je finden sollte, würde sie mich von sich stoßen. Ich gehöre zu den Enterbten, und [ich] werde zu Grab gehen mit einem Schatz, der Glas war oder Diamant – ich weiß es nicht.« Die Geschichte dieses unglückseligen Genies dreht sich natürlich hauptsächlich um seine Liebeserlebnisse, und allerdings erziehen sie ihn: während er sich uns bei Beginn seiner Liebeslaufbahn als neugierig-lüsternen und täppisch-schüchternen Jungen vorgestellt hat, verlassen wir ihn als müden gesättigten Fünfziger. Aber als Fünfziger findet er bestätigt, was er als Jüngling vorausgesehen. Das letzte Kapitel des Romans erzählt uns ein Gespräch zwischen Frédéric und Deslauriers, seinem einstigen Schulgefährten. War der Lebenszweck Frédérics die Liebe gewesen, so hatte Deslauriers von Macht und Größe geträumt. Aber da sie als gealterte Männer ihr Leben überschauen, finden sie, daß sie es verfehlt haben. Warum?

»Vielleicht wegen Nichteinhaltung der geraden Linie«, sagte Frédéric.

»Für dich mag das gelten. Ich im Gegenteil habe gesündigt durch Übermaß an Geradheit und berücksichtigte nicht tausend untergeordnete Dinge, welche mächtiger sind als alles. Ich hatte zu viel Logik und du zu viel Gefühl.«

Und beide kommen bei dieser Rückschau auf ihre Vergangenheit zu demselben Ergebnis wie unser deutscher Dichter: daß das beste, was sie im Leben gehabt, die blöde Jugendeselei ihrer Knabenjahre gewesen. Frédéric ist durch seine »Sentimentalität« nicht nur angehalten worden, ein »positiver« Mensch zu werden, er hat nicht nur die Ergreifung einer Tätigkeit, die Erringung einer Stellung, den Erwerb von Geld und Ehre versäumt, nein, das Gefühl selbst, dessen er nach Ansicht seines Freundes zuviel besessen, hat sich aufgebraucht, ist bis zur Asche ausgebrannt.

Das Gefühl? Bleiben wir lieber bei dem Wort Empfindung. Wir können hier den Unterschied zwischen beiden kennenlernen. An einer der seltenen Stellen, wo in zwei Worten das eigene Urteil des Dichters laut wird, nennt er seinen Helden »den Mann aller Schwächen«. Auch das Gefühl ist schwach in Frédéric. Empfindsamkeit ist das Gegenteil von Gefühlsstärke. Frédéric tut dar, daß das Übermaß an Empfindung charakterlos macht und daß aus Mangel an einem Charakter, der sie zusammenhält, die Empfindung selbst schließlich zerfällt und zerstiebt. Frédérics Empfindsamkeit kommt nicht von der Zartheit seines Gemüts, sondern von der Erregbarkeit seiner Nerven. Nicht weichherzig ist er, sondern mattherzig – reizbar, aber fühllos. Er verfällt jedem Eindruck und hält keinen fest; er hegt eine hohe Meinung von der eigenen Vortrefflichkeit und ist jeder Gemeinheit fähig; er kann auch großmütig sein, wenn ihn die augenblickliche Erschütterung seiner Nerven fortreißt. Eine aufgeregte Zeit, eine unbefriedigte Gesellschaft, welche die Erde unter sich wanken fühlt und im Himmel keinen Gott mehr findet, welche mit skeptischen Dichtern am Weltschmerz krankt und mit optimistischen Weltverbesserern für die Herrschaft des Proletariats und die Emanzipation des Fleisches schwärmt, welche täglich neue Rechte entdeckt und an keine einzige alte Pflicht mehr glaubt, welche sich in eine unendliche Genußfähigkeit träumt und nichts zu genießen vermag, welche, von der Wirklichkeit angeekelt, sich in den Roman flüchtet und von dem Roman die Lösung der großen sie drückenden Probleme erwartet – eine solche Zeit muß neben ihren aus poetischer Lasterhaftigkeit und hohler Großmannssucht, naivem Egoismus und affektiertem Märtyrertum zusammengesetzten Romanhelden wirkliche Menschen hervorbringen, wie Frédéric Moreau. Frédéric ist ein Exempel, welch erbärmliche Wichte die Schuld des romantisch-demokratischen Sentimentalismus großgezogen hat.

Hiernach stünde also der Held des Flaubert'schen Buches zu den Lieblingsgestalten des französischen Romantizismus in demselben Verhältnis wie Don Quixote zu den Heroen der Rittergedichte. Aber diese Erklärung des Buches und seines Titels, so zwanglos sie sich von selbst bietet, darf doch eigentlich nur als Vermutung ausgesprochen werden. Der Realist Flaubert will uns nun einmal nicht das Recht geben, zu behaupten, daß sich bei ihm hinter der Schilderung der Wirklichkeit eine Idee verberge.

Mit geschichtsschreiberischem Ernst und umständlichster Genauigkeit, als handle es sich um die wichtigsten Angelegenheiten, erzählt uns Flaubert Frédérics verschiedene *Amours* (die deutsche Sprache, welche zwischen empfindsamen und gefühlvollen Menschen unterscheidet und für die gemütvollen noch eine besondere Rubrik eröffnet, kennt die Liebe nur im Singular). Frédéric nennt zwar seine vorzüglichste, seine »große« Liebe die zu Madame Arnoux, der bürgerlich-tugendhaften Gattin und Mutter, zu deren Besitz er nicht gelangt. Aber diese große Liebe hindert ihn nicht, daß er mit Rosanette, der Lorette, lebt, daß er dem leidenschaftlichen Nachbarkinde Louise die Ehe verspricht und daß er der Geliebte und dann der Bräutigam wird von Madame Dambreuse, der herzlosen großen Dame. Alle diese Liebesverhältnisse bestehen nebeneinander, und damit wir ja nicht glauben, daß der Dichter für eine dieser weiblichen Gestalten etwas wie eine idealisierende Schwäche empfinde, versäumt er nicht, uns zu unterrichten, daß auch die vermeintlich tugendhaften unter ihnen gebrechlich sind. Louise, das von Frédéric betrogene junge Mädchen, heiratet dessen Freund Deslauriers, um später mit einem Schauspieler durchzugehen. Madame Arnoux, deren Bescheidenheit und Reinheit uns eine tiefe Sympathie einflößten, muß zuletzt, da sie, bereits eine bejahrte Frau, weiße Haare hat, noch in sehr zweideutiger Absicht ihrem einstigen Anbeter einen Besuch abstatten, und ihre Tugend geht aus diesem Besuche nur darum unversehrt hervor, weil Frédéric, »sowohl aus Klugheit als um sein Ideal nicht zu erniedrigen«, es vorzieht, sich auf dem Absatz umzudrehen und sich eine Zigarette zu wickeln.

Die Erzählung spielt natürlich nicht, wie die meisten unserer deutschen Romane, in einer namenlosen Stadt und einer Zeit ohne Kalenderjahr. Die Ereignisse tragen sich in Paris und in Frédérics Geburtsort Nogent zu, und zwar in der Periode von 1840 bis 1868. Wir bleiben auch nicht einen Augenblick außer Zusammenhang mit den Zeitereignissen, mit dem sozialen und politischen Leben Frankreichs und seiner Hauptstadt. Liebesabenteuer in Paris haben nicht leicht den Charakter von Idyllen, in denen zwei Seelen die Welt da draußen vergessen. Die Frauen, welche Frédéric liebt, sind Gattinnen, Loretten, Töchter. Der Realist kann ihre Gatten, Liebhaber, Väter nicht unbeachtet lassen. Diese Männer haben andere geschäftliche, freundschaftliche, zärtliche Beziehungen, über welche wir auch wieder unterrichtet werden. So erweitert sich die Zahl der Personen, deren nähere oder entferntere Bekanntschaft wir machen, beinahe ins Endlose. Alle Klassen der Gesellschaft, welche in Paris sich so eng berühren und mischen und kennen, werden uns vorgeführt; das ganze Volk tritt als Chor auf. Was in der Zeit aufeinander folgt, im Raum nebeneinander liegt, steht in einem Zusammenhang. So dürfen wir uns nicht wundern, daß, wenn der Realist uns Liebesgeschichten aus der Zeit von 1840 bis 1860 erzählt, wir auch von dem Ministerium Guizot, von der radikalen Opposition, von Schutzzöllnern und Sozialisten, von der Februar-Revolution, von Lamartine, Ledru-Rollin, Cavaignac, von der Juni-Schlacht, vom 2. Dezember hören. Was irgend in den Horizont Frédéric Moreaus hereinschaut, wird erwähnt und wo möglich beschrieben. Und immer mit derselben gleichgültigen Unparteilichkeit. Wie der Dichter mit keinem Worte Partei nimmt für die tugendhafte Frau gegen die lockere Dirne, so auch nicht für die Revolution gegen die Ordnung oder für die Ordnung gegen die Revolution. Er beobachtet, er schildert beide – scharf, aber teilnahmslos. Er gehört keiner Partei an, ihn besticht kein Stichwort, ihn blendet keine Begeisterung. Er kennt seine Männer der Ordnung, die befriedigten Verteidiger des Bestehenden, die hoffenden Schmeichler der Macht: den nur für seine Millionen lebenden Bankier, den zimperlichen Vicomte des Faubourg St. Germain, den ehrgeizigen jungen Staatsprokurator; es sind Egoisten, Heuchler, Feiglinge, Intriganten. Doch nicht mehr und nicht weniger taugen andererseits die uns geschilderten Männer der Freiheit. Der Demokrat Deslauriers, welcher um jeden Preis sich Bahn brechen will, bringt es zum Delegierten der Republik, dann zum Präfekten des Kaiserreichs, und wird wegen gouvernementalen Übereifers abgesetzt. Deshalb zeiht er sich seiner »Geradheit«.

Der Sozialist Senecal sieht sich im Jahr 1848 in seinen Hoffnungen auf das Proletariat getäuscht und schlägt am 2. Dezember als Polizeiagent die Republikaner nieder. Ein anderer, der Citoyen Regimbart, verbringt sein Leben in den Cafés und wartet auf die Wiederkehr von 1793. Um seinen Absinth bezahlen zu können, läßt er seine Frau arbeiten. Arnoux, der nie um einen Ausweg verlegene Herausgeber des »Art Industriel«, Kunstmäzen, Kunsthändler, Häuserspekulant, Porzellanfabrikant, kämpft am 24. Februar auf den Barrikaden und sucht sich später aus seinem ökonomischen Ruin durch einen Handel mit Heiligenbildern und geweihten Kerzen zu retten Der einzige redliche Republikaner, ja der einzige biedere Mensch, der im Buche vorkommt, ist ein Handlungsgehilfe namens Dussardier, ein Bursche voll aufrichtiger Begeisterung, uneigennützig, tapfer, zartfühlend, doch gar beschränkten Geistes. Er ist der einzige, der ein tragisches Ende nimmt. Die Schärfe, mit der alle diese Gestalten gezeichnet sind, läßt sich nur vergleichen mit der Deutlichkeit, mit welcher jedes Stück auf einer gedeckten Tafel in der Maison d'Or geschildert wird, oder der Genauigkeit in der Unterscheidung der mannigfachen Laub- und Nadelhölzer im Walde von Fontainebleau. Ein schimmernder Armleuchter, eine vom Wind bewegte Fichte, ein zynischer Journalist – alles das sind Objekte, welche in gleichem Maß Anspruch haben auf die treue Beobachtung des Realisten und welche ihm gleich geringen menschlichen Anteil abgewinnen. Dieselbe Sorgfalt, mit welcher ein Maskenball im Hause der Lorette, ein Wettrennen auf dem Marsfeld, das Begräbnis des Millionärs Dambreuse geschildert wird, verwendet der Realist auch, wenn er die Plünderung der Tuilerien oder eine Sitzung des »Club de l'Intelligence« beschreibt – nicht mehr und nicht weniger.

Aber dies ist die Klippe, an welcher der Realist scheitert. Was heißt es, daß der Dichter der Natur den Spiegel vorhalten soll? Welcher Spiegel vermag die Natur wiederzugeben? Und welche Natur vermag wiedergegeben zu werden?

Die Wirklichkeit ist endlos in Zeit und Raum, Erscheinung folgt auf Erscheinung; ihr grenzenloses Nebeneinander und Nacheinander – wie kann es in ein Bild gefaßt werden? Das Unternehmen wäre hoffnungslos, wenn der Spiegel, welcher die Natur abbilden soll, ein toter Körper wäre, gleichsam eine Glas- oder Metallfläche, worauf die Erscheinungen im Vorüberhuschen sich abzeichneten. In ihrer Unbegrenztheit, in ihrem wirren Gedränge, in ihrer unsteten Flucht – wie vermöchten sie ein klares und bleibendes Bild zu hinterlassen? Aber nicht auf einer toten Fläche, sondern in dem lebendigen Geist des Dichters malen sich die Dinge, und dieser lebendige Geist, nachdem er die Eindrücke leidend empfangen, gestaltet sie tätig zum dauernden Bilde. Er gestaltet sie zum Bilde, nicht indem er die Erscheinungen alle abzubilden sucht, sondern indem er das Wesentliche in ihnen, das Bedeutende, das Dauernde, das Notwendige festhält – mit einem Wort: er gibt statt des Zufälligen das Gesetz, statt der Wirklichkeit die Wahrheit, aber – denn er ist ja Dichter, nicht Philosoph – das Gesetz in der Form des Zufälligen, die Wahrheit im Kleide der Wirklichkeit.

[...]

Der Realist glaubt, um die Natur wahr zu schildern, sie sich selbst schildern lassen zu müssen. Doch das ist ein verhängnisvoller Irrtum. Die Natur schildert sich nicht selbst. Ein Maler muß, um eine Landschaft zu malen, einen Standpunkt wählen und sie aufnehmen, nicht wie sie ist, sondern wie sie von diesem Standpunkt aus sich vorstellt. Er kann nicht, um von einem Baum ein recht treues Bild zu geben, um den Baum herumgehen und neben die Vorderseite auch die Rückseite stellen, noch wird er die einzelnen Blätter zu zählen suchen, noch wird er durch ein Fernrohr erkunden, ob auf dem Gebirge, dessen blaue Wand durch die Zweige des Baumes durchschimmert, Häuser stehen. Die Dinge an sich lassen sich nicht abbilden. [...] Es ist unmöglich, zugleich den nahen Baum und den fernen Berg mit derselben Deutlichkeit des Einzelnen zu sehen. Wer die Natur wiedergeben will, muß sie wiedergeben, wie sie dem Auge sich darstellt. Das Nahe nah, groß, deutlich, das Ferne fern, klein, undeutlich. Es hilft nichts, zu sagen, daß ja in Wirklichkeit der ferne Berg größer sei als der nahe Baum. Das ist wirklich, aber wahr für die Anschauung wird es nur durch Beachtung des Gesetzes der Perspektive. Das Auge kann nun einmal nicht an zwei Orten zugleich sein. Einer, der, um recht treu zu sein, das Ferne so deutlich darstellen wollte wie das Nahe, würde sich eben gegen die Treue der Natur versündigen, denn er würde das Ferne nicht so schildern, wie er es sieht, sondern wie er es nicht sieht.

Was von dem Landschaftsmaler gilt, das gilt von jedem, der es unternimmt, »der Natur den Spiegel vorzuhalten«. Kein Künstler kann mit Mikroskop oder Teleskop hantieren; ein jeder muß das Gesetz der Perspektive befolgen. Dieses Gesetz aber, kraft dessen allein sich die Körperwelt anschauen läßt, ist ein ideales, eine nur im menschlichen Auge oder Geist existierende Notwendigkeit. Es gibt andere solche Gesetze, durch welche die Anschauung der moralischen Welt bedingt ist. Das Ideal ist das einzige Mittel der Erkenntnis des Realen. Das Ideal bringt Ordnung in die Wirrnis der Erscheinungen, macht das Große zum Großen, das Kleine zum Kleinen, verbindet das Zusammenhanglose und setzt dem Schrankenlosen Schranken. [...]

Wie der Idealismus, welcher den Boden der realen Welt verläßt, zu luftiger Phantasterei wird, so sinkt der Realismus, welcher die Wirklichkeit, den Stoff, nicht durch das Ideal vergeistigt, zum plumpen Materialismus herab. Der Verfasser der »Madame Bovary« und der »empfindsamen Erziehung« scheint uns interessant eben als vollendetes Muster eines materialistischen Dichters.

In der scharfen Beobachtung der sinnlichen Natur kann Flaubert nicht wohl übertroffen werden. Kein feinster Unterschied der Farbe, des Geschmacks, der Härte, der Wärme, der elektrischen Spannung entgeht ihm. Und er ist keineswegs bloß Naturbeschreiber, er ist Chemiker, Anatom, Physiolog und unterzieht seiner Analyse, seinem Mikroskop, nicht nur die physische, sondern auch die psychische Natur. Aber überall sieht er nur Atome, nicht Organismen – Kräfte, nicht Gesetze – von außen stoßende Mechanik, nicht innere Spontaneität. Er behandelt die lebendige Seele ganz so, wie er den toten Leichnam behandelt. Im Sturme der Revolution gewahrt er nur die Explosion des eingezwängten Dampfes, in der ersten Liebe eines jungen Mädchens nur das dunkle Suchen der sinnlichen Begier. Diese Gleichstellung des Druckes und des Triebes, des Triebes und der Empfindung, der Empfindung und der bewußten Handlung – was ist sie anderes als Mangel an moralischer Perspektive? Alles, Steine, Pflanzen, Möbel, Kunstwerke, Menschenherzen liegen für den Dichter nebeneinander auf gleicher Fläche, und darum beschreibt er sie alle gleich sorgsam, gleich treu und gleich teilnahmslos. Es gibt nichts Wichtiges in dieser unaufhörlichen Schilderung, welche sich immer auf demselben Plane fortbewegt, und nichts bleibt als zu unwichtig ungeschildert. Der Spiegel, welcher der Natur vorgehalten wird, hat keinen Brennpunkt, das Bild, welches er spiegelt, keinen Abschluß. Denn wo will der Realist Grenzen finden, wenn das Ideal sie ihm nicht zieht? Und während das Ganze unbegrenzt bleibt, fehlt zwischen dem Einzelnen Zusammenhang und Verhältnis. Denn nur der Geist verbindet die Dinge und weist jedem seine Stelle an. Wo der Geist sich seiner gesetzmäßigen Führung begibt, da wandern wir aufs Geratewohl durch die Unendlichkeit der Erscheinungen. Der Zufall läßt uns der einen nähertreten und entzieht uns die andere. Diesen Eindruck des Zufälligen werden wir bei Flaubert nicht los. Wenn er diesen

Gegenstand beschreibt, warum beschreibt er nicht auch jenen? Und wenn er uns ein Ding von der einen Seite zeigt, warum nicht auch von der andern? Nun ist es aber nur die Notwendigkeit, welche die Gewißheit der Wahrheit gibt. Und so vermag Flaubert bei aller Genauigkeit des Einzelnen uns nicht die Überzeugung von der Wahrheit des Ganzen einzuflößen.

Es wäre auffallend, wenn der Welt des Realisten nicht auch sein Stil entspräche. Und in der Tat – wie seiner in Atome aufgelösten Welt, so fehlt auch seinem Stil »leider nur das geistige Band«. Flauberts Stil ist im Einzelnen stets klar, scharf, farbenreich, plastisch, strotzend vor Sinnlichkeit – reich an Substantiven und Adjektiven, welche eben das Stoffliche der Sprache ausmachen, aber im Ganzen eintönig, kalt, ungegliedert, arm an Konjunktionen, welche den Stoff ordnen, in Beziehung bringen, ihm das Gesetz diktieren. Und wie der Dichter seines Realismus kein Ende findet in dem, was er sagt, so auch nicht in der Form, in welcher er es sagt. Wie alles Wirkliche, eben weil es wirklich ist, genannt, beschrieben, geschildert werden muß, so muß auch dies geschehen in den *wirklichsten* Ausdrücken. Der Dichter will ja Realität, keine Abstraktion geben. Könnte er, statt der Namen der Dinge, die Dinge selber vorführen, so wäre das ohne Zweifel noch viel besser. Doch da er sich nun einmal mit Namen behelfen muß, so seien es wenigstens die rechten, die eigentlichen, die wirklichen. Also kein Name, der das Ding nur von weitem andeutete, der es verschönte oder verhüllte. Nein, je deutlicher, je rückhaltloser, je nackter das Wort ist, desto näher kommen wir dem Dinge selbst. So wird denn das nackte Wort uns das Ding geradezu mit Händen fassen lassen? Nein, es wird uns nur daran erinnern, daß sich doch noch ein nackteres finden ließe. Die Worte sind eben nicht die Dinge selbst, sondern deren ideale Bilder. Vergebens sucht das Wort die Wirklichkeit zu erreichen, die Kluft zwischen beiden ist unüberbrückbar. Indem das Bild sozusagen der Wirklichkeit nachläuft, ohne doch je Wirklichkeit werden zu können, werden wir nur an die Ohnmacht des Bildes erinnert. Über dem eitlen Bemühen, wirklich zu werden, wird es nur wirkungslos, während es, wenn es in seiner idealen Sphäre bliebe, wahr und deshalb wirksam zu sein vermöchte.

Diese Unwahrheit des Realismus ist es, welche demselben mit Recht den Vorwurf der Unsittlichkeit zuzieht. Andernfalls verstünde sich nicht, warum ein Dichter wie Flaubert unsittlich genannt zu werden verdiente, ein Dichter, der keine unsittlichen Grundsätze aufstellt – denn er stellt überhaupt keine Grundsätze auf –, der nicht das Laster preist und die Tugend verhöhnt – denn er hat sich alles Urteils begeben –, der nicht geflissentlich das Edle für gemein und das Gemeine für edel ausgibt, der aber in der Welt, die er schildert, mehr Gemeines als Edles findet und das Gemeine, statt es zu verschleiern, nackt und kahl vor Augen stellt.

[...]

In einer verfeinerten Gesellschaft pflegen gewisse Dinge nicht genannt zu werden, von welchen eine rohe Gesellschaft ohne Bedenken redet. Wenn ein Dichter, der einer verfeinerten Gesellschaft angehört und zu einer solchen spricht, derartige Dinge nennt, als ob er zu rohen Hörern spräche, so ist das unsittlich. Vergebens gibt der Dichter vor: er schildere die Wirklichkeit und schildere sie unverschleiert, um wahr zu schildern; niemand glaubt an diese Wahrhaftigkeit. Der Dichter kann nicht den Geisteszustand seiner Hörer und mindestens nicht seinen eigenen ignorieren. Er, der Sohn einer verfeinerten Welt, muß wissen, daß, wenn er unverschleierte Wirklichkeit schildert, er in seinen Hörern etwas mehr als das Bild dieser Wirklichkeit, nämlich den Gedanken wachruft, daß man von dieser Wirklichkeit nicht zu reden pflegt. Die Nacktheit ist an sich nichts Unsittliches. Die ersten Menschen, solange sie ihrer Nacktheit unbewußt waren, schämten sich nicht. Erst als sie wußten, daß sie nackt waren, wurde die Bekleidung ein Gebot der Sittlichkeit. Damit die Nacktheit in einer bekleideten Zeit nicht unsittlich sei, darf sie den Menschen nicht an den Stand der Tierheit erinnern, aus welchem er herausgetreten. Die Nacktheit der Venus von Milo ist nicht unsittlich, weil sie, als eine der inneren Geistigkeit des Menschen entsprechende Idealisierung der äußeren

Gestalt, nicht an den rohen tierischen Trieb erinnert. Aber der Realist, welcher die reale Nacktheit und nicht das Ideal darstellt, ist unsittlich, weil er zu einer Gesellschaft, deren Bewußtsein sich im Gegensatz zur Tierheit befindet, so spricht, als ob sie noch unbewußt innerhalb der Tierheit stünde.

Vergebens beruft sich der Realist auf sein Recht der Objektivität. Die echte Objektivität ist die, welche nicht Grillen für allgemeine Wahrheit, Einbildungen für Gegenstände ausgibt. Aber eine Objektivität, welche sich stellt, als sei die ganze geistige und moralische Bildung der Menschheit nur Einbildung, ist eine Maske. Wohl preist Flaubert nicht das Laster und verhöhnt nicht die Tugend, aber er preist auch nicht die Tugend und verdammt nicht das Laster. Wohl gibt er nicht das Gemeine für edel, aber er gibt auch nicht das Edle für edel, sondern gebärdet sich, als verstehe er überhaupt nicht, was diese Ausdrücke bedeuten. Diese Gleichgültigkeit ist unwahr, denn sie ist unmenschlich. »An sich ist nichts weder gut noch böse, erst das Denken machts dazu«, sagt Hamlet. Jawohl! wenn nur der arme Grübler sich des Denkens überheben könnte. Flaubert will die Dinge an sich darstellen. Unmöglich! Er ist Mensch, und als Mensch muß er gut gut und böse böse nennen; andernfalls ist er außerhalb der menschlichen Wahrheit, und außerhalb der menschlichen Wahrheit zu sein ist keinem Menschen gegeben. Nur Gott schwebt über den Gewässern.

L'éducation sentimentale

Von Carl Sternheim

Als 1869 der Roman erschien, stellte, wie nach der Bovary, Kritik einstimmig in ihm die große Satire fest.

In Deutschland wird jetzt in ihm vor allem das Romantische genossen. Passion und schließlicher Verzicht des Frédéric Moreau scheint empfindsamen Seelen zugleich des eigenen Jugendschwungs Apotheose. Aus dem dicken Buch liest man vorzüglich die keusche Tragödie zwischen Madame Arnoux und Frédéric heraus und nimmt als Gegengewicht zu des heldischen Paars entrücktem Traum das galante Spiel zwischen Moreau und der Maréchale in Kauf.

Zu unmittelbar wurden Franzosen der Epoche getroffen, wir standen den Vorgängen des gewaltigen Hintergrunds zu entfernt, das Werk zu empfinden, wie es vom Dichter gefühlt war.

Daß der Zeitgenosse das Idyll der Liebenden fast übersah, ist vor der Ohrfeige begreiflich, die fest auf seiner Backe saß. Schließlich schien in Madame Bovary nur ein Grüppchen provinzieller Spießbürger getroffen, zu dem rein äußerlich des Volks geringster Teil Beziehung hatte. In die Education aber war ganz Frankreich vom höchsten Adel bis zur Prostituierten hineingemalt, und jeder Stand öffnete in mehreren Vertretern sich bis in die Eingeweide, ohne daß von irgend einer Person auf ein Dogma der Moral Rücksicht genommen wurde.

Das aber war das absolut Neue, Epochemachende in dem Buch (ohne daß wegen des überwältigenden Vorgangs Nähe jemand sofort die Wahrheit erkannte) und ist es noch heute: In ein menschliches Gemeinwesen, das bis in letzte Verzweigungen von moralischen Zwängen gebändigt wird, die ihren Inhalt in Zeithöhepunkten wohl ändern, formal aber heut und morgen gleich starr bleiben, wird das gehämmerte Bild einer Welt im Kunstwerk gesetzt, auf dem die jedermann geläufigen Geschehnisse ohne moralische Etiketten, porträtähnlich, doch unvergänglicher, wie der Leser spürt, erscheinen. Was mein Nachbar und ich selbst im Bewußtsein, sittlicher Forderung zu genügen oder gegen sie zu verstoßen, getan haben, wodurch ich bürgerlich mich auszeichnete, worin ich unterlag, und woran ich im Gewissen vor meinem Nächsten litt, alles ist, pedantisch beieinander, in exakten Farben gemalt, und doch ragt in der fertigen Malerei das Gute ganz und gar nicht vor dem Schlechten hervor, nirgends erscheint die Nötigung, das in der Gemeinschaft Verdienstliche herauszustreichen; sondern im Bild haben alle Töne elementaren, einander ebenbürtigen, und sich notwendig ergänzenden Wert. Unaufhörlich geschieht dort das Gute und Böse, Bedeutende und Belanglose, Historische und Private. Aber als alles fertig steht, ist an kein Gewissen des Lesers appelliert, sondern alles ist Urteil in sich selbst und rührt nur an den bewundernden Geist.

Durch künstlerisches Kombinationswunder wird der banalste Liebeshandel ein menschlicher Gipfel, und der riesige nationale Freiheitskampf, Revolution eines auf der Höhe seiner Entwicklung stehenden Volks, aus ehernen Gesetzen, die man wie die der Schöpfung nicht einsieht, eine alleralbernste und verächtlichste Farce.

In der Tat muß der Eindruck der Revolution von 1848 auf Franzosen von 1869, die in einem Meer von Blut und Begeisterung die grauenhaften Kämpfe auf Barrikaden mitgekämpft hatten, aus dem Flaubertschen Roman niederschmetternd gewesen sein. Schrecklich muß ihnen die Rede des edelsten Menschen im Buch, Dussardier an Frédéric geklungen haben:

»Ist nicht alles zu Ende? Als Revolution kam, glaubte Ich, man würde glücklich sein. Denk doch, wie himmlisch es war! Wie man atmete! Und nun sind wir übler als je zusammengebrochen.

Nun hat man alle Freiheitsbäume wieder gefällt. Das Stimmrecht verkürzt, Vereine unterdrückt, erst recht Zensur kräftiger wieder hergestellt.

Welcher Blödsinn! Nein, der Arbeiter taugt nicht mehr als der Bourgeois, und es gibt kein Mittel mehr!«

Für die in voller Arbeit Befindlichen, ihre Landsleute an eine noch unentlarvte Ideologie wieder heranzutreiben, war Flauberts Buch ein Donnerschlag, und begreiflich bleibt der Wortemacher in allen leitenden Stellen ekstatische Wut und, daß die in ihrem Dienst befindliche Kritik des Dichters geläuterte Wahrhaftigkeit nach altem Rezept Ironie und Satire nannte.

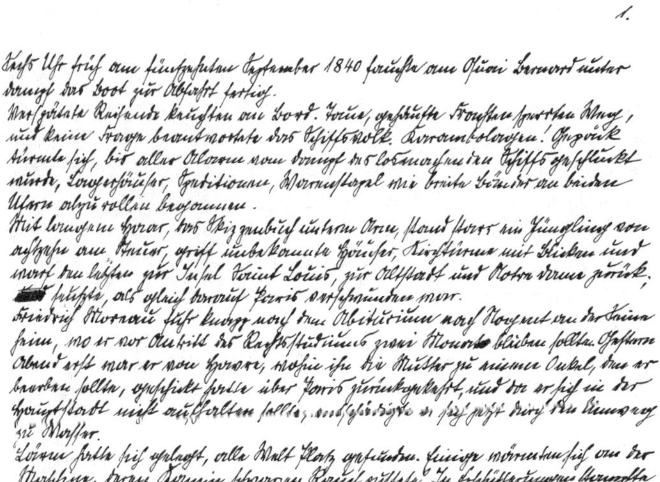

1.

Sechs Uhr früh am fünfzehnten September 1840 rauchte am Quai Bernard unter Dampf das Boot zur Abfahrt fertig.
Verspätete Reisende keuchten an Bord. Fässer, geschnürte Frachten sperrten Weg, und keine Frage beantwortete das Schiffsvolk. Karambolagen! Gepäck türmte sich, bis aller Lärm vom Dampf des losmachenden Schiffs geschluckt wurde, Lagerhäuser, Speditionen, Warenstapel wie breite Bänder an beiden Ufern abzurollen begonnen.
Mit langem Haar, das Skizzenbuch unterm Arm, stand starr ein Jüngling von achtzehn am Steuer, griff unbekannte Häuser, Kirchtürme mit Blicken und warf den letzten zur Insel Saint Louis, zur Altstadt und Notre Dame zurück; seufzte, als gleich darauf Paris verschwunden war.
Friedrich Moreau fuhr knapp nach dem Abiturium nach Nogent an der Seine heim, wo er vor Antritt des Rechtsstudiums zwei Monate bleiben sollte. Gestern Abend erst war er von Havre, wohin ihn die Mutter zu einem Onkel, den er beerben sollte, geschickt hatte über Paris zurückgekehrt, und da er sich in der Hauptstadt nicht aufhalten sollte, entschädigte er sich jetzt durch den Umweg zu Wasser.
Lärm hatte sich gelegt, alle Welt Platz gefunden. Einige wärmten sich an der Maschine, deren Kamin schwarzen Rauch pustete. In Erschütterungen stampfte

das Deck, und mit mächtigen Schlägen rauschten zwei Räder ins Wasser.
Dämme am Ufer. An Flößen vorbei, die die Wellen schaukelten, einem Boot, in dem ein Mann fischte, glitt man, bis Nebel sich teilte und Sonne milchige Spiegel, die rasch aufleuchteten, verschwanden. Anderes am anderen Ufer [redacted], auf denen Bäume und Häuser mit italischen Dächern ragten, von Gärten mit Mauern Rosen, Treibhäusern und Terrassen umfriedet, die zum Verweilen luden. Manch einer wollte beim Anblick so traumhaften Friedens Besitzer sein, mit einer Frau, [redacted] Boot und Billard dort das Ende seiner Tage erwarten. [redacted] Erstmalige Teilnahme einer Wasserfahrt brachte die Fahrgäste aneinander [redacted], Spaßvögel lachten los, man sang, war heiter; erster Pokal und Toast stieg.
Friedrich sah immer zu Grund sein Bübchen, einen Schmetterlingshut, Ersatz für ein Bild, [redacted] künftige Leidenschaft. Zu lange ließ das Glück, daß ihm (gemäß seiner [illegible] Begegnung) gebührte, auf sich warten.
Düstere Worte sagte er sich vor, stürmte über Deck und kam bis zum Bugspriet, wo [redacted] unter Reisenden und Matrosen einen Herrn sah, der mit einem Bauernmädchen und dem goldenen Kranz auf seinem Busen scherzte. Ein Krauskopf und Schwerenöter war's von vierzig Jahren, untersetzt in schwarzem Velvetrock, blitzsauberem Hemd mit zwei Brillantknöpfen und weißen Hosen, die auf rote Juchtenstiefel fielen.

Friedrichs Dazukommen störte ihn nicht. Wohlwollend blickte er ihm zu, bis er allen ein Kraut Zigarren anbot. Endlich schienen ihm aber seine Zuhörer zu langweilen; er trollte sich zu Friedrich folgte.
Der Betreffende sprach ihn [redacted] gleich über Tabaksorten an, um schnell auf die Weiber überzuspringen und gab dem Jüngling das bezügliche Typ. Entwickelte Ansichten, ergötzte in väterlichem Ton weiser Verderbtheit Anekdoten, in denen er selbst einmal die Hauptrolle spielte.
Natürlich war er Republikaner, weitgereist, kannte Presse, Theater, Restaurants und die Stars der ganzen Welt, die er bei Vornamen nannte und duzte.
Friedrich gestand [redacted] ihm seine Träume, der andere ermutigte ihn, unterbrach sich aber jäh und stierte einen Schornstein, Zahlen vor sich hinmurmelnd, aus denen er, „wieviel jeder Kolbenstoß bei so und so viel Umdrehungen der Achse koste" berechnete und bewunderte ebenso plötzlich Umgegend.
Friedrich bekam Respekt vor ihm und widerstand dem Drang, des Gegenübers Namen zu wissen, nicht länger.
„Jacques Arnoux", antwortete der Befragte noch im gleichen Atem, [redacted] Eigentümer des „Kunstgewerbe". Boulevard Montmartre."
Mit goldbetreßter Mütze erschien ein Diener, [redacted] meldete: „der gnädige Herr möchten in die Kajüte kommen. Das kleine Fräulein weint." Und

Sechs Uhr früh am fünfzehnten September

Von Gustave Flaubert

Deutsch von Carl Sternheim

Sechs Uhr früh am fünfzehnten September 1840 fauchte am Quai Bernard unter Dampf das Boot zur Abfahrt fertig.

Verspätete Reisende keuchten an Bord. Taue, gehäufte Frachten sperrten Weg, und keine Frage beantwortete das Schiffsvolk. Karambolagen! Gepäck türmte sich, bis aller Alarm vom Dampf des losmachenden Schiffs geschluckt wurde, Lagerhäuser, Speditionen, Warenstapel wie breite Bänder an beiden Ufern abzurollen begannen.

Mit langem Haar, das Skizzenbuch unterm Arm, stand starr ein Jüngling von achtzehn am Steuer, griff unbekannte Häuser, Kirchtürme mit Blicken und warf den letzten zur Insel Saint Louis, zur Altstadt und Notre Dame zurück; seufzte, als gleich darauf Paris verschwunden war.

Friedrich Moreau fuhr knapp nach dem Abiturium nach Nogent an der Seine heim, wo er vor Antritt des Rechtsstudiums zwei Monate bleiben sollte. Gestern Abend erst war er von Havre, wohin ihn die Mutter zu einem Onkel, den er beerben sollte, geschickt hatte, über Paris zurückgekehrt, und da er sich in der Hauptstadt nicht aufhalten sollte, entschädigte er sich jetzt durch den Umweg zu Wasser.

Lärm hatte sich gelegt, alle Welt Platz gefunden. Einige wärmten sich an der Maschine, deren Kamin schwarzen Rauch pustete. In Erschütterungen stampfte das Deck, und mit wuchtigen Schlägen sausten zwei Räder ins Wasser. Dünen an Ufern. An Flößen vorbei, die in Wellen schaukelten, einem Boot, in dem ein Mann fischte, glitt man, bis Nebel sich teilte und Sonne wuchs. Hügel, die rechts auftauchten, verschwanden; andere am anderen Ufer erschienen, auf denen Bäume und Häuser mit italischen

Dächern ragten, von Gärten mit Mauern, Rosen, Treibhäusern und Terrassen umfriedet, die zum Verweilen luden. Manch einer wollte beim Anblick so freundlichen Friedens Besitzer sein, mit einer Frau, Boot und Billard dort das Ende seiner Tage erwarten.

Erstmalige Sensation einer Wasserfahrt brachte die Passagiere aneinander, Spaßvögel legten los, man sang, war heiter; erster Pokal und Toast stieg. Friedrich sah innen zu Haus sein Stübchen, einen Schauspielentwurf, Einfall für ein Bild, künftige Leidenschaft. Zu lange ließ das Glück, das ihm seiner seelischen Begnadung gemäß gebührte, auf sich warten.

Düstere Verse sagte er sich vor, stürmte über Deck und kam bis zum Bugspriet, wo unter Reisenden und Matrosen er einen Herrn sah, der mit einem Bauernmädchen und dem goldenen Kreuz auf seinem Busen scherzte. Ein Krauskopf und Schwerenöter wars von vierzig Jahren, untersetzt in schwarzem Velvetrock, blitzsauberem Hemd mit zwei Smaragden und weißen Hosen, die auf rote Juchtenstiefel fielen.

Friedrichs Dazukommen störte ihn nicht. Mehrmals blinzelte er ihm zu, bis er allen im Kreis Zigarren anbot. Endlich schienen ihn aber seine Zuhörer zu langweilen; er trollte sich und Friedrich folgte.

Der Betreffende sprach ihn gleich über Tabaksorten an, um schnell auf die Weiber überzuspringen und gab dem Jüngling diesbezüglich Tips. Entwickelte Ansichten, erzählte in väterlichem Ton naiver Verderbtheit Anekdoten, in denen er selbst allemal die Hauptrolle spielte.

Natürlich war er Republikaner, weitgereist, kannte Presse, Theater, Restaurants und die Stars der ganzen Welt, die er bei Vornamen nannte und duzte. Friedrich gestand ihm seine Träume, der andere ermutigte ihn, unterbrach sich aber jäh und stierte zum Schornstein, Zahlen vor sich hinmurmelnd, aus denen er, »wieviel jeder Kolbenstoß bei so und soviel Umdrehungen der Achse koste« berechnete und bewunderte ebenso plötzlich Umgegend.

Friedrich bekam Respekt vor ihm und widerstand dem Drang, des Gegenübers Namen zu wissen, nicht länger.

»Jaques Arnoux« antwortete der Gefragte noch im gleichen Atem, Eigentümer des »Kunstgewerbe, Boulevard Montmartre«.

Mit goldbetreßter Mütze erschien ein Diener, meldete: »Der gnädige Herr möchten in die Kajüte kommen. Das kleine Fräulein weint.« Und Arnoux ging.

Das »Kunstgewerbe« war ein Unternehmen, das die Herausgabe einer Kunstzeitschrift mit einer Bilderhandlung verband. Friedrich hatte den Titel schon auf Prospekten in Auslagen der Buchhandlungen gesehen, aus denen Jaques Arnoux' Name herausgeknallt war.

Sonne stand im Zenith und ließ Metall, Messing und Kupfer, aber auch das Wasser aufglänzen. Bei jeder Krümmung des Flusses standen kahle Pappeln wieder da, sonst war jetzt Gegend öde und leer. Kleine weiße Wolken schwebten vom Himmel, und bleierne Langeweile, die sich senkte, schien des Schiffs Fahrt zu verlangsamen und die Passagiere noch farbloser als sie waren zu machen.

Arbeiter und Kleinbürger mit Frauen und Kindern waren es, einige bessere Personen auf dem ersten Platz ausgenommen. Manche schwatzten im Stehen, viele waren in Ecken eingenickt, andere aßen. Voll Obstschalen und Zigarrenresten lag das Deck. Man hörte, wie Kohlen in Kessel geschaufelt wurden, einen Schrei, Gelächter, Kommando und sah von einem Radkasten zum anderen den Kapitän schießen.

Friedrich, an seinen Platz zurückgekommen, stieß den Durchgang zum ersten Platz auf, prallte auf zwei Jäger mit Hunden und – da wars wie eine Erscheinung!

Mitten auf langer Bank saß sie allein – mindestens sah er geblendet sonst nichts.

Als er vorbei wollte, hob sie den Kopf, unwillkürlich neigte er sich tief, ging weiter und, fern von ihr an gleicher Schiffswand irgendwo hingesunken, sah er sie an. Unter breitem Strohhut mit reichlich rosa Band, das in ihrem Nacken flatterte, schmiegte schwarzes Haar sich in zwei glatten Maschen rechts und links um des Gesichts Oval. Weiß getupft ein Musselinkleid fiel in reichen Falten. Sie stickte, und ihr Näschen, Kinn, Gestalt standen wie von Glas in blauer Luft.

Da sie verharrte, rührte er sich, innere Bewegung zu verbergen, nach rechts und links. Dann trat er jäh zu ihrem hingelehnten Schirm und tat, als fixiere er ein Boot im Wasser.

Nie hatte er so himmlisch bräunliche Haut, verführerischen Wuchs, so zarte Finger, durch die Luft schien, gesehen. Wie ein Mirakel glotzte er ihr Arbeitskörbchen an.

Wie hieß sie – wo wohnte sie? Was war ihr Leben, jetziges und vergangenes? Ihres Zimmers Möbel zu sehen, Kleider, die sie getragen hatte, zu riechen, brannte er; Menschen zu kennen, die sie kannte, und Wunsch nach ihrem leiblichen Besitz wich tieferem Begehren und grenzenloser weher Neugier.

Im seidenen Kopfputz, ein kleines Mädchen an der Hand, erschien eine Negerin. Das Kind, noch Tränen im Auge, war gerade erwacht. Die Mutter nahm es auf den Schoß: »Unser Liebling ist mit sieben Jahren garnicht brav. Mama kann ihn nicht mehr lieb haben, ist viel zu gut zu ihm.«

Für eine Spanierin, Kreolin hielt er sie. Sicher hatte sie die Negerin aus den Kolonien mitgebracht.

Hinter ihr auf dem messingnen Geländer lag ein violetter Schawl. Auf hoher See an dunstigen Abenden mochte er sie oft eingehüllt, ihre Füße bedeckt haben. Jetzt drohte er, von Fransen gezogen, ins Wasser zu fallen. Mit einem Sprung hielt Friedrich ihn im letzten Augenblick.

»Ich danke Ihnen«, sagte sie, und Blicke trafen sich.

»Bist Du fertig, Frau?« rief unterm Dach der Kajütentreppe Arnoux. Auf ihn zu flog die kleine Martha, hing an seinem Hals und riß ihn am Bart. Da erklang eine Harfe, das Kind wollte die Musik auch *sehen,* und von der Negerin geholt, stand gleich der Harfner auf Deck der ersten Klasse. Arnoux erkannte ein altes Modell in ihm und duzte ihn zu aller Verwunderung.

Alsbald warf mit Ruck der Spieler seine Mähne zurück, reckte Arme und spielte eine orientalische Romanze, in der es von Dolch und Stern und Blume klang. Mit blechernem Tenor sang der Musikant in Lumpen, mit falschem Takt stampfte die Maschine ins Lied. Stärker griff der Sänger zu, und es schluchzten die Saiten, ihre stählernen Stimmen schienen wie ein von Liebe geschlagenes stolzes Herz zu plärren.

Bäume an beiden Ufern neigten sich bis ins Wasser, eine Brise strich, Frau Arnoux sah in kahle Ferne. Als alles still war, schien ihr Blick zu brechen, und sie tauchte aus Traum.

Aber Friedrich, während Arnoux nach kleiner Münze suchte, senkte wie in religiöser Inbrunst aus geschlossener Faust ein Goldstück in des Sängers Mütze.

Arnoux bat ihn, mit hinabzukommen, indem er voranging. Friedrich schwor, gerade gegessen zu haben, obwohl er vor Hunger starb und keinen Pfennig mehr in der Tasche hatte. Dann dachte er, wie jeder andere dürfte er in der Kajüte sein.

Unten aß man an runden Tischen. Herr und Frau Arnoux saßen an der Rückwand rechts. Friedrich blieb mit einer Zeitung auf der Seitenbank.

Arnoux's hatten eine Reise in die Schweiz vor, die einen Monat dauern sollte. In Montereau wollten sie Post nach Chalons nehmen. Frau Arnoux schalt ihren Mann, er verwöhne das Kind, er aber flüsterte ihr zu – Liebesworte wahrscheinlich – denn sie lächelte. Dann holte er hinter ihr den Vorhang zu.

Niederer Plafond warf grelles Licht auf sie; Friedrich unterschied ihrer Wimpern Schatten. Sie nippte ins Glas, drückte Krümel in Fingern, klirrend schlug das Medaillon von Lapislazuli ums Handgelenk an ihren Teller.

Von Zeit zu Zeit sah man durch Kajütenfenster ein Boot, das Passagiere holte und brachte; dann nannte man sich den Ort, an dem man gerade war.

Arnoux schimpfte aufs Essen, beschwerte sich über die Rechnung, von der er etwas abzog, dann nahm er Friedrich ins Vorderteil des Schiffs mit, Grog zu trinken. Der aber schlich so schnell als möglich unter das Sonnensegel, unter dem jetzt Frau Arnoux saß.

In graugehefteter Broschure las sie, und manchmal hoben sich unter einem Lächeln ihre Mundwinkel. Auf ihres Vergnügens Veranlasser war er eifersüchtig, und brennender Schmerz, sie bald für immer und unwiderruflich verlieren zu müssen, packte ihn. Rechts war Flachland, links stiegen Grasflächen Hügel hinan, auf denen man Weinstöcke, Nußbäume und im Grünen eine Mühle sah. Dort, den Arm um sie, mit ihr zu wandeln, während ihr Kleid in welken Blättern schleppte, sie spräche und lachte! Nur anzulegen brauchte man, auszusteigen! Und doch war das Ding schwerer, als die Sonne aus ihrer Bahn zu reißen.

Ein Schloß kam ferner mit spitzem Dach und Türmen; Blumenparterre vor der Front und rechts und links Alleen hoher Linden, die sich zu Gewölben ineinander neigten. Durch sie hindurchgehend, dachte er sie. Dann trat ein Mann, ein junges Mädchen auf der Terrasse zwischen Orangebüschen auf, und alles war mit einemmal verschwunden.

Neben ihm, die Kleine, spielte. Er wollte sie küssen. Aber hinter die Wärterin versteckte sich das Kind. Die Mutter schalt, es sei nicht nett zu dem Herrn, der ihr den Schawl gerettet hätte. War das eine Annäherung? Wann endlich würde sie sprechen? Zeit drängte. Wie eine Einladung zu Arnoux erhalten? Es fiel ihm aber ihm gegenüber nichts als ein Wort über der Landschaft herbstliche Tönung ein und: »Nun ists bald Winter. Diners und Bälle fangen wieder an.«

Doch Arnoux war ganz mit seinem Gepäck beschäftigt. Surville mit seinen zwei Landungsbrücken nahte, eine Seilerei flog vorüber, Reihen niederer Häuser, Jungens, die am Strand Rad schlugen.

Friedrich von Bord erkannte einen Mann in Dienerweste an Land und schrie ihm zu: »Schnell, schnell!«

Es stand das Schiff. Er suchte eilends und fand Arnoux, sich zu verabschieden. Der, mit Händedruck, sagte: »Viel Vergnügen, Jüngling!«

Erst am Quai sah Friedrich zurück. Hochaufgerichtet stand sie an Achterdeck. Einen Blick, in dem sein ganzes Wesen lohte, sandte er ihr zu. Doch starr blieb sie, als wäre nichts geschehen.

Da – ohne dessen Gruß zu achten, herrschte Friedrich seinen Diener an: »Warum kein Wagen hier?«

Im Café Riche mit Flaubert

Von Edmond de Goncourt

21. Juni 1872

Ich esse heute abend im Café Riche mit Flaubert, der über Paris kommt, um sich zur Einweihung der Statue Ronsards ins Vendôme zu begeben.

Wir speisen wohlgemerkt in einer *Chambre séparée*, weil Flaubert kein Getümmel will, er mag nicht irgendwelche Individuen neben sich haben, und außerdem möchte er sich beim Essen seiner Jacke und seiner Stiefel entledigen.

Wir plaudern über Ronsard. Unterdessen fängt er ganz plötzlich zu brüllen an, über die Politik, die Literatur, über die Widerwärtigkeiten des Lebens, während ich eher darüber seufze.

Im Hinausgehen stoßen wir auf Aubreyt, von dem wir erfahren, daß Saint-Victor zur Einweihung kommt: »Na gut, dann gehe ich eben nicht ins Vendôme«, sagt Flaubert zu mir, »nein, die Empfindlichkeit hat wirklich einen derart krankhaften Grad bei mir erreicht, ich bin dermaßen angegriffen, daß allein der Gedanke, das Gesicht eines unangenehmen Herrn in der Eisenbahn vor mir zu haben, mir hassenswert und unerträglich ist. Früher wäre mir das egal gewesen. Ich hätte mir gesagt: ›Ich werde es so einrichten, daß ich in ein anderes Abteil zu sitzen komme.‹ Wäre es mir indessen nicht gelungen, dem unangenehmen Herrn auszuweichen, so hätte ich mir Erleichterung verschafft, indem ich ihn beschimpft hätte. Jetzt hingegen nichts von alledem ... Allein von der Sache zu hören verursacht mir schon Herzklopfen ... Da ist ein Café, gehen wir hinein, ich werde meinem Domestiken schreiben, daß er bereits morgen wiederkomme.«

Und dort, vor einem Glas Champagner mit Strohhalm: »Nein, ich bin nicht mehr in der Lage, irgendeine Widerwärtigkeit zu ertragen ... Die Notare von Rouen sehen mich an, als wäre ich nicht ganz richtig im Kopf! Sie müssen sich vorstellen, daß ich ihnen bei der Teilung sagte, sie könnten alles haben, was sie wollten, sofern sie mich mit Reden verschonten: lieber soll man mich bestehlen, als daß man mich anödet! Und das gilt für alle, auch die Verleger... Ich empfinde gegenwärtig eine namenlose Trägheit zu handeln. Die Arbeit ist die absolut einzige Tätigkeit, die mir geblieben ist.«

Nachdem er den Brief geschrieben und zugemacht hat, ruft er aus: »Ich bin so glücklich wie einer, der einen Blödsinn gemacht hat! Warum? Können Sie mir das sagen?«

Dann begleitet er mich zur Eisenbahn, und den Ellbogen auf die Schranke gestützt, an der wir Schlange stehen, um die Billets zu kaufen, spricht er über seinen tiefen Kummer, sagt, wie ihn alles entmutige, wie er sich danach sehne, tot zu sein – und tot ohne Seelenwanderung, ohne irgendeine Form des Überlebens, ohne Auferstehung, einfach ein für allemal seines *Ichs* entledigt zu sein.

17. Dezember 1873

Die Marotte Flauberts, immer Ungeheuerlicheres gemacht und erduldet zu haben als die anderen, ergab heute abend das Letzte an Narretei. Er zankte sich heftig mit dem Bildhauer Jacquemart und hätte sich fast mit ihm geprügelt, um zu beweisen, daß er in Ägypten mehr Flöhe gehabt hatte als Jacquemart, daß er ihm an Ungeziefer überlegen war.

Er hat gut gegessen und bläht sich in kindischer Weise mit seiner Lesung im Vaudeville auf. Er ist tölpelhaft glücklich; nahezu an mich hingesunken schlägt er mir mit den Fingern an die Brust – was sich anfühlt wie die Schläge eines Rapierknopfs – und versucht, mir zu beweisen, daß kein Mensch auf der Welt je so verliebt gewesen ist, wie er es dereinst war. Er nutzt die Gelegenheit, um eine Geschichte breitzutreten, die er mir bereits erzählt hat, eine Geschichte, bei der er am Abgrund einer Steilküste sein Leben riskierte, um einen Neufundländer, der auf den Namen *Thabor* hörte, an einer bestimmten Stelle zu küssen, der Stelle, an der seine Herrin einen Kuß zu placieren pflegte... Eine

Leidenschaft, die ihn in der Quarta erfaßte und die er – dem Bordell und allen banalen Liebschaften zum Trotz – bis zu seinem zweiunddreißigsten Lebensjahr in seinem Innersten bewahrte. Die Auflösung dieser Leidenschaft vollzog sich auf eine Weise, die sich in dem tragikomischen Leben meines Freundes ziemlich häufig wiederholt. Eines Tages, in dem Augenblick, als er fühlte, daß die so lange schon angebetete Frau weich wurde, daß sie die Seine war – im selben Augenblick verlangte es ihn, sich von dannen zu machen...

1. September 1876
Flaubert erzählte, daß ihn in den zwei Monaten, in denen er in seinem Zimmer eingeschlossen geblieben war, die Hitze in eine Art Arbeitsrausch versetzte, und daß er täglich fünfzehn Stunden gearbeitet habe. Er legte sich um vier Uhr morgens schlafen und staunte selbst, sich manchmal um neun Uhr wieder am Arbeitstisch zu finden. Eine Plackerei, die nur vom abendlichen Bad in der Seine unterbrochen wurde.

Und das Ergebnis dieser neunhundert Stunden Arbeit ist eine Novelle von dreißig Seiten.

Croisset, 28. März 1880
Maupassant kommt uns (Daudet, Zola, Charpentier und Goncourt) in Rouen am Bahnhof abholen, und da sind wir nun, empfangen von Flaubert mit Kalabreserhut, einer runden Jacke, seinem dicken Hintern in einer Faltenhose und seinem vortrefflichen, liebevollen Kopf.

Sein Anwesen ist wirklich sehr schön, und es war mir nur einigermaßen unvollständig in Erinnerung geblieben. Diese unermeßliche Seine, auf der die Masten der Schiffe, die man nicht sieht, vorübergleiten wie in einem Bühnenhintergrund, diese schönen großen Bäume, deren Kronen die Meereswinde durchwühlen, dieser Park mit seinen Spalierbäumen, diese lange Terrassenallee, diese peripatetische Allee: im Grunde ist dieses

Haus Flauberts – nachdem es im achtzehnten Jahrhundert das Haus eines Benediktinerordens gewesen war – ein wirkliches Schriftstellerhaus.

Das Diner ist ausgezeichnet; es gibt eine Sahnesauce vom Steinbutt, die ein wahres Wunderwerk ist. Es werden alle möglichen Weinsorten in großen Mengen getrunken, und der ganze Abend wird mit dem Erzählen schlüpfriger Geschichten verbracht, über die Flaubert in ein Gelächter ausbricht, das an das *prustende* Lachen der Kindheit erinnert. Er weigert sich, aus seinem Roman vorzulesen, er kann einfach nicht mehr, er ist *völlig erledigt.* Und so begibt man sich zum Schlafen in die ziemlich kalten und mit Familienbüsten bevölkerten Zimmer.

Am nächsten Morgen wurde spät aufgestanden, und man beschränkte sich aufs Plaudern im Haus, da Flaubert erklärte, ein Spaziergang sei eine überflüssige *Strapaziererei.* Dann wurde zu Mittag gegessen und man reiste wieder ab.

Deutsch von Anita Albus

CABINETS INODORES A 5c

Verbindungswege

Von Julian Barnes

Der Sonntag war dem Haareschneiden und Hundewaschen vorbehalten. Das Grüppchen Franzosen, das von Rouen angereist kam, war zunächst enttäuscht. Madame Julie hatte Geschichten von Zigeunern gehört, von *banditti,* wandernden Israeliten und Heuschrecken, die das Land kahlfraßen. Sie hatte bei ihrem Gatten angefragt, ob sie nicht Gerätschaften zu ihrem Schutz mitführen sollten; doch Dr. Achille wollte, was Führung und eventuelle Verteidigung anging, lieber auf einen seiner Medizinstudenten vertrauen, Charles-André, einen kräftigen, schüchternen, aus der großen Kalkebene hinter Barentin gebürtigen jungen Mann. Doch in der Barackensiedlung war alles friedlich. Auch war die Ruhe nicht, wie sie anfangs argwöhnten, eine Folge trunkener Benommenheit, denn die Männer wurden nicht vor Monatsende ausgezahlt und sollten erst dann zu einer lüsternen, rauflustigen Zechtour aufbrechen, ihren Lohn in *cabarets* und billigen Kneipen durchbringen, französischen Brandy hinunterspülen wie englisches Bier, sich einen Rausch antrinken und diesen dann mit Fleiß aufrechterhalten, so daß, bis alles wieder zusammengetrommelt war, die Pferde an der Abbaustelle ganze drei Tage geruht hatten. Vielmehr bekam das Grüppchen Franzosen die Ruhe wohlanständiger Muße zu sehen. Ein Vormann in scharlachrotem Plüschwams und Manchester-Kniehosen ließ sich von einem französischen Wanderbarbier rasieren, wobei er zuvorkommend die Stummelpfeife von einem Mundwinkel in den anderen schob, um ihm die Aufgabe zu erleichtern. Nicht weit davon seifte ein Streckenarbeiter seinen Spürhund ein, der ob dieser Demütigung winselte und tat, als wollte er seinen Herrn beißen, was mit einem Klaps von rauher Hand quittiert wurde. Vor einer unförmigen Torfhütte stand eine alte Hexe bei einem Suppenkessel, in dessen grau brodelnden Wassern auf geheimnisvolle Weise ein rundes Dutzend dicker Schnüre verschwanden. Jede Schnur trug an ihrem trockenen Ende ein großes braunes Schild. Charles-André hatte von einem Kommilitonen gehört, ein englischer Streckenarbeiter könne an einem ganz gewöhnlichen Tag bis zu fünf Kilogramm Rindfleisch vertilgen. Doch ließ sich diese Spekulation nicht überprüfen, da die Hexe das weitere Näherkommen hinderte, indem sie die Kelle gegen den Suppenkessel schlug, als gelte es, Dämonen zu vertreiben.

* * *

Yorkey Tom war stolz, ein Brassey-Mann zu sein. Manche waren schon von Anfang an in seinem Trupp, wie Bristol Joe und Tenton Punch und Hedgehog und Streaky Bill und Straight-up Nobby. In seinem Trupp seit der Chester und Crewe, der London und Southampton, sogar der Grand Junction. Wenn ein Streckenarbeiter krank wurde, fütterte Mr. Brassey ihn durch, bis er wieder arbeitsfähig war; wenn ein Mann starb, unterstützte er die Angehörigen. Yorkey Tom hatte schon so manchen Todesfall erlebt. Da wurden Männer durch Felsschlag zermalmt, Sprengarbeiter durch unbesonnenen Gebrauch von Schwarzpulver ins Jenseits befördert, Jungen unter den Rädern von Abraumwagen zweigeteilt. Als Three-Finger Slen seine restlichen sieben Finger und dazu noch beide Unterarme verlor, zahlte Mr. Brassey ihm vierzig Pfund und hätte auch sechzig gezahlt, wäre Three-Finger damals nicht betrunken gewesen und hätte den Bremsschuh mit der eigenen Schulter angestoßen. Mr. Brassey war freundlich im Umgang, aber fest in seinen Entschlüssen. Er zahlte guten Lohn für gute Arbeit; er wußte, daß schlechtbezahlte Männer die Arbeit langsam angingen und es an Sorgfalt fehlen ließen; doch er kannte auch die menschlichen Schwächen und duldete weder Marketenderei, noch ließ er fahrende Bierverkäufer mit seinen Männern Handel treiben.

Mr. Brassey hatte sie über den teuflischen Winter vor drei Jahren gebracht. Hungrige Streckenarbeiter trieben sich auf den Boulevards von Rouen herum; die Arbeit auf der Strecke von Paris war eingestellt, und daheim in England war nichts in Aussicht. Almosen und Suppenküchen hatten sie am Leben gehalten. Es war so kalt, daß das Wild sich verkrochen hatte; Streaky Bills Spürhund stöberte den ganzen Winter über kaum einen Hasen auf. Damals war der junge Mr. Brassey, der Sohn des Unternehmers, angereist, um die Schachtarbeiten zu verfolgen, und hatte nichts als verhungernde, müßige Streckenarbeiter gesehen. Sein Vater hatte oft und mit Nachdruck die Ansicht kundgetan, Nächstenliebe sei kein Ersatz für rege Arbeit.

Und an reger Arbeit hatte es im großen und ganzen nie gefehlt seit dem Frühjahr 1841, als sie die 82 Meilen von Paris nach Rouen in Angriff nahmen. Die fünftausend von Mr. Brassey und Mr. Mackenzie ins Land gebrachten britischen Arbeiter erwiesen sich als unzureichend; die Unternehmer sahen sich genötigt, eine zweite Armee von Festlandsbewohnern anzuheuern, noch einmal fünftausend Mann: Franzosen, Belgier, Piedmonteser, Polen, Holländer, Spanier. Yorkey Tom hatte sie mit angelernt. Ihnen das Rindfleischessen beigebracht. Ihnen beigebracht, was da verlangt wurde. Die beste Methode war die von Rainbow Ratty: Der ließ sie antreten, zeigte auf die Arbeit, die getan werden sollte, stampfte mit den Füßen und schrie *Verd---t*.

Nun wurde er von diesem Mossöh Franzmann nebst seiner Madame und einem jungen Burschen beäugt, der gaffend und glotzend hinterdrein getrottet kam. Na, sollen sie gucken. Sollen sie ruhig sehen, wie sorgsam Mossöh Barbier mit dem Rasiermesser umgeht: Jeder wußte, was geschehen war, als Pigtail Punch durch einen ungeschickten Schnitt zu bluten anfing. Jetzt machten sie Bemerkungen über seine Joppe und seine Kniehosen, als sei er ein Wunderwesen im zoologischen Garten. Vielleicht sollte er knurren und die Zähne fletschen, mit den Füßen stampfen und *Verd---t* schreien.

* * *

Der Curé von Pavilly war schwärmerisch in seinem Glauben, ängstlich um seine Schäfchen besorgt und insgeheim enttäuscht über die tolerante Weltlichkeit seines Bischofs. Der Curé war zehn Jahre jünger als das Jahrhundert und während der ketzerischen und gotteslästerlichen Ereignisse von Ménilmontant

Seminarist gewesen; später hatte er den Prozeß von 1832 und die Zerschlagung der Sekte mit freudiger Erleichterung aufgenommen. Obzwar seine gegenwärtigen Gemeindemitglieder wenig von den Feinheiten des Saint-Simonismus verstanden – auch nicht die hochgestochene Mademoiselle Delisle, die einmal einen Brief von Madame Sand erhalten hatte –, fand der Priester es doch geraten, in seiner Predigt hier und da auf den *Nouveau Christianisme* und das teuflische Gebaren der Anhänger von Enfantin anzuspielen. Sie lieferten ihm hilfreiche und läuternde Exempel für die Allgegenwart des Bösen. Er gehörte nicht zu denen, die bei der Betrachtung der Welt Unwissenheit für Reinheit des Herzens ansahen; er wußte, daß Versuchungen zur Stärkung des wahren Glaubens über die Erde geschickt wurden. Doch wußte er auch, daß manch einer im Angesicht der Versuchung seine Seele in Gefahr bringen und zu Fall kommen mochte; und im stillen litt er Seelenqualen um diese Sünder gegenwärtiger wie künftiger Zeiten.

Als die Rouen and Le Havre Railway sich in den Nordwestbogen von Le Houlme nach Barentin schob, als die Feldlager näherkamen, als man das eine oder andere Stück Vieh zu vermissen begann, als die Armee des Teufels näherrückte, wurde der Curé von Pavilly von Sorge erfüllt.

* * *

Das *Fanal de Rouen,* das aktuelle Ereignisse gern im Lichte der Historie betrachtete, bemerkte kundig, dies sei nicht das erste Mal, daß *les Rosbifs* zum Fortschritt des Verkehrswesens der Nation beitrugen: Die erste Straße zwischen Lyon und Clermont-Ferrand war unter Kaiser Claudius in den Jahren des Herrn 45 und 46 von britischen Gefangenen angelegt worden. Dann zog die Zeitung einen Vergleich zwischen dem Jahr 1418, als die Stadt dem Ansturm des englischen Königs Heinrich v. und seiner schrecklichen Goddons über Monate hinweg heroisch standgehalten hatte, und dem Jahr 1842, als sie sich kampflos der mächtigen Armee von Mister Thomas Brassey ergab, dessen Krieger an Stelle des sagenhaften Langbogens Hacken und

Schaufeln über der Schulter trugen. Schließlich berichtete das *Fanal,* ohne in der Angelegenheit zu einem eigenen Urteil zu kommen, maßgebliche Persönlichkeiten stellten den Bau der europäischen Eisenbahnanlagen bisweilen auf eine Stufe mit der Errichtung der großen Kathedralen des Mittelalters. Diesen Stimmen zufolge glichen die englischen Ingenieure und Unternehmer den wandernden italienischen Handwerksburschen, unter deren Anleitung einheimische Handwerker die hiesigen prachtvollen Monumente zur Ehre Gottes errichtet hatten.

»Dieser Bursche da«, sagte Charles-André, als der englische Vormann sie nicht mehr hören konnte, »ist imstande, an einem Tag zwanzig Tonnen Erde zu schaufeln. Er hebt sie über das eigene Haupt hinweg und in einen Wagen hinein. Zwanzig Tonnen!«

»Zweifelsohne ein Monstrum«, entgegnete Madame Julie. »Und nährt sich auch wie ein Monstrum.« Sie schüttelte das hübsche Köpfchen, und der Student sah ihre Löckchen zittern wie vom Windhauch bewegte Lüsterkristalle. Dr. Achille, ein großer, langnasiger Mann mit dem noch nicht ergrauten, energischen Bart der beginnenden mittleren Jahre, rückte nachsichtig die wunderlichen Phantasien seiner Gattin zurecht: »Dann schau dir nur die prunkvollen Gemächer des Minotaurus und seiner Kameraden an.« Er deutete auf eine Reihe verwanzter, höhlenartiger Löcher, die direkt seitlich in den Abhang geschlagen waren. Kaum besser waren die Torfhütten, langgestreckten Gemeinschaftsbaracken und hölzernen Verschläge, an denen sie vorüberkamen. Aus einer dieser Behausungen hörte man streitende Stimmen, darunter die einer Frau.

»Ich habe mir sagen lassen, ihr Hochzeitsritual sei höchst pittoresk«, bemerkte Charles-André. »Man läßt das glückliche Paar über einen Besenstiel springen. Das ist alles. Dann werden sie für verheiratet erklärt.«

»Leicht getan«, sagte Madame Julie.

»Und leicht wieder ungetan gemacht«, fuhr der Student fort. Er hatte einen Hang zum Hochgeistigen und war eifrig bedacht, des Doktors Gattin zu erfreuen, fürchtete allerdings, sie zu schockieren. »Ich habe gehört... es heißt, sie verkaufen ihre Frauen, wenn sie ihrer überdrüssig sind. Sie verkaufen sie... oftmals... wie es scheint... für eine Gallone Bier.«

»Eine Gallone *englischen* Biers?« erkundigte sich der Doktor, wobei er mit seiner schalkhaften Art dem Studenten die Befangenheit nahm. »Nun, das ist wirklich ein allzu geringer Preis.« Seine Gattin gab ihm einen ausgelassenen Klaps auf den Arm. »*Dich,* meine Liebe, würde ich nicht für weniger als einen *tonneau* des edelsten Bordeaux verkaufen«, fuhr er fort und erhielt zu seinem Vergnügen wieder einen Klaps. Charles-André betrachtete diese Vertraulichkeit mit neidischen Augen.

* * *

Beim Bau der 82 Meilen langen Paris and Rouen Railway brauchte der Ingenieur Mr. Joseph Locke lediglich dem gemächlichen Gefälle der Seine zwischen diesen beiden großen Städten zu folgen. Doch die Verlängerung nach Le Havre – wo es Anschluß an den Dampferverkehr über den Ärmelkanal und weiter an die London and Southampton Railway gab, was die Verbindung von Paris nach London komplettierte – stellte seine Ingenieurskünste auf eine härtere Probe. Diese Mühsal schlug sich auch in den veranschlagten Kosten nieder: £ 15 700 pro Meile für die Paris und Rouen, mehr als £ 23 000 pro Meile für die weiteren 58 Meilen der Rouen und Le Havre. Obendrein bestand die französische Regierung auf einer Überprüfung der vorgesehenen Neigung. Mr. Locke hatte ursprünglich mit maximal 1 zu 110 gerechnet. Auf französischer Seite plädierte man aus Sicherheitsgründen für 1 zu 200, was entweder eine ungleich längere Strecke erfordert oder aber bedeutend mehr Einschnitte und Dämme und somit einen erheblichen Kostenanstieg nach sich gezogen hätte. Als Kompromiß einigten sich beide Seiten schließlich auf eine Neigung von 1 zu 125.

Mr. Brassey hatte sich wieder in Rouen niedergelassen, dieses Mal in Begleitung seiner Frau Maria, die fließend Französisch sprach und gegenüber den Beamten des französischen Ministeriums als Dolmetscherin fungieren konnte. Sie machten dem

Konsul ihre Aufwartung und wurden in der anglikanischen Kirche Aller Heiligen auf der Ile Lacroix vorstellig. Sie erkundigten sich nach einer Leihbibliothek englischer Bücher, doch war bislang keine solche eingerichtet worden. In ihren Mußestunden besuchte Mrs. Brassey die großen gotischen Bauwerke der Stadt: die Kirche Saint-Ouen mit ihrem hochaufragenden Triphorium und ihrer funkelnden Fensterrose; Saint-Maclou mit ihren geschnitzten Portalen und dem grotesken Jüngsten Gericht; und die Kathedrale Notre Dame, wo sich ihr ein Kirchendiener in vollem Staat mit Federhut, Rapier und Amtsstab aufdrängte. Er wies sie auf den Umfang der Amboise-Glocke hin, auf die Grabstätte des Pierre de Brézé, das Bildnis der Diane de Poitiers und eine verstümmelte Statue vom Grabmal des Richard Cœur-de-Lion. Er zeigte ihr das Fratzenfenster und erzählte ihr die Legende von der Tour de Beurre, die im siebzehnten Jahrhundert mit dem Geld errichtet worden war, das der Ablaßhandel für den Verzehr von Butter während der Fastenzeit einbrachte.

Mr. Brasseys Männer nahmen die Strecke am Endbahnhof der Paris und Rouen auf, leiteten sie auf einer neuen Brücke über die Seine und lenkten sie dann in einer nördlichen Schleife über die Hügel und Täler der Stadt. Sie bauten den 1600 Meter langen Sainte-Catherine-Tunnel, errichteten den Darnétal-Viadukt und sprengten die Tunnel von Beauvoisine, Saint Maur und Mont Riboudet in den Fels. Sie überquerten südlich von Malaunay den Fluß Cailly. Dann lag das Flüßchen Austreberthe vor ihnen, das bei Barentin von einem schönen und eleganten Viadukt überspannt werden sollte. Mrs. Brassey berichtete ihrem Gatten von der Tour de Beurre und sann darüber nach, welche Bauwerke man in ihren Tagen durch den Verkauf von Ablaßbriefen errichten könnte.

* * *

»Bereitet dem HErrn den Weg, macht auf dem Gefilde eine ebene Bahn unserem Gott! Alle Täler sollen erhöht werden, und alle Berge und Hügel sollen erniedrigt werden, und was ungleich ist, soll eben, und was höckericht ist, soll schlicht werden.« Die versammelten Dorfbewohner von Pavilly warteten brav auf einen Appell an willige Helfer, um den holperigen Pfad instand zu setzen, der von der Kirche zum Friedhof führte. Doch schien zwischen der einleitenden Lesung des Curé aus dem Buche Jesaja und seinen nachfolgenden Ausführungen kein unmittelbarer Zusammenhang zu bestehen. Er warnte seine Schäfchen, und das nicht zum ersten Mal, vor den Fährnissen einer Lehre, von der nur wenige gehört hatten und noch weniger sich hätten in Versuchung führen lassen. Der Bauer, dessen Ländereien bei Les Pucelles lagen, rutschte bei den gelehrten Worten des Priesters unruhig hin und her. In der letzten Bank brach Adèle, die in der Woche von ihrer Herrin stärker als gewöhnlich herangenommen worden war, in unverhohlenes Gähnen aus.

Der Curé erläuterte, die größte Gefahr für die christlichen Glaubenssätze gehe gerade von den ketzerischen Lehren aus, die sich als wohlgefällige und verführerische Lesart des wahren Glaubens darboten: Das eben sei des Teufels Art. So hatte zum Beispiel der Comte de Saint-Simon neben anderem verkündet, die Gesellschaft müsse sich die Verbesserung der moralischen und materiellen Lebensumstände der ärmsten Klasse zum Ziel setzen. Wer mit den Lehren Unseres HErrn aus der Bergpredigt vertraut war, dem war dieser Gedanke nicht fremd. Doch was war, bei Lichte besehen, die wahre Absicht des Ketzers? Daß die Leitung der Gesellschaft, der christlichen Gesellschaft, in die Hände von Männern der Wissenschaft und Industriehäuptlingen gelegt werde! Daß die geistliche Führerschaft der Welt dem Heiligen Vater in Rom entrissen und Maschinenfabrikanten übertragen werde!

Und ferner, wie hatten die Jünger dieses falschen Propheten sich aufgeführt, als sie sich in sündiger Gemeinschaft zusammenrotteten, um den frevelhaften Geboten ihres verstorbenen Anführers zu huldigen? In aller Öffentlichkeit waren sie für die Gütergemeinschaft eingetreten, die Abschaffung des Erbrechts und das Wahlrecht für Frauen. Was samt und sonders zu bedeuten hatte, daß unverheiratete Menschen beiderlei Geschlechts gemeinschaftlich zusammenlebten wie die wilden Polygamisten des Orients; indem sie gar die Gleichheit von Frau und Mann proklamierten, frönten sie schamlos der Prostitution. Die Theorie von der Leiblichkeit des Göttlichen, die er selbst ohne nähere Prüfung als gotteslästerlich erkannt hatte, ersparte der Curé von Pavilly seinen Zuhörern und warnte sie statt dessen vor den Gefahren, die mit absonderlicher und exzentrischer Kleidung einhergingen. Die sich der wahren Herrschaft des Wortes Gottes entgegenstellten, taten sich oft gern durch das Anlegen einer Uniform hervor. So hatte man in der kommunistischen Gemeinschaft zu Ménilmontant weiße Hosen als Symbol der Liebe getragen, ein rotes Wams als Symbol der Arbeit und einen blauen Rock als Symbol des Glaubens. Dieses letzte Gewand war so geschnitten, daß es hinten geknöpft war, eine Besonderheit, welche die Polygamisten als Beweis ihrer Brüderlichkeit hinstellten, da niemand ohne die Hilfe eines anderen seinen Rock anlegen konnte. An dieser Stelle nun ließ der Curé eine gottesfürchtige Stille eintreten, in deren Verlauf einige unter seinen Gemeindemitgliedern richtig errieten, was auszudrücken er sich nicht in der Lage sah: Daß die Polygamisten daher auch nicht imstande waren, sich ohne Beistand zu entkleiden.

Adèle in der letzten Reihe war mittlerweile voll gespannter Aufmerksamkeit und starrte die Knöpfe an der Vorderseite der priesterlichen Soutane an, als sehe sie die leibhaftige Tugend vor sich; doch zugleich kam ihr ein scharlachrotes Plüschwams in den Sinn, auf das ihr Blick erst wenige Tage zuvor gefallen war. Der Curé gab seine Absicht kund, am folgenden Sonntag noch einmal auf eben dieses Thema zurückzukommen, und begann den Segen auszuteilen.

* * *

Das Grüppchen Franzosen spazierte weiter bis zu dem Einschnitt hin. Bei der berüchtigten Gottlosigkeit der englischen Streckenarbeiter hegten sie die lebhafte Erwartung, zumindest einige Männer bei gotteslästerlicher Arbeit am Sabbattag zu erblicken; doch es blieb alles ruhig. Der aufgerissene Erdboden stellte friedlich seine dicken Streifen von weißem Kalk, gelbem

Kies und orangerotem Lehm zur Schau. Dr. Achille bewunderte den feinsäuberlichen Schnitt, den diese rauhen Männer in die Haut des Planeten gezogen hatten.

Im Inneren der Kalkschlucht lagen die Karrenlaufschienen verlassen da. Als Liebhaber der Schachtarbeiten versuchte Charles-André sich an einer Erklärung des Verfahrens: die auf den Steilhang gelegten Bohlen, der Mast auf der Dammkrone, der Flaschenzug am Mast, das Pferd an einem Zugseil, mit dessen Hilfe der Streckenarbeiter seinen vollen Karren den Abhang hinauf beförderte. Charles-André hatte beobachtet, wie auf diese Weise ungeheure Lasten hinaufgezogen wurden; er hatte auch Schlamm die nassen Bohlen hinunter strömen sehen, ein scheuendes Pferd, das sich nicht mehr auf den Beinen halten konnte, und einen Streckenarbeiter, der sich zur Seite warf, um nicht von dem eigenen Karren zermalmt zu werden. Nur die kräftigsten Burschen, die Titanen des Unternehmens, besaßen die Seelenstärke und Kühnheit zu solcher Arbeit.

»Fünf Kilo Rindfleisch«, bemerkte Dr. Achille.

»Dennoch«, sagte Madame Julie eingedenk der beträchtlichen Gefahren des Unterfangens, »man sollte meinen, nicht wahr, mit ein wenig Erfindungsgeist würde statt dessen eine Maschine die Erde befördern?«

»Es wurde eine erfunden, so viel ich weiß. Eine bewegliche Plattform. Die Streckenarbeiter sahen eine Bedrohung ihrer Löhne darin und zerstörten sie.«

»Ich bin froh, daß sie keine Heiligen sind«, erwiderte Dr. Achille.

Als sie zum Lager zurück wanderten, hörten sie eine Sprache, die nicht die ihre, aber auch keine fremde Zunge war. Zwei Männer setzten eine Schaufel instand, deren Stiel sich vom Blatt gelöst hatte. Der größere der beiden, der die Anweisungen gab, war ein englischer Vormann, und der kleinere, der Besitzer der Schaufel, ein französischer Bauer. Als *lingua franca* benutzten sie ein Patois, das teils Englisch, teils Französisch war und im übrigen ein Tuttifrutti aus anderen Sprachen. Doch selbst die den Lauschern vertrauten Wörter waren in eine verzerrte Fasson gepreßt; und jede Grammatik war gewaltsam verrenkt. Aber die Schaufelflicker, die dieses Makkaroni fließend beherrschten, verstanden einander tadellos.

»So werden wir in Zukunft alle reden«, behauptete der Student mit jäher Zuversicht. »Keine Mißverständnisse mehr. Die Völker bringen ihre Differenzen in Ordnung, wie diese beiden Burschen ihre Schaufel in Ordnung bringen.«

»Das Ende aller Poesie«, sagte Madame Julie mit einem Seufzer.

»Das Ende aller Kriege«, konterte Charles-André.

»Unsinn«, gab Dr. Achille zurück. »Lediglich andere Poesie, andere Kriege.«

* * *

Der Curé von Pavilly kam auf Kapitel 40 des Buches Jesaja zurück. Adèle blickte unverwandt auf die tugendsamen Knöpfe des Priesters, doch er hatte nichts mehr über den tieferen Sinn der Kleidung zu sagen. Statt dessen begann er darzulegen, daß der Prozeß gegen die Polygamisten zu Ménilmontant und ihre abschließende Verurteilung wegen gesellschaftsschädlicher Umtriebe ein Haupt der Hydra abgeschlagen habe, doch seien dafür andere nachgewachsen. Was Ketzerlehre nicht erreicht habe, solle nun mit Hilfe der Ingenieurskünste erzielt werden. Bekanntlich betätigten sich viele Mitglieder der aufgelösten Sekte nunmehr als Wissenschaftler und Ingenieure und verbreiteten sich wie ein Krebsgeschwür über den Leib Frankreichs. Einige unter ihnen trugen sich seit Jahren mit der Absicht, am Isthmus von Suez einen Kanal zu bauen. Dann war da der Jude Pereire, der die Eisenbahn unverhohlen zu einem Instrument der Civilisation erklärte. Es waren gotteslästerliche Vergleiche gezogen worden mit jenen frommen Handwerksleuten, welche die großen Kathedralen errichtet hatten. Dagegen verwahrte sich der Curé: Die treffendere Analogie war die mit den heidnischen Pyramidenbauern des alten Ägypten. Die englischen Ingenieure und ihre gottlosen Streckenarbeiter waren lediglich gekommen, um die neuen törichten Prachtbauten des modernen Zeitalters zu errichten und damit abermals die Eitelkeit des Menschen in seiner Anbetung falscher Götter kundzutun.

Damit wollte er nicht sagen, daß solcher Wegebau an sich im Widerspruch zu dem christlichen Glauben stand. Doch wenn die Täler erhöht und die Berge und Hügel erniedrigt werden sollten, wenn das Ungleiche eben und das Höckerichte schlicht werden sollte, wie beim Überqueren des Flusses Cailly bei Malaunay und dem geplanten Viadukt bei Barentin geschehen, dann mußten solche Taten vollbracht werden, wie Jesaja lehrte, um dem HErrn den Weg zu bereiten, um Gott auf dem Gefilde eine ebene Bahn zu machen. Wenn das Wollen des Menschen sich nicht von dem höheren Ratschluß der göttlichen Gebote leiten ließ, dann blieb der Mensch ein wildes Tier, und all sein Mühen führte zu nichts anderem als der Sünde des Stolzes.

In der hinteren Reihe nickte Adèle ein. Der Bauer, dessen Ländereien bei Les Pucelles lagen und der bei der Bereitstellung von Land für die Rouen and Le Havre Railway ein hübsches Sümmchen verdient und obendrein in aller Öffentlichkeit für den Witwen- und Waisenfonds der Diözese gespendet hatte, beschwerte sich schriftlich beim Bischof über des jungen Priesters Hang zu theoretischem Gewettere. Was die Gemeinde brauche, sei handfeste moralische Unterweisung in Angelegenheiten von lokalem Interesse und Belang. Der Bischof vermahnte den Curé von Pavilly nach Gebühr und beglückwünschte sich zugleich für seinen Scharfsinn, den jungen Mann in sicherer Entfernung von der Stadt einzusetzen. Soll er sein Feuer und seinen Zorn unter schlichten Gemütern verrauchen lassen, wo er wenig Schaden anrichten würde. Die Kirche war eine Stätte des Glaubens, nicht der Ideen.

* * *

Das Grüppchen Franzosen wanderte zu den ersten Hütten der Siedlung zurück.

»So sind wir denn nicht von banditti überfallen worden?« bemerkte Dr. Achille.

»Bislang nicht«, antwortete seine Gattin.

»Und nicht von Zigeunern ausgeraubt?«

»Nein.«

»Auch nicht von einer Heuschreckenplage angegriffen?«

»Im Grunde nicht.«

»Und haben kein Auspeitschen der Pyramidensklaven gesehen?«

Sie schlug ihm schelmisch auf den Arm, und er lächelte.

Der Streckenarbeiter, der seinen Spürhund eingeseift hatte, war verschwunden. »Diese Hunde sind abgerichtet, um unser Wild zu töten«, klagte Charles-André. »Zwei davon können ein ausgewachsenes Schaf reißen, wie man sagt.«

Doch Dr. Achille ließ sich in seiner guten Laune nicht beirren. »Es gibt Kaninchen genug in unserem Land. Ich würde eine Eisenbahn gegen ein paar Karnickel eintauschen.«

Yorkey Tom saß wie zuvor auf seinem harten Stühlchen und wärmte das frischrasierte Kinn in der Sonne. Die in den Mundwinkel geklemmte Stummelpfeife zeigte beinahe senkrecht nach oben, und er schien die Augen fest geschlossen zu haben. Vorsichtig beäugte das Grüppchen Franzosen noch einmal diesen wilden Rindfleischvertilger, diesen kraftstrotzenden Jäger und Sammler. Der Vormann hatte nichts vom französischen Kleidungsstil angenommen. Er trug einen breitschwänzigen Samtrock, ein scharlachrotes, schwarzgetüpfeltes Plüschwams und Kniehosen aus Manchesterkord, die von einem Lederriemen in der Taille gehalten wurden und auch am Knie Bänder trugen, und unter dem Knie verschwanden schwellende Waden in dicken Halbstiefeln. Ein weißer Filzhut mit aufgebogener Krempe lag neben ihm auf einem Schemel. Der Mann wirkte exotisch und doch robust, ein seltsames, aber vernünftiges Tier. Er war es auch durchaus zufrieden, sich beobachten zu lassen, denn das Augenlid, das er zu einem Viertel offenhielt, um seinen Hut zu bewachen, bot ihm auch einen Blick auf diese gaffenden Schnekkenfresser.

Wenigstens hielten sie sich in höflicher Entfernung. Er war jetzt schon bald fünf Jahre in Frankreich und war in dieser Zeit gepufft und geknufft, angeglotzt und angespuckt worden; man hatte Hunde auf ihn gehetzt, und Dorfschläger hatten fälschlicherweise das Verlangen gezeigt, ihre Kräfte zu erproben. Andernteils war er auch belobigt, abgeküßt, umarmt, bewirtet und gefeiert worden. Vielerorts sahen die einheimischen Franzmänner die Schachtarbeiten als eine Art Gratisunterhaltung an, und die englischen Streckenarbeiter gingen bisweilen darauf ein und protzten mit, wie hart sie arbeiten konnten. Ginger Billy, der sich an der Paris und Rouen für ein paar Jahre eine Französin zur Frau genommen hatte, übersetzte ihnen die mannigfaltigen Äußerungen des Erstaunens, die Yorkey Tom und seine Mannschaft mit Vergnügen herausforderten. Sie waren Könige der Arbeit, und das wußten sie auch. Es dauerte ein Jahr, bis ein gesunder englischer Bauernknrecht zu einem Streckenarbeiter gestählt war, und bei einem französischen Klappergestell, das nur Brot, Gemüse und Obst zu sich nahm, das ständig ausruhen mußte und einen Vorrat an Taschentüchern brauchte, um sich das arme Gesicht zu wischen, war die Verwandlung gar noch größer.

Jetzt wurde das Grüppchen Franzosen durch eine Streiterei bei der Nachbarhütte abgelenkt. Die alte Hexe zerrte an einem der dicken Schnüre, die in der dreckigen Brühe ihres Suppenkessels verschwanden. Neben ihr stand ein grollender, bärtiger Hüne und prüfte argwöhnisch die Hieroglyphe am Ende des Stricks. Es kam ein eingetauchter Fleischklumpen zum Vorschein, der in der Mitte von der Schnur durchbohrt war. Die alte Vettel warf ihn auf einen Teller und tat einen Kanten Brot dazu. Nun übertrug der haarige Streckenarbeiter seinen Argwohn von dem Schild auf die Speise. Diese hatte in den wenigen Stunden unter der Obhut des alten Weibes offenbar einiges von ihrer Form, viel von ihrer Farbe und ihre gesamte Identität eingebüßt. Der Hüne begann die Alte zu beschimpfen, ob wegen ihrer Kochkünste oder ihrer mangelnden Ehrlichkeit, war allerdings nicht auszumachen; obwohl beide Parteien aus England kamen, wurde ihr Gebrüll und Gekreisch doch in der für Außenstehende unverständlichen *lingua franca* der Feldlager geführt.

Das Grüppchen Franzosen lächelte noch über diese Komödie, als es zu seiner Kutsche zurückkehrte.

Der Curé von Pavilly, von seinem Bischof zur Ordnung gerufen, ließ die Gefilde der reinen Theorie hinter sich. Es war seine Pflicht, seine Gemeinde auf das strengste vor dem Kontakt mit der anrückenden Armee von Philistern und Barbaren zu warnen. Er hatte Untersuchungen angestellt, wobei er sich sogar selbst unter diese Leute begab, und folgende Erkenntnis gewonnen. Zum ersten, daß sie weder in bezug auf die Einhaltung der Glaubensregeln noch in bezug auf ihre moralische Führung Christen waren. Zum Beweis dessen hatten sie die Namen ihrer christlichen Taufe abgelegt und zogen es vor, unter falschem Namen aufzutreten, zweifellos in der Absicht, die Ordnungsmächte zu täuschen. Sie hielten den Sabbattag nicht ein, indem sie an diesem heiligen Tage arbeiteten oder aber ihn Umtrieben vorbehielten, die vom Frivolen wie dem Hundewaschen bis hin zum Verbrecherischen wie dem Gebrauch dieser selben Hunde zum Diebstahl von Wild und Vieh reichten. Zwar arbeiteten sie hart und wurden für ihre Mühen gerecht entlohnt, doch warf ihr dreifacher Lohn sie nur dreimal so tief in das Viehische hinab. Auch kannten sie keinerlei Sparsamkeit und gaben ihr Geld aus, wie sie es bekamen, vorzugsweise für berauschende Getränke. Sie stahlen ohne den geringsten Versuch, das zu verbergen. Des weiteren spotteten sie der Gesetze der christlichen Ehe, sie lebten im Stande unverhohlener Unzucht mit Frauen und verweigerten diesen Frauen auch die geringste Schicklichkeit; ihre Gemeinschaftshütten stellten nichts anderes dar als Höhlen der Prostitution. Diejenigen, welche ihre angestammte Muttersprache sprachen, führten während der Arbeit beständig gotteslästerliche Reden; diejenigen aber, welche die gebräuchliche Sprache der Erdarbeiter sprachen, waren nicht besser als die Errichter des Turmbaus zu Babel – und war der Turmbau nicht unvollendet geblieben und aller Länder Sprache verwirrt und die Erbauer zerstreut in alle Länder? Zum letzten und wichtigsten waren die Streckenarbeiter Gotteslästerer allein schon durch ihr Tun, da sie die Täler erhöhten und das Höckerichte schlicht machten zu ihren eigenen Zwecken, ohne des göttlichen Ratschlusses eingedenk zu sein und seiner spottend.

Der Bauer, dessen Felder bei Les Pucelles lagen, nickte dem Priester beifällig zu. Ging man nicht eigens dazu in die Kirche, um andere machtvoll angeprangert und damit die eigene Tugend stillschweigend bestätigt zu finden? Auch das Mädchen Adèle in der letzten Bank hatte aufmerksam und bisweilen mit offenem Mund gelauscht.

* * *

Das Grüppchen Franzosen, das zu regelmäßigen Gaffern bei den Schachtarbeitern geworden war, die Kunstfertigkeit der Karrenlaufschienen ebenso bestaunt hatte wie die Gefahren, denen sie trotzten, und nunmehr verstand, warum ein englischer Streckenarbeiter mit 3 Shilling 6 Pence bis zu 3 Shilling 9 Pence pro Tag entlohnt wurde, während sein französisches Pendant 1 Shilling 8 Pence bis 2 Shilling 3 Pence erhielt, besuchte die Eisenbahnbaustelle gegen Ende des Jahres 1845 ein letztes Mal. Der Viadukt von Barentin war nun beinahe vollendet. Über bereifte Felder hinweg betrachteten sie das Bauwerk: über 30 Meter hoch, eine Drittel Meile lang, mit siebenundzwanzig Bögen, die jeweils eine Spannweite von gut 15 Metern aufzuweisen hatten. Es hatte, wie Charles-André ihnen versicherte, etwa fünfzigtausend englische Pfund gekostet und sollte demnächst von dem Minister für Öffentliche Bauanlagen und anderen hohen französischen Beamten inspiziert werden.

Dr. Achille musterte den sanften Bogen des Viadukts über die Talsohle hinweg und zählte leise die eleganten, symmetrischen Bögen ab. »Ich kann nicht begreifen«, sagte er endlich, »warum mein Bruder, der ein Künstler sein will, die ungeheure Schönheit der Eisenbahn nicht erkennt. Warum lehnt er sie so vehement ab? Er ist zu jung, um so altmodisch zu sein.«

»Er ist wohl der Meinung«, antwortete Madame Julie mit einigem Bedacht, »daß Fortschritte der Wissenschaft uns blind machen gegen moralische Schwächen. Sie wiegen uns in der Illusion, wir kämen voran, was dein Bruder für gefährlich erachtet. So sagt er wenigstens«, fügte sie wie als Einschränkung hinzu.

»Das paßt zu seinem Charakter«, sagte ihr Gatte. »Zu viel Verstand, um die schlichte Wahrheit zu erkennen. Sieh dir das Bauwerk da vor uns an. Ein Chirurg kann jetzt schneller anreisen, um das Bein eines Patienten zu retten. Wo ist da die Illusion?«

* * *

In den ersten Januartagen des Jahres 1846, kurz nach dem anerkennenden Besuch des französischen Ministers für Öffentliche Bauanlagen, gingen in dem Gebiet nördlich von Rouen sintflutartige Regenfälle nieder. Am 10. Januar gegen sechs Uhr früh barst der fünfte Bogen des Viadukts von Barentin und stürzte ein. Die anderen Bögen folgten einer nach dem anderen, bis die gesamte Anlage in Trümmern auf dem aufgeweichten Talboden lag. Ob der Fehler in einer allzu hastigen Bauweise, minderwertigem heimischem Kalk oder den stürmischen Witterungsbedingungen lag, blieb unklar; die französischen Zeitungen, darunter auch das *Fanal de Rouen,* leisteten jedoch einer fremdenfeindlichen Reaktion auf die Katastrophe Vorschub. Nicht nur waren der Ingenieur Mr. Locke ebenso wie die Unternehmer Mr. Brassey und Mr. Mackenzie allesamt Engländer, sondern auch die meisten Arbeiter sowie die meisten Financiers des Vorhabens. Welches Interesse konnten sie verfolgen, außer Geld aus Frankreich herauszuholen und dabei mangelhafte Arbeit zu hinterlassen?

Der Curé von Pavilly fühlte sich bestätigt. Der Turmbau zu Babel war gefallen und die Arbeiter waren verwirrt. Die Gott gelästert hatten, indem sie sich als die neuen Kathedralenerbauer bezeichneten, waren erniedrigt worden. Der HErr hatte sein Mißfallen gezeigt. Sollen sie ihren sinnlosen Prachtbau ruhig wieder aufbauen, so hoch sie wollen, denn nichts konnte nun die göttliche Geste tilgen. Die Sünde des Stolzes war bestraft worden; doch um sich nicht selbst auf diesen nämlichen Pfad locken zu lassen, widmete der Priester seine Predigt am darauffolgenden Sonntag dem Gebot der Wohltätigkeit. Der Bauer, dessen Felder bei Les Pucelles lagen, steuerte großzügiger als sonst zur Kollekte bei. Das Mädchen Adèle fehlte in der letzten Bank. Sie war in den letzten Wochen oftmals nicht im Dorf gewesen, und ihr Wortschatz war von seltsamen Mischlingswörtern verseucht. Nicht alle in Pavilly waren überrascht; ihre Herrin hatte oft bemerkt, daß Adèle wohl eher fett als ehrlich werden würde.

Mr. Brassey und Mr. Mackenzie hatte das Unglück von Barentin tief getroffen, doch sie reagierten mannhaft. Sie warteten weder Rechtsstreitigkeiten noch Schuldzuweisungen ab und machten sich umgehend auf die Suche nach mehreren Millionen neuer Ziegelsteine. Da sie den heimischen Kalk als mutmaßliche Ursache der Katastrophe ansahen, ließen sie hydraulischen Kalk aus entfernteren Regionen anliefern. Mit Tatkraft und Entschlossenheit sowie dem Geschick ihrer Arbeitskräfte gelang Mr. Brassey und Mr. Mackenzie der Wiederaufbau des Viadukts in weniger als einem halben Jahr, und sie trugen die gesamten Kosten selbst.

* * *

Der Curé von Pavilly blieb der Eröffnungszeremonie der Rouen and Le Havre Railway fern. Eine militärische Ehrenformation war angetreten, und es war gute Gesellschaft beiderlei Geschlechts zugegen, darunter auch Dr. Achille und Madame Julie. Priester in Chorröcken mit Flügelärmeln hielten dicke Kerzen empor, die bis zum Dampfdom der Lokomotive reichten. Der Ingenieur Mr. Locke und seine zwei Bauunternehmer zogen den Hut, während der Bischof die glänzende zylindrische Lokomotive abschritt, die Mr. William Buddicom, vormals Leitender Direktor in Crewe, in seiner neuen Fabrik in Sotteville gebaut hatte. Der Bischof besprengte die Feuerbüchse, den Dampfkessel und die Rauchkammer mit Weihwasser; er warf es zu dem Dampfabsperrhahn und den Sicherheitsventilen hinauf; dann ging er, als sei er noch nicht zufrieden, wieder zurück und besprühte die Räder, die Treibachse und die Pleuelstangen, die Puffer und den Schornstein und die Antriebskurbel und den Umlauf. Auch den Tender vergaß er nicht, in dem bereits mehrere hohe Würdenträger saßen. Er bedachte die Kuppeleisen, den Wasserkasten und die Stoßpuffer; er wässerte die Bremse, als sei er Sankt Christophorus persönlich. Die Lokomotive wurde gänzlich gesegnet, ihre Wege und Ziele dem Schutze Gottes und seiner Heiligen anbefohlen.

Später gab es ein Festmahl für die englischen Streckenarbeiter. Die französische Kavallerie stand Wache, während mehrere Ochsen gebrachten wurden und die Arbeiter nach Herzenslust becherten. Sie blieben auch im Rausch gutmütig und schwangen hernach kräftig das Tanzbein, wobei sie ihre Partnerinnen mit dem sicheren Geschick dirigierten, das sie tagtäglich bei ihren Karren walten ließen. Adèle wurde zwischen Yorkey Tom und Straight-up Nobby herumgewirbelt. Als es dunkelte, ließen sie zur Feier das Tages Knallkapseln explodieren, und der plötzliche Lärm versetzte ängstliche Gemüter in Angst und Schrecken. Das *Fanal de Rouen* berichtete ausführlich über das Ereignis und erinnerte zwar noch einmal an den Einsturz des Viadukts von Barentin, pries aber die homerische Statur der englischen Strekkenarbeiter und stellte sie in gütiger Verwechslung der Kulturen noch ein letztes Mal auf eine Stufe mit den Erbauern der großen Kathedralen.

Zehn Jahre nach der Eröffnung der Rouen and Le Havre Railway wurde Thomas Brassey für seine vielen Werke in Frankreich offiziell belohnt. Inzwischen hatte er auch die Orléans and Bordeaux Railway gebaut, die Amiens und Boulogne, die Rouen und Dieppe, die Nantes und Caen, die Caen und Cherbourg. Kaiser Napoleon III. lud ihn zu einem Diner in den Tuilerien. Der Unternehmer saß nicht weit von der Kaiserin und war besonders gerührt, daß sie so liebenswürdig war und zumeist englisch mit ihm sprach. Im Laufe des Abends verlieh der Kaiser der Franzosen Mr. Brassey feierlich das Kreuz der Légion d'honneur. Der ausländische Unternehmer nahm dieses Insigne mit den bescheidenen Worten entgegen: »Mrs. Brassey wird sich sehr darüber freuen.«

Deutsch von Gertraude Krueger

Horreur auf dem Rigi

Nietzsche über Flaubert

Von Georg Eyring

Jacob Burckhardt hat ihn lesen wollen, dann aber wahrscheinlich doch nicht gelesen. Fontane hat ihn wohl nicht gekannt (leider), auch von Wilhelm Raabe ist nichts bekannt (konnte der überhaupt französisch?). Nein – die Flaubert-Rezeption im Deutschland des 19. Jahrhunderts ist nicht berühmt. Eigentlich beginnt sie erst nach der Jahrhundertwende, als im Mindener Verlag J. C. C. Bruns die erste deutsche Flaubert-Gesamtausgabe erschien.

Um so überraschender: Nietzsche! Selbst einigen seiner Biographen ist seine Flaubert-Lektüre entgangen. Curt Paul Janz hebt zwar Nietzsches »exzessive Lesebeflissenheit« hervor und nennt diesbezüglich auch Flaubert. Sein Urteil ist philiströs, Nietzsche habe zu seiner Arbeit »den Verkehr nicht nur mit Menschen, sondern auch mit Büchern« gebraucht – nun, wer nicht? Aber so klingt's halb pervers – war's aber nicht.

Nietzsche war ein moderner Intellektueller, seiner Zeit allemal voraus. Die Generation von Gottfried Benn – jedenfalls er – wußte das noch.

Nietzsche-Biograph Joachim Köhler benutzt zu seiner Entschlüsselung von »Zarathustras Geheimnis« Nietzsches Flaubert-Lektüre, indes beschränkt auf Flauberts »Versuchung des Heiligen Antonius«: »Auch ein modernes Buch stand bei Zarathustra Pate.«

Köhler weiß auch, Nietzsche habe »den französischen Romancier schon seit der Basler Zeit« gekannt. Sein Beweis: »1872 hatte ihn ein Musiker um ein Opernlibretto nach ›Salammbô‹ gebeten, was den Wagnerianer in ihm so beleidigte, daß er noch 1888 in seinem ›Fall Wagner‹ die Bosheit einflocht, Flaubert hätte seine ›Madame Bovary‹ ins Karthagische übersetzen ›und sie dann, mythologisiert, Wagnern als Textbuch‹ anbieten sollen. Das war als Spitze gegen Cosima gemeint, die sich 1871 aufgeregt hatte, als ein Kritiker die ›Meistersinger‹ mit ›Mme. Bovary‹ zu vergleichen wagte.« Na, wir werden sehen.

In seinen zu Lebzeiten publizierten Werken erwähnt Nietzsche Flaubert erstmals in »Jenseits von Gut und Böse« (1886):

> »Die Psychologen Frankreichs – und wo giebt es heute sonst noch Psychologen ? – haben immer noch ihr bitteres und vielfältiges Vergnügen an der bêtise bourgeoise nicht ausgekostet, gleichsam als wenn... genug, sie verrathen etwas damit. Flaubert zum Beispiel, der brave Bürger von Rouen, sah, hörte und schmeckte zuletzt nichts Anderes mehr: es war seine Art von Selbstquälerei und feinerer Grausamkeit.«

In der »Götzen-Dämmerung« (1888) zitiert Nietzsche unter 34.:

> »On ne peut penser et écrire qu'assis (G. Flaubert). – Damit habe ich dich, Nihilist! Das Sitzfleisch ist gerade die *Sünde* wider den heiligen Geist. Nur die *ergangenen* Gedanken haben Werth.«

Der Bergwanderer von Sils-Maria gegen den Stubenhocker von Croisset. Auch in »Nietzsche contra Wagner« (1888) verfügt N. souverän über F.:

> »In Hinsicht auf Artisten jeder Art bediene ich mich jetzt dieser Hauptunterscheidung: Ist hier der *Hass* gegen das Leben oder der *Überfluss* an Leben schöpferisch geworden? In Goethe zum Beispiel wurde der Überfluss schöpferisch, in Flaubert der Hass: Flaubert, eine Neuausgabe Pascal's, aber als Artist, mit dem Instinkt-Urtheil aus dem Grunde: ›Flaubert est toujours *haissable,* l'homme n'est rien, *l'œuvre est tout*‹... Er torturirte sich, wenn er dichtete, ganz wie Pascal sich torturirte, wenn er dachte – sie empfanden beide unegoistisch... ›Selbstlosigkeit‹ – das décadence-Prinzip, der Wille zum Ende in der Kunst sowohl wie in der Moral. –«

Oftmals zieht Nietzsche die französische Karte gegen das stumpfsinnige Deutschland. So auch in »Nietzsche contra Wagner« unter der Überschrift »Wohin Wagner gehört«:

> »Auch jetzt noch ist Frankreich der Sitz der geistigen und raffinirtesten Cultur Europa's und die *hohe* Schule des Geschmacks: aber man muss dies ›Frankreich des Geschmacks‹ zu finden wissen. Die Norddeutsche Zeitung zum Beispiel, oder wer in ihr sein Mundstück hat, sieht in den Franzosen ›Barbaren‹, – ich für meine Person suche den *schwarzen* Erdtheil, wo man ›die Sklaven‹ befreien sollte, in der Nähe der Norddeutschen…«
>
> »In diesem Frankreich des Geistes, welches auch das Frankreich des Pessimismus ist, ist heute schon Schopenhauer mehr zu Hause als er es je in Deutschland war; sein Hauptwerk zwei Mal bereits übersetzt, das zweite Mal ausgezeichnet, so dass ich es jetzt vorziehe, Schopenhauer französisch zu lesen (– er war ein *Zufall* unter Deutschen, wie ich ein solcher Zufall bin – die Deutschen haben keine Finger für uns, sie haben überhaupt keine Finger, sie haben bloss Tatzen).«

Polemisch nutzt Nietzsche Flaubert im »Fall Wagner«. Die auch von Köhler zitierte Stelle lautet:

> »Würden Sie es glauben, dass die Wagnerischen Heroinen sammt und sonders, sobald man nur erst den heroischen Balg abgestreift hat, zum Verwechseln Madame Bovary ähnlich sehn! – wie man umgekehrt auch begreift, dass es Flaubert *freistand,* seine Heldin in's Skandinavische oder Karthagische zu übersetzen und sie dann, mythologisiert, Wagnern als Textbuch anzubieten. Ja, in's Grosse gerechnet, scheint Wagner sich für keine andern Probleme interessirt zu haben, als die, welche heute die kleinen Pariser décadents interessiren. Immer fünf Schritte weit vom Hospital! Lauter ganz moderne, lauter ganz *grossstädtische* Probleme! zweifeln Sie nicht daran!… Haben Sie bemerkt (es gehört in diese Ideen-Association),

dass die Wagnerischen Heldinnen keine Kinder bekommen? – Sie *können's* nicht...«

Und noch einmal bedient sich Nietzsche Flauberts in »Nietzsche contra Wagner« in seinen Ausführungen über Parsifal (»jener arme Teufel und Naturbursch«) – »war dieser Parsifal überhaupt *ernst* gemeint? Denn dass man über ihn *gelacht* hat, möchte ich am wenigsten bestreiten, Gottfried Keller auch nicht ... Man möchte es nämlich wünschen, dass der Wagnersche Parsifal heiter gemeint sei, gleichsam als Schlussstück und Satyrdrama, mit dem der Tragiker Wagner gerade auf eine ihm gebührende und würdige Weise von uns, auch von sich, vor Allem *von der Tragödie* habe Abschied nehmen wollen, nämlich mit einem Excess höchster und muthwilligster Parodie auf das Tragische selbst, auf den ganzen schauerlichen Erden-Ernst und Erden-Jammer von Ehedem, auf die endlich überwundene *dümmste Form* in der Widernatur des asketischen Ideals. Der Parsifal ist ja ein Operetten-Stoff par excellence ... Ist der Parsifal Wagner's ein heimliches Überlegenheits-Lachen über sich selber, der Triumph seiner letzten höchsten Künstler-Freiheit, Künstler-Jenseitigkeit – Wagner, der über sich zu *lachen* weiss?...« Nietzsche möchte das wünschen, glauben kann er es nicht. Und er fragt nach dem ernst gemeinten Parsifal und schlägt den Bogen zu Flaubert:

> »Ist der *Hass auf das Leben* bei ihm Herr geworden, wie bei Flaubert? ... Denn der Parsifal ist ein Werk der Tücke, der Rachsucht, der heimlichen Giftmischerei gegen die Voraussetzungen des Lebens, ein *schlechtes* Werk. – Die Predigt der Keuschheit bleibt eine Aufreizung zur Widernatur: ich verachte Jedermann, der den Parsifal nicht als Attentat auf die Sittlichkeit empfindet. –«

In den Manuskripten vom Oktober 1888 findet sich die Charakterisierung: »Parsifal selbst, dieser typische Idiot, hatte nur zu viel Gründe, sich nicht fortzupflanzen.«

In seinen nachgelassenen Fragmenten hat sich Nietzsche noch

mehrfach mit Flaubert beschäftigt und ihn immer wieder gegen Wagner ausgespielt, aber auch Gemeinsames gefunden:

> »Jene typische Verwandlung, für die unter Franzosen G. F. unter Deutschen R. W. das deutlichste Beispiel abgiebt: zwischen 1830 und 1850 wandelt sich der romantische Glaube an die Liebe und die Zukunft in das Verlangen zum Nichts.«

Nietzsche äußert geradezu Flaubertsche Gedanken, wenn er vom »Akt jener ewigen *Feigheit* des Mannes« vor allem »Ewig-Weiblichen« spricht:

> »Ob nicht alle großen Künstler bisher durch anbetende Weiber *verdorben* worden sind? Wenn diese unsinnig-eitlen und sinnlichen Affen – denn das sind sie fast allesamt – zum ersten Male und in nächster Nähe den *Götzendienst* erleben, den das Weib in solchen Fällen mit allen ihren untersten und obersten Begehrungen zu treiben versteht, dann geht es bald zu Ende: der letzte Rest von Kritik, Selbstverachtung, Bescheidenheit und Scham vor dem Größeren ist dahin: – von da an sind sie jeder *Entartung* fähig.«

Auch das bezog Nietzsche wieder auf Wagner und dessen Verhältnis zu Cosima: »Er ›verdiente‹ solch ein Weib nicht: zum Dank dafür *verfiel* er ihr.«

Vorausschauend konstatiert Nietzsche den »Gesammt-Anblick des zukünftigen Europäers: derselbe als das intelligenteste Sklaventhier, sehr arbeitsam, im Grunde sehr bescheiden, bis zum Excess neugierig, vielfach, verzärtelt, willensschwach – ein kosmopolitisches Affekt- und Intelligenzen-Chaos.«

Und in diesem Zusammenhang fällt auch der Satz, der jeden Nazi Lügen straft, der sich auf Nietzsche beruft:

> »Maxime: mit keinem Menschen umgehen, der an den verlognen Rassen-Schwindel Antheil hat.
>
> (Wieviel Verlogenheit und Sumpf gehört dazu, um im heutigen Mischmasch-Europa Rassenfragen aufzurühren!)«

Immer wieder kommt Nietzsche auf die Bourgeois-Problematik bei Flaubert und seinen Zeitgenossen zurück:

»Die französischen Romanschriftsteller schildern *Ausnahmen* und zwar theils aus den höchsten Sphären der Gesellschaft, theils aus den niedrigsten – und die Mitte, der bourgeois, ist ihnen allen gleich *verhaßt.* Zuletzt werden sie Paris nicht los.«

Er charakterisiert Flaubert als »selber seiner satt«, als »bourgeois« und er notiert: »Was ich lache über Flaubert, mit seiner Wuth über den bourgeois, der sich verkleidet, ich weiß nicht als was!« – »Die Maskerade des *bourgeois,* z. B. als Salammbô und als heiliger Antonius.«

Nietzsche übt aber auch scharfsinnige ästhetische Kritik an Flaubert:

»Das *›Objektiv-sein-wollen‹* z. B. bei Flaubert ist ein modernes Mißverständniß. Die große Form, die von allem Einzelreiz absieht, ist der Ausdruck des *großen* Charakters, der die Welt sich zum Bilde schafft: der von allem ›Einzelreiz weit absieht‹ – Gewalt-Mensch. Es ist Selbst-Verachtung aber bei den Modernen, sie möchten wie Schopenhauer sich in der Kunst ›los werden‹ – hineinflüchten in's Objekt, sich selber ›leugnen‹. Aber es giebt kein ›Ding an sich‹ – meine Herren! Was sie erreichen, ist Wissenschaftlichkeit oder Photographie d. h. Beschreibung ohne Perspektiven, eine Art chinesischer Malerei, lauter Vordergrund und alles überfüllt.«

Danach notiert er: »Objektivität – als modernes Mittel, sich loszuwerden, aus Geringschätzung (wie bei Flaubert)«, und er spricht von der idealen Schönheit, an welche z. B. Flaubert glaubt. Und er ruft aus: »*Flaubert:* falsche Gelehrsamkeit, Emphase.«

»Die Psychologie dieser Herren Flaubert ist in summa falsch: sie sehen immer nur die Außen-Welt wirken und das ego geformt (ganz wie Taine?) – sie kennen nur die Willens-Schwachen, wo désir an Stelle des Willens steht.«

Nietzsche erwähnt auch die »dîners chez Magny« – jene Pariser Tafelrunde, der neben Flaubert auch die Brüder Goncourt angehört haben, die die Zusammenkünfte in ihren Tagebüchern notiert und kommentiert haben. Diese kannte Nietzsche. Er hat Aufzeichnungen dazu hinterlassen. Auch George Sand gehörte diesem Kreis an. Nietzsche nennt sie »diese breite fruchtbare Kuh, welche etwas Deutsches an sich hatte«.

Und seine Notiz »und unter diesen Dichtern findet man Hengste, die auf eine keusche Weise wiehern«, könnte auf die dîners chex Magny-Runde gemünzt sein, in der er den »Litteratur-Pessimismus Frankreichs« versammelt sieht – »die nervös-katholisch-erotische Litteratur zum *›großen Ekel‹: theils* daran leidend, *theils* selbst erzeugend im Gegensatz zum *›großen Mitleid‹* bei Tolstoi, Dostoiewsky Parsifal«. Nietzsche notiert auch Klatsch: »Die Concourt fanden Flaubert campagnardisé, zu gesund, zu robüst für sie – sie bemerken, daß sich sein Talent für sie *vergröberte*...«

Er kennt auch Flauberts Abneigungen:

> »Flaubert hielt weder Mérimée noch Stendhal aus; man konnte ihn wütend machen, wenn man ›Monsieur Beyle‹ in seiner Gegenwart citirte.«

Nietzsche zitiert auch Flauberts »horreur auf dem Rigi« und charakterisiert seine Leseeindrücke:

> »In Salammbô kommt Flaubert zum Vorschein, geschwollen, deklamatorisch, melodramatisch, verliebt in die dicke Farbe.«

Zwei Flaubert-Zitate hat Nietzsche festgehalten:

> »Flaubert: de la forme naît l'idée, höchste Formel der Schule, nach Théophile Gautier« und

> »Flaubert: après tout, le travail, c'est encore le meilleur moyen d'escamoter la vie.«

Auf Flaubert gemünzt sind Nietzsches Überlegungen *»Zur Vernunft des Lebens«:*

»Eine relative Keuschheit, eine grundsätzliche und kluge Vorsicht vor Eroticis selbst in Gedanken, kann zur großen Vernunft des Lebens auch bei reich ausgestatteten und ganzen Naturen gehören. Der Satz gilt in Sonderheit von den *Künstlern,* er gehört zu deren bester Lebens-Weisheit. Völlig unverdächtige Stimmen sind schon in diesem Sinne laut geworden: ich nenne Stendhal, Th. Gautier, auch Flaubert. Der Künstler ist vielleicht seiner Art nach mit Nothwendigkeit ein sinnlicher Mensch, erregbar überhaupt, zugänglich in jedem Sinne, dem Reize, der Suggestion des Reizes schon von Ferne her entgegenkommend. Trotzdem ist er im Durchschnitt, unter der Gewalt seiner Aufgabe, seines Willens zur Meisterschaft, thatsächlich ein mäßiger, oft sogar ein keuscher Mensch. Sein dominirender Instinkt *will* es so von ihm: er erlaubt ihm nicht, sich auf diese oder jene Weise auszugeben.«

Nietzsche lobt Flaubert in seinen nachgelassenen Fragmenten vom Juni–Juli 1885:

»Viel wohlthätiger, einseitiger, tüchtiger in jedem Sinne ist der Einfluß Flauberts: mit einem Übergewicht von Charakter, der sogar die Einsamkeit und den Mißerfolg vertrug, – etwas außerordentliches unter Franzosen –, regiert er augenblicklich in dem Reiche der Roman-Ästhetik und des Stils – er hat das klingende und bunte Französisch auf die Höhe gebracht.«

Mit vorzüglicher Hochachtung

Gustave an Louise (4)

Von Gustave Flaubert

[Croissset,] Sonntag abend, 11 Uhr.
[19. September 1852]

Du gestattest, liebe Louise, daß ich Dich zu Deinem psychologischen Spürsinn nicht beglückwünsche. Mit dem Vertrauen eines Kindes glaubst Du alles, was die Mutter Roger Dir da zum besten gegeben hat. Es ist eine Wichtigtuerin, diese kleine Frau. Ihr Ansinnen, Bouilhet zu schreiben, kommt meines Erachtens der Geste des Schenkelöffnens gleich. Ist sie sich darüber im klaren? Hier liegt der schwer zu erhellende Punkt. Weder glaube ich an ihre von den Exzessen des Ehemanns zerrüttete Verfassung noch an die »mit seinem Geist und seinem Herzen« verbrachten Nächte, und vor allem kommt mir so etwas weder *echt* noch *empfunden* vor; sie liebt etwas anderes.

Die *geistige* Leidenschaft für Hugo scheint mir ebenso ein zyklopischer Schwindel zu sein. Der große Mann hat das bestimmt erfahren und dann in seiner Eigenart als geiler Bock, der er ist, davon profitiert, wenn nicht diese Leidenschaft eine weitere Effekthascherei ist. Beachte, daß sie immer nur halbe Geständnisse macht, daß sie nichts zugibt, was Enault angeht. Tief in all diesen Dingen steckt einiges Elend! Mag sein, daß sie nicht wissentlich lügt. Man sieht nicht immer klar im eigenen Innern, und vor allem, wenn man spricht, überlädt das Wort den Gedanken, übertreibt ihn, behindert ihn sogar. Die Frauen übrigens sind so naiv, selbst in ihren Grimassen, man nimmt seine Rolle so schön ernst, man schlüpft so leicht in den Typ, den man sich zurechtgelegt hat. Andererseits jedoch gibt es da eine allgemein anerkannte Vorstellung, daß es gilt, keusch zu sein, das Ideal, man dürfe nur die Seele lieben, das Fleisch sei schändlich, allein das Herz sei anständig. Das Herz! Das Herz! das ist nun einmal ein unseliges Wort, und wie weit es einen führt!

Die Lust, wieder zu Dir hochzusteigen, am Tag der Preisverleihung, der Wagen, auf den man in der Tür im Regen wartet etc., das zum Beispiel ist echt, desgleichen die Unbill der zu tragenden ehelichen Last. Aber sie sagt nicht, daß sie, unter ihm, von einem anderen Mann geträumt und so inmitten ihres Abscheus vielleicht Gefallen daran gefunden hat. Prophezeiung: sie werden miteinander schlafen, und nach der 72. Runde wird sie Dir abermals versichern, daß da nichts ist und sie unseren Freund nur im *Herzen* oder im *Kopf* liebt. Dieses tüchtige Geschlechtsorgan ist die Grundlage aller menschlichen Zärtlichkeiten; es ist nicht die Zärtlichkeit, sondern ihr *Substrat,* wie die Philosophen sagen würden. Noch nie hat eine Frau einen Eunuchen geliebt, und wenn die Mütter ihre Kinder inniger lieben als die Väter, dann weil sie ihnen aus dem Bauch gekommen sind und die Nabelschnur ihrer Liebe ihnen am Herz hängen bleibt, ohne abgeschnitten zu werden.

Ja, davon hängt alles ab, wie gedemütigt wir davon auch sein mögen. Ich wäre auch gern ein Engel; mein Körper macht mir zu schaffen, und das Essen, Schlafen und Begierdenhaben. Ich habe vom Klosterleben geträumt, von der Askese der Brahmanen etc. Es ist der Abscheu vor dem Drecksding, der zur Erfindung der Religionen geführt hat, der Idealwelten der Kunst. Das Opium, der Tabak, die starken Getränke schmeicheln dieser Neigung zum Vergessen; so habe ich von meinem Vater eine Art religiösen Mitleids für die Trinker. Wie sie habe ich die Hartnäckigkeit der Neigung und die Ernüchterung beim Erwachen.

Was meine *Bovary* mich ärgert! Ich beginne dennoch, mich ein wenig zurechtzufinden. Nie in meinem Leben habe ich etwas Schwierigeres geschrieben als das, was ich jetzt mache, trivialen Dialog! Diese Wirtshausszene wird mich vielleicht drei Monate kosten, ich weiß es nicht. Manchmal könnte ich heulen deswegen, so sehr empfinde ich meine Ohnmacht. Aber lieber krepiere ich darüber, als sie unter den Tisch fallen zu lassen. In ein und derselben Unterhaltung habe ich fünf oder sechs Personen zugleich vorzustellen (die reden), mehrere andere (über die geredet wird), dem Ort, an den man sich befindet, die ganze Gegend, muß dabei sinnliche Beschreibungen von Leuten und Dingen machen, und mitten in diesem allem einen Herrn und eine Dame zeigen, die (aus einer Übereinstimmung ihrer Vorlieben) anfangen, sich ein wenig ineinander zu verlieben! Wenn ich noch Raum hätte! Aber das muß alles rasch gehen, ohne trocken zu sein, und gut entwickelt, ohne ausgewalzt zu sein, und dabei muß ich mir auch noch andere Details für den weiteren Verlauf aufsparen, die hier schlagkräftiger wären. Ich werde alles mit Tempo machen und in großen Skizzen aufeinanderfolgender Einheiten vorgehen; wenn ich dann darauf zurückkomme, wird es sich vielleicht straffen. Der Satz an sich quält mich sehr. Leute von letzter Gewöhnlichkeit muß ich in Schriftsprache reden lassen, und die Glätte der Sprache nimmt dem Ausdruck so viel Bildhaftes! Immer noch, arme, liebe Louise, erzählst Du mir von Ruhm, von Zukunft, von Beifall. Dieser alte Traum hält mich nicht mehr gefangen, er hat es zu sehr getan. Ich gebe hier keine falsche Bescheidenheit vor; nein, ich glaube an nichts, und was soll es auch? Ich habe mich völlig damit abgefunden, mein Leben lang zu arbeiten wie ein Negersklave, ohne Hoffnung auf irgendeine Belohnung. Es ist ein Geschwür, das ich kratze, das ist alles. Ich habe mehr Bücher im Kopf, als ich von jetzt bis zu meinem Tod schreiben kann, bei der Gangart, die ich anschlage, vor allem. An Beschäftigung wird es mir nicht fehlen (das ist die Hauptsache). Vorausgesetzt, die Vorsehung läßt mir immer Feuer und Licht. Im letzten Jahrhundert wollten ein paar Literaten Geldforderungen von Schauspielern einen Riegel vorschieben, die in ihren Augen übertrieben waren. Man drängte Piron, der Katze die Schelle umzuhängen: »Denn schließlich sind Sie nicht gerade reich, mein armer Piron«, sagte Voltaire. »Das mag sein«, antwortete er, »aber das ist mir so verdammt egal, als ob ich es wäre.« Schöner Spruch, und in vielen Dingen dieser Welt zu befolgen, wenn man nicht dazu entschlossen ist, sich eine Kugel durch den Kopf zu jagen. Und selbst wenn man die Hypothese des Erfolgs annimmt, welche Gewißheit zieht man dann daraus? Wenn man nicht gerade ein Schwachkopf ist, stirbt man immer in der Ungewißheit seines eigenen Wertes und dem seines Werkes. Selbst Vergil wollte, als er starb, daß man die *Äneis* verbrenne. Für seinen Ruhm hätte er vielleicht gut daran getan. Wenn man sich mit seiner Umgebung vergleicht, bewundert man sich selbst; hebt man jedoch die Augen höher, zu den Meistern, zum Absoluten, zum Traum, wie man sich da verachtet! Ich habe in den letzten Tagen eine schöne Sache gelesen, nämlich das Leben Carêmes, des Kochs. Ich weiß nicht, durch welchen Gedankengang mir dieser illustre Soßenerfinder in den Sinn gekommen ist, ich habe seinen Namen in der *Biographie universelle* nachgeschlagen. Das ist wundervoll als Existenz eines enthusiastischen Künstlers; sie würde manchen Dichter neidisch machen. Hier Sätze von ihm: Als man ihm riet, seine Gesundheit zu schonen und weniger zu arbeiten, sagte er: »Die Kohle bringt uns um, aber was macht das schon? Weniger Tage und mehr Ruhm.« Und in einem seiner Bücher, in dem er gesteht, Schlemmer zu sein: »... aber ich empfand meine Berufung so sehr, daß ich nicht beim Essen stehengeblieben bin.« Dieses *nicht beim Essen stehengeblieben* ist toll bei einem Mann, dessen Kunst es war.

Wenn Du Nefftzer triffst, *sprich ihn nicht mehr* auf den Artikel an. Wir würden jetzt im Gegenteil viel darum geben, wenn er nicht erschiene (und ich glaube, unser Wunsch wird in Erfüllung gehen). Viel besser, wir haben etwas in der Hand, das wir ihnen vorwerfen können, diesen braven Herren, unseren Freunden, und können es ihnen bei Bedarf ins Gesicht schleudern; sag also kein Wort mehr darüber.

Ich glaube, die Zeitungen von Rouen werden Dich erwähnen, wenigstens haben sie es versprochen. Aber wie soll man sich auf derartige Hampelmänner verlassen!

Das Veröffentlichen, die Literaten, Paris, von all dem wird mir schlecht, wenn ich nur daran denke. Es kann gut sein, daß ich nie irgendeine Druckpresse zum *Stöhnen* bringe. Wozu also sich soviel Mühe geben? Und da liegt übrigens das Ziel nicht. Wie auch immer, wenn ich eines Tages die Füße in diesen Schlamm setze, dann so wie ich es in Kairo bei Regen gemacht habe, in russischen Lederstiefeln, die mir bis zum Bauch reichten.

Du bist es, zu der mein Denken zurückkehrt, wenn ich den

Kreis meiner Träumereien zu Ende gegangen bin; ich strecke mich aus wie ein müder Reisender im Gras der Wiese, die seine Straße säumt. Wenn ich erwache, denke ich an Dich, und tagsüber erscheint von Zeit zu Zeit Dein Bild zwischen den Sätzen, die ich suche. O meine arme, traurige Liebe, bleib mir! Ich bin so leer! Wenn ich auch viel geliebt habe, so bin ich doch wenig wiedergeliebt worden (zumindest was die Frauen angeht), und Du bist die einzige, die es mir gesagt hat. Mochten die anderen einen Moment vor Wollust geschrien oder mich als brave Mädchen eine Viertelstunde oder eine Nacht lang geliebt haben. Eine Nacht! eine Nacht, das ist doch lang, ich erinnere mich kaum daran. Nun ja, ich tue kund, daß sie unrecht hatten; ich habe mehr getaugt als manch andere. Ich nehme es ihnen um ihrer selbst willen übel, nicht davon profitiert zu haben! Diese phrasenhafte hingerissene Liebe, der *Perlmuttglanz der Wangen,* von dem Du sprichst, und das *Aufbrausen* der Zärtlichkeit, wie Corneille gesagt hätte, das hatte ich alles. Aber ich wäre verrückt geworden, wenn jemand diesen armen Schatz ohne Etikett aufgelesen hätte. Es ist also ein Glück: sonst hätte ich jetzt den Verstand verloren. Die Sonne, der Wind, der Regen haben etwas davon fortgetragen, vieles hat sich wieder unter die Erde verzogen, der Rest gehört Dir, glaub mir; er gehört ganz Dir, wirklich Dir.

Bouilhet schickt Dir demnächst zwei Stücke, die vertont werden sollen (wenn das möglich ist, woran er zweifelt). Er ist nach Hause gegangen, um sich hinzulegen. Ich bringe diesen Brief morgen selbst auf die Post. Ich muß zu einer Beerdigung nach Rouen; was für ein Strafkommando! Nicht die Beerdigung bedrückt mich, sondern der Anblick all dieser Bourgeois, die dort sein werden. Die Betrachtung des überwiegenden Teils meinesgleichen wird mir immer widerlicher, ich meine physisch. Adieu, tausend Zärtlichkeiten, tausend Liebkosungen. Wir sehen uns in Mantes, wie Du es wünschst.

Ich kusse Dich überall. Der Deine. Dein GUSTAVE.

Deutsch von Cornelia Hasting

Flauberts Dummheit

Von Julius Meier-Graefe

Der alte Théodore Duret, Manets Freund und Biograph, war noch mit vielen anderen Hauptleuten des zweiten Kaiserreichs in mehr oder weniger enge Berührung gekommen. Er besaß die meisten Schwächen und wenigstens einen Vorzug Macaulays, seltenes Erzählertalent, von dem er aber nur mündlich geeigneten Gebrauch machte. Bis zum Schluß blieb ihm das zuverlässige Gedächtnis chinesischer Analphabeten. Ich habe es immer bedauert, daß er seine Zeit mit Kunstbüchern verlor, anstatt Memoiren zu schreiben. Man brauchte nur am Nachmittag die drei Treppen zu seiner kleinen Wohnung in der Rue Vignon nahe am Boulevard hinaufzusteigen, den immer blank geputzten Messinggriff zu ziehen, der öffnenden Negerin zuzunicken und nach links den kurzen Gang zum Arbeitszimmer zu nehmen, sich hinzusetzen und einen Namen fallen zu lassen. Was Duret von dem Genannten erzählte, war nicht als Anekdote gedacht, sondern sollte seine Meinung über den Mann belegen; ein oft befremdendes Urteil. Er hatte mit Gambetta für die Republik gekämpft und widerstand in allen politischen Fragen der Torheit französischer Kleinbürger, schätzte Deutschland, haßte Klerus und Militär, war Dreyfusard und gegen Poincaré, aber gehorchte im übrigen sehr oft persönlichen Vorurteilen von erstaunlicher Enge. Namentlich Musiker und Dichter der von ihm erlebten Zeit, die unsereinem wie eine vor hundert Jahren vergangene Glanzepoche erschien, schätzte er verkehrt ein und kümmerte sich nicht um die Konsequenzen. Seine Geschichten aber waren authentisch. Sie hatten manchmal eine Pointe, die ihm selbst entging und das Gegenteil seines Standpunktes erwies; wieder ein auf Macaulay weisendes Merkmal. Immer fällt mir der Engländer ein. Fest steht, daß die Trockenheit Durets wenig meinen damaligen Vorstellungen von französischem Wesen entsprach und besser in eine englische Vorstadt gepaßt hätte, zum Beispiel nach Chelsea oder in eins der mit Gärtchen versehenen kleinen Häuser in Hammersmith an der Themse. Seine Weltanschauung hatte vom Spleen. In ihrer Mitte standen die Abneigung gegen die Napoleons, denen er die verderbliche Romantik des neueren Frankreichs zuschrieb, und sein Magenleiden. Dieses verbot ihm Exzesse, die ohnehin seinem Alter nicht angemessen waren, und hinderte ihn nicht, normal zu essen und zu trinken. Er verdankte ihm, wie er sagte, wichtige Direktiven seines Daseins. Als ihn 1871 sein Freund Courbet zur Beteiligung an der Kommune zu bewegen suchte, kam, crac, sein Magen und hielt ihn zurück. Gleich darauf war ihm in seiner Heimat, ich glaube, in der Bourgogne, ein angenehmes Mädchen guten Standes begegnet, das man grade so gut wie ein anderes hätte heiraten können. Crac, meldete sich der Magen und bewahrte ihn vor der Klippe. Er neigte dazu, sich über die Kunsthändler zu ärgern, namentlich über den X, und als die Philoxera zum zweitenmal sein ererbtes Weingut heimsuchte, war er nahe daran, außer sich zu geraten. Crac, warnte der Magen vor unbekömmlicher Erregung. Damals verkaufte er seine schöne Sammlung und begab sich auf eine Japanreise. Ein kleines Leiden, nicht zu anspruchsvoll, aber dauernd, Magen oder sonst was, grade hinreichend, um daran zu denken, empfahl er mir für die Gesundheit.

Eines Tages ließ ich den Namen Flauberts fallen, meines Abgotts. Er nannte ihn dumm. »Oh, il était bête!« – Er sagte es mit der unerschütterlichen Sicherheit Macaulays, die von Strachey mit dem Gang einer Maschine verglichen wird. Ich bezog den Vorwurf auf das praktische Leben, wo so viele großen Geister versagen. – O nein, im gewöhnlichen Dasein habe sich Flaubert schon ganz gut zu wehren verstanden, wie seine Verteidigung im Prozeß gegen »Madame Bovary« und der Verzicht auf die Ehe erwiesen. Die Dummheit belastete den Literaten. Flaubert habe nie einen eigenen Einfall gehabt. Neben Zola ein Nichts. Ohne Bücher war er aufgeschmissen. Um den geringsten Satz zu schreiben, mußte er in die Bibliothek. Die Katze da – Durets bejahrter grauer Kater, dem er regelmäßig die Krallen schnitt und der gewöhnlich neben ihm auf dem Schreibtisch saß – habe mehr

Talent. – Ich konnte mich nicht enthalten, meinen Abgott zu verteidigen, wies auf die »Education« und die »Trois Contes«, die ich auswendig wußte, zitierte Beispiele des unübertrefflichen Satzgefüges, von dem die Prosa Durets nur zu weit entfernt war. Die beanstandete und offenbar mißverstandene Akribie bestätigte die vorbildliche Sachlichkeit des Dichters. Den Kater ließ ich dahingestellt, aber wie konnte man den Schöpfer des »Julian« mit Zola in einem Atem nennen? – Duret nahm meine Begeisterung ethnographisch. Offenbar schätzten die Deutschen an Flaubert Eigenschaften, die ihrer Industrie und der Bewirtschaftung eines von der Natur spärlich bedachten Bodens zum Vorteil und zur Zierde gereichten. Oder wir nahmen ihn als Medizin gegen die bedenklichen Folgen unserer Metaphysik. Dafür mochte er ganz gut sein.

Sein ehrwürdiges Alter verbot mir, dem Ärger freien Lauf zu lassen, und ich begnügte mich, den Kater zu streicheln, dessen Fell Haare ließ. Auch Duret schwieg eine Weile. Er hatte den Kopf eines englischen Whig, gut geschnitten. An der Wand hingen seine Porträts von Manet und Whistler. Auf dem kleinen Bilde Manets aus den sechziger Jahren, das Duret später dem Petit Palais schenkte, hat er schon die trockene Verbissenheit. Es war ihm, erzählte er, so ähnlich, daß damals seine Köchin, als sie es zum ersten Male erblickte, vor Schreck das Geschirr fallen ließ. Auch damals litt er schon am Magen. Whistler hat aus ihm eine rosa angehauchte Banalität im Frack gemacht, mit einem Domino über dem Arm und ohne die Spur einer Physiognomie.

Er nickte. »Oh, il était bête. Tenez!« – Nun kam der Beleg. Flaubert und Duret treffen sich bei Turgenjeff. Dieser ist grade dabei, eine Eingabe an die Polizei aufzusetzen, zugunsten eines armen Russen, der ohne triftigen Grund aus Paris ausgewiesen werden sollte. Die Eingabe ist schon fertig bis auf eine kleine Stelle, wo der Antragsteller an die Courtoisie des Polizeipräsidenten appelliert, eigentlich nur eine Höflichkeitsformel. Soll man statt Courtoisie nicht lieber Générosité sagen? – Flaubert denkt nach. Courtoisie, hm! Générosité, hm! –

»Sie müssen verstehen«, sagte mir Duret, »es kam nicht darauf an. Noch dazu war Turgenjeff mit dem Polizeipräsidenten befreundet. Nach meiner Meinung konnte der Wisch ruhig so abgehen, aber da ich einige zwanzig Jahre jünger als Flaubert war, gehörte es sich für mich nicht, dem großen Dichter vorzugreifen.« – Flaubert nimmt das Blatt. Courtoisie passe nicht ganz, Générosité keinesfalls. Ob er nicht einen Augenblick ins Nebenzimmer gehen könne. Er werde es gleich haben. – Bitte! sagt Turgenjeff und geleitet ihn in den Speisesaal. Turgenjeff und Duret bleiben allein, und Duret erfährt die Geschichte des armen Russen, den man mit Unrecht nihilistischer Umtriebe verdächtigt; ein ganzer Roman. Der Tee kommt. Das Schicksal des armen Russen bringt Turgenjeff auf Erlebnisse ähnlicher Art, und er deckt die mannigfachen Gründe auf, die den Fanzosen, auch den gut gewillten, den Zugang zur slawischen Seele verschließen; sein Lieblingsthema. Plötzlich fällt ihm eine Einladung zum Diner ein. Er muß sich schleunigst umziehen. Wo bleibt Flaubert? He, Gustave! – Gustave kommt aus dem Nebenzimmer, das Papier in der Hand. Ich glaube, sagt er, so etwa könnte es vielleicht gehen, aber wenn du bis morgen Zeit hast, wäre mir lieber, es mit nach Hause zu nehmen. Es ist eine Kleinigkeit. Morgen mittag hast du es bestimmt. –

Der Schweiß, behauptete Duret, habe ihm auf der Stirn gestanden. »Oh, il était bête!«

Die Geschichte hat eine versteckte Pointe, an die der rauhe, den Lüsten und Qualen eines Flauberts unzugängliche Berichterstatter nicht gedacht hat, das Körnchen Wahrheit in der Blasphemie.

Dirty Story

Die Entstehung der Madame Bovary

Von Julian Barnes

Erection. Used only in reffering to monuments.
– Dictionnaire des Idées Reçues

Mit mir wird es so weit kommen, daß ich keine Zeile mehr zu schreiben wage, weil ich mich von Tag zu Tag kleiner, unbedeutender und schwächer fühle. Die Muse ist ein unberührtes Mädchen, dessen Jungfernhäutchen aus Bronze ist, und man muß schon ein Teufelskerl sein, um…
17. September 1847

Ah! Schöne friedliche Zeiten, schöne Perückenzeiten! Ihr habt im Gleichgewicht gelebt auf euren hohen Absätzen, mit euren Spazierstöckchen balancierend. Uns aber bebt der Boden unter den Füßen. Selbst wenn wir den Hebel in der Hand haben – woran sollen wir uns halten? Was uns allen fehlt, ist nicht der Stil und nicht die Flexibilität des Bogens, auch nicht die sogenannten talentierten Finger. Wir haben ein großes Orchester, eine breite Palette, vielfältige Mittel. Was die Tricks und die Schliche des Schreibens angeht, so kennen wir jede Menge, vielleicht mehr als man je zuvor gekannt hat. Nein, was uns fehlt, ist das intrinsische Prinzip, die Seele der Sache, die eigentliche Idee des Sujets. Wir machen uns Notizen, wir reisen, aber das sind erbärmliche Bemühungen. Wir werden Gelehrte, Archäologen, Historiker, Mediziner, Stümper und Leute mit Geschmack. Was soll das alles? Wo bleibt das Herz? Die Begeisterung? Der Saft? Wo anfangen und wo aufhören? Wir sind gut im Nuckeln, geben reichlich Zungenküsse, knutschen endlos herum. Aber wo bleibt das Ficken? Wo die Entladung, um das Kind zu machen? –
2. Juni 1850

Die Literatur ist eine alte Nutte, die von dreckigen Schwengeln durchgevögelt wurde. Wir müssen ihr Quecksilber und Pillen verabreichen und sie gründlich durchspülen.
27. Juni 1850

Die Angst, schlechte Arbeit abzuliefern, überkommt uns wie ein Nebel (ein schmutziger Dezembernebel, der plötzlich aufsteigt, einem die Eingeweide vereist, einem stinkend in die Nase fährt und die Augen tränen läßt), so daß wir reglos stehenbleiben, weil wir uns nicht weitertrauen. Spürst Du nicht, wie wir zu *Kritikern* werden... Uns fehlt das *Unverschämte.* So kehrt doch zurück, ihr schönen Zeiten meiner Jugend, als ich in drei Tagen ein Drama von fünf Akten hinlegte. Unsre Skrupel lassen uns wie jene armseligen Frömmler aussehen, die aus Angst vor der Hölle nicht zu leben wagen und die frühmorgens ihre Beichtväter wecken, um sich zu bezichtigen, nachts im Traum eine Fehlgeburt gehabt zu haben. Wir sollten uns nicht so viel Sorgen um das Resultat unsrer Bemühungen machen. Ficken wir, ficken wir! Wen kümmert schon das Kind, mit dem die Muse niederkommen wird! Liegt nicht das reinste Vergnügen in ihren Umarmungen?
4. September 1850

Was die Sorge angeht, die Dich so beschäftigt: daß ich mich nach meiner Rückkehr aus Ägypten langweilen könnte, da sei beruhigt. Aus dem Weltschmerzalter bin ich heraus, und ich habe einen Teil meiner selbst in dieser Phase zurückgelassen. Außerdem werde ich zu viel Arbeit haben, um mich zu langweilen. Es reift etwas Neues in mir heran. Vielleicht eine neue Art zu schreiben? In nicht allzuferner Zeit jedenfalls werde ich niederkommen. Ich möchte unbedingt herausfinden, was in mir steckt.
14. November 1850

Ich habe wirklich die Spröde gespielt, dem guten Gautier gegenüber. Nun bittet er mich schon so lange, ihm etwas von meinen Sachen zu zeigen, und dauernd verspreche ich es ihm. Erstaunlich, wie schamhaft ich damit bin. – Meine Abneigung gegen das Veröffentlichen ist im Grunde nur der Instinkt, mit dem man seinen Hintern verbirgt. Der macht einem ja ebenfalls so viel Vergnügen.
3. April 1852

Wie ich mich beglückwünsche zu meiner guten Idee, nicht zu veröffentlichen! Ich habe mir noch niemals die Hände schmutzig gemacht! Meine Muse (mag sie sich auch noch so sehr die Hüften verrenkt haben) hat sich noch nicht prostituiert, und ich habe große Lust, sie als Jungfrau krepieren zu lassen angesichts der Syphiliserreger, die überall herumschwirren.
29. Mai 1852

Ich habe den Band von Gautier gelesen: erbärmlich! Hier und da eine schöne Strophe, aber nichts Ganzes. Das ist gekünstelt, gesucht; da wird mit allen Tricks gespielt. Man spürt ein Gehirn, das Aphrodisiaka genommen hat. Erektion der üblen Art, wie die von Schwächlingen.
26. Juli 1852

Heute habe ich mich wieder an die *Bovary* gemacht … Aber es geht nur sehr langsam voran … Die Erektionen des Denkens sind wie die des Körpers; sie kommen nicht willentlich! Und dann bin ich eine Maschine, die so schwer in Gang zu setzen ist! Ich brauche so viele Vorbereitungen und so viel Zeit, um wieder in Fahrt zu kommen!
17. Februar 1853

Was meine Pläne angeht, so habe ich genug zu schreiben bis an mein Lebensende, und wenn ich auch in manchen bitteren Momenten beinahe schreien könnte vor Wut über meine Impotenz und meine Schwäche, so gibt es doch auch andere Momente, in denen ich kaum an mich halten kann vor Freude. Etwas Tiefgründiges und Ultra-Wollüstiges bricht aus mir heraus in sich überstürzenden Ergüssen, wie eine Ejakulation der Seele.
27. März 1853

Hier meine Meinung zu Deiner Zeitschriftenidee: sämtliche Zeitschriften der Welt wollten zunächst einmal tugendhaft sein. Nicht eine ist es gewesen … Man schwört sich, keusch zu sein, man ist es für einen Tag, für zwei Tage, und dann … und dann … die Natur! die sekundären Erwägungen! die Freunde! die Feinde! Muß man nicht die einen *über den grünen Klee loben,* die andern *aufs Kreuz legen?* Eine vorbildliche Zeitschrift wäre ein schönes Werk und erforderte nicht weniger als die gesamte Zeit eines genialen Mannes … Eine Zeitschrift ist eben ein Laden. Und da es nun mal einer ist, wird die Frage des Kundenfangs früher oder später alle andern dominieren. Ich weiß wohl, daß man zur Stunde nirgends publizieren kann und daß alle bestehenden Zeitschriften abscheuliche Huren sind, die sich wie Kokotten aufführen. Von der Syphilis verseucht bis in die Knochen, öffnen sie nur widerwillig die Schenkel für die unverdorbenen Schöpfungen, die die Not dahin treibt.
31. März 1853

Das Leben ist so kurz! – Ich könnte mir die Gurgel durchschneiden, wenn ich bedenke, daß ich nie so schreiben werde, wie ich möchte, oder auch nur ein Viertel von dem, was ich mir erträume. Die ganze Kraft, die man in sich spürt und die einem den Atem nimmt, muß mit dem Leben zugrunde gehen, ohne daß man sie jemals herausgelassen hat. Es ist, als ob man ficken möchte. In Gedanken hebt man sämtliche Röcke, die vorbei-

kommen. Aber nach dem fünften Mal ist kein Sperma mehr übrig. Es strömt immer noch Blut in die Eichel, aber die Geilheit bleibt im Herzen zurück.
24. August 1853

Ich muß Dich wohl lieben, daß ich Dir heute abend schreibe, denn ich bin *völlig fertig*. Mit sitzt ein Eisenhelm auf dem Schädel. Seit 2 Uhr nachmittags schreibe ich an der *Bovary* (ungefähr 25 Minuten für das Abendessen ausgenommen) ... Im Augenblick habe ich große Schmerzen in den Knien, im Rücken und im Kopf. Ich fühle mich wie ein Mann, der zuviel gefickt hat (verzeih den Ausdruck), das heißt ich bin in einem Zustand der rauschhaften Ermattung.
23. Dezember 1853

Was Deine Zeitschrift angeht, so werde ich weder in diesem noch in irgendeinem anderen Blatt schreiben. Wozu auch? Wie sollte mich das weiterbringen? Wenn es darum geht (wenn ich in Paris bin), Dir einen Artikel hinzulegen, um Dir zu helfen, herzlich gern. Was jedoch das Signieren betrifft, so sage ich nein. Nun hüte ich meine Jungfräulichkeit schon seit zwanzig Jahren. Die Öffentlichkeit wird sie unbeschadet und auf einen Schlag bekommen, oder gar nicht.
23. Januar 1854

Du hast recht, wenn Du mich einen Hypochonder nennst ... Aber wie soll ich irgendeine Art von Seelenfrieden oder Zuversicht bewahren nach all diesen inneren Schlägen (das sind die schlimmsten), die mich einer nach dem andern ereilt haben. Ist nicht jedes Buch, das ich schreibe, wie eine Syphilis, die ich mir einfange? Ich ziehe mich gerade von einem langen und schmerzhaften Koitus zuruck, mit einem schönen Schanker auf meinem Stolz. Er wird sich verhärten – und so weiter.
16. Juni 1856

In diesem Moment werde ich gedruckt. Am Donnerstag in acht Tagen, am 1. Oktober, verliere ich meine Jungfräulichkeit als unveröffentlichter Autor. Möge *Fortuna Virilis* (die in der Hochzeitsnacht die Defekte der Frau vor dem Mann verbirgt) mir wohlgesinnt sein! Und möge das geneigte Publikum an mir niemals einen Makel entdecken, einen Buckel etwa oder eine Atemwegsinfektion.

22. September 1856

Übersetzt aus dem Französischen von Cornelia Hasting und aus dem Englischen von Volker Kriegel

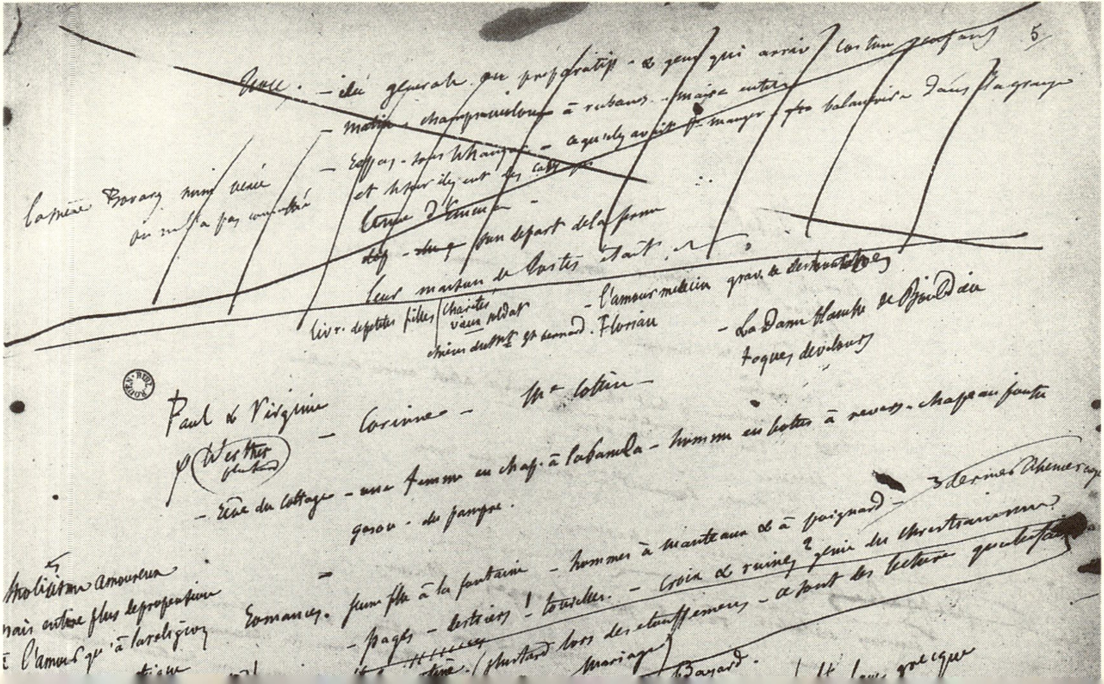

5

École. — idée générale du pensionnat — les gens qui arriv. / costume des enfants

— matin — chaperons à rubans. — maître — balançoire dans la grange

— Essays — … — ce qu'ils avaient à manger

et le soir …

La mère Bovary … ne l'a pas …

leur maison de Tostes était …

livr. de petites filles | charités / vieux soldat / chien du St Bernard. Florian — l'amour médiéval grav. de … — La Dame blanche de Boïeldieu / toques de velours

Paul et Virginie — Corinne — Mme Cottin —

Werther

— Ève du cottage — une femme en chap. à la bamba — hommes en bottes à revers — chasse au faucon

genou — du pampre.

Romances. jeune fille à la fontaine — hommes à manteau et à poignard — 3 derniers Abencérages

— pages — destriers ! — tourelles. — croix et ruines — génie du christianisme

Sensualisme amoureux / mais entre plus de proportion / l'amour qu'à la religion

mariage … Bayard.

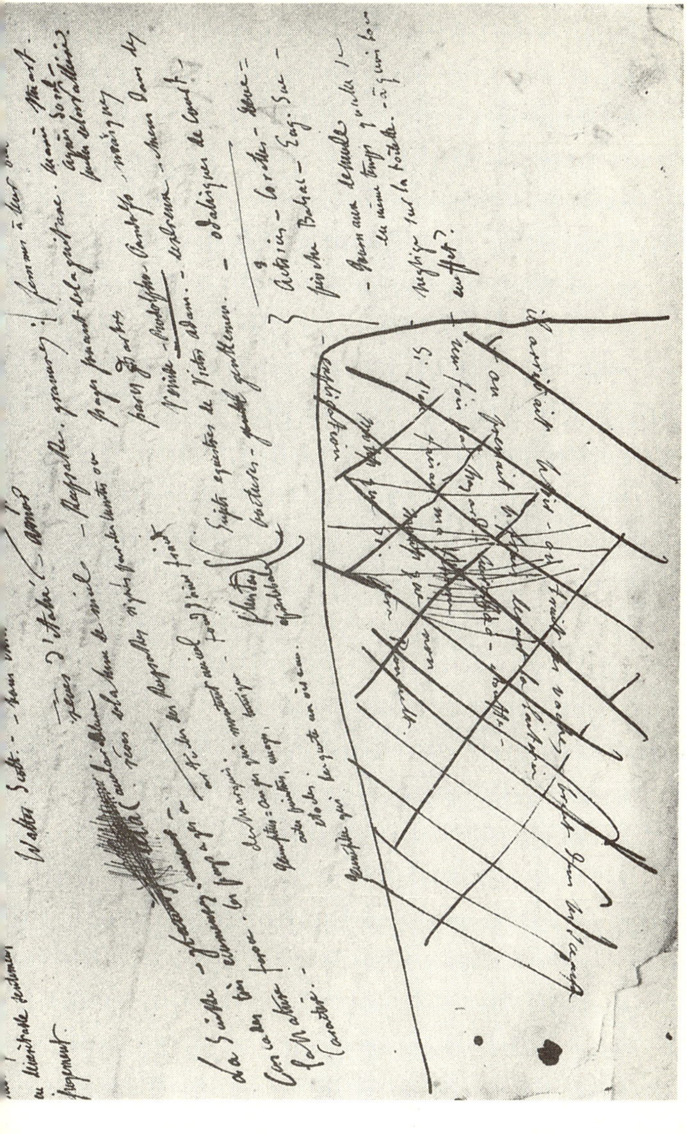

Noce. – idée générale ~~on~~ préparatifs – & gens qui arriv costum – enfans
– matin – champs – violon à rubans. – maire en tête
– repas – sous le hangar – ce qu'il y avait pr manger – ~~gra~~ balançoire dans la grange
et le soir il y eut des carr qui
tenue d'Emma –
~~dép~~ – ~~elle q~~ son départ de la ferme
leur maison de Tostes était...

la mère Bovary mine vexée
on ne l'a pas consultée

---

livr. de petites filles | Charités | vieux soldat – l'amour médecin grav. de Des~~moutiers~~/touches
chiens du Mt-St-Bernard. Florian – La Dame blanche de Boieldieu
toques de velours

Paul & Virginie
Ψ (Werther / plus tard) – Corinne – Me Cottin –
– rêve du cottage – une femme en chap. à la Pamela – homme en bottes à revers – chapeau pointu
gason. du pampre.

——

romances. jeune fille à la fontaine – hommes à manteaux & à poignard – 3 dernier Abencérage
– pages – destriers 1 – tourelles. – croix & ruines 2 génie du Christianisme.
4 Atala – Ψ Lamartine. (plus tard lors des étouffemens – ce sont des lectures qu'elle fait après son mariage)

Walter Scott. – bons chics historiques – Bayard. – l'esclave grecque
se mirant palais dans l'eau.

——

5

Catholicisme amoureux
mais en tire plus de propension
à l'amour qu'à la religion
Car n'est pas mystique
mais po-é-tique (& sensuelle plus tard)
peu de véritable sentiment & de
jugement.

La Suisse – glaciers – le lac
cascades très écumeuses. ~~amour~~ –
la nature féroce. les paysages à
Caractère. –

articles des keepsakes signés par des comtes ou
des marquis.

Jeunes filles = anges qui montent au ciel
ailes pointues, nuages, tunique – fond d'acier froid
étoiles.
Jeune fille qui becquète un oiseau.

rêves de la lune de miel – Keepsake. gravures : | femmes à leur balcon
pages jouant de la guitare. Marie Stuart.
parcs gds arbres Agnès Sorel –
Melle de la Vallière.

Venise – Rodolpho – Pandolfo – masques

plus tard
après le bal { (Sujets équestres de Victor Adam. – de Dreux – chiens dans des
voitures – ~~gentil~~ gentlemen. – odalisques de Court –

Actrices – lorettes – rêve =
pioche Balzac – Eug. Sue –

– Journaux de mode
en même temps qu'elle se
néglige sur la toilette. – à quoi bon
en effet ?

il arrivait le soir – on trait les vaches – bruit dans les sceaux
– on prenait le frais devant la laiterie
– une fois par hazard. – cuiraçao – étouffe –
– Si j'en faisais ma femme
motifs que non
motifs que si. père Rouault.
– explication

en haut – PLAN PARTIEL – la noce (→ I, chap. 4)
au milieu – NOTES ET PLAN PARTIEL – les lectures d'Emma (→ I, chap. 6)
en bas, à l'envers – SCÉNARIO PARTIEL – Charles aux Bertaux : la demande en mariage (→ I, chap. 3)

Amplitude I II III

Abréviations – carr : carrioles – dép : départ – elle q : elle quitte – gentil : gentilhommes
Lexique - keepsakes : livres-albums de l'époque romantique

Besorg mir eine Droschke

Von Gustave Flaubert

Ein Straßenjunge trieb sich auf dem Vorplatz herum. »Besorg mir eine Droschke!«

Das Kind schoß wie eine Kugel durch die Rue des Quatre-Vents davon; nun standen sie ein paar Minuten allein und ein wenig verlegen einander gegenüber.

»Ach! Léon...! Wirklich..., ich weiß nicht..., ob ich...!« Sie zierte sich. Dann sagte sie mit ernster Miene:

»Es ist sehr unschicklich, wissen Sie das?«

»Wieso?« entgegnete der Schreiber. »In Paris ist das üblich!«

Und diese Äußerung überzeugte sie, wie ein unwiderlegbares Argument.

Doch die Droschke kam nicht. Léon hatte Angst, daß Emma in die Kirche zurückginge. Endlich erschien die Droschke.

»Gehen Sie wenigstens durch das Nordportal hinaus!« rief ihnen der Schweizer zu, der auf der Schwelle stehengeblieben war, »und sehen Sie sich die *Auferstehung*, das *Jüngste Gericht*, das *Paradies*, den *König David* und die *Verdammten im Höllenfeuer* an.«

»Wohin fährt Monsieur?« fragte der Kutscher.

»Wohin Sie wollen!« sagte Léon und schob Emma in den Wagen.

Und das schwerfällige Gefährt setzte sich in Bewegung.

Es fuhr die Rue Grand-Pont hinab, überquerte die Place des Arts, den Quai Napoléon, den Pont Neuf und hielt dann vor dem Standbild Pierre Corneilles scharf an.

»Weiter!« sagte eine Stimme aus dem Innern.

Die Kutsche setzte ihre Fahrt fort und fuhr, da sie sich von der Abschüssigkeit ab der Kreuzung La Fayette forttragen ließ, in vollem Galopp in den Bahnhof hinein.

»Nein, geradeaus!« rief dieselbe Stimme.

Die Droschke verließ den umgitterten Bezirk und fuhr bald, nachdem sie auf dem Cours angelangt war, in gemächlichem

Trab in der Mitte zwischen den großen Ulmen. Der Kutscher wischte sich die Stirn, nahm seinen Lederhut zwischen die Beine und lenkte die Kutsche aus den Seitenalleen hinaus nahe an den Rasen am Ufer.

Sie fuhr entlang des Flusses auf dem mit Steinen gepflasterten Treidelweg und ein gutes Stück in Richtung Oyssel, über die Inseln hinaus.

Aber plötzlich schoß sie los, stürmte durch Quatremares, Sotteville, die Grande-Chaussée, die Rue d'Elbeuf und machte vor dem Botanischen Garten ihren dritten Halt.

»So fahren Sie doch!« rief die Stimmme noch wütender.

Sogleich nahm sie ihre Fahrt wieder auf und fuhr durch Saint-Sever, über den Quai Curandiers, über den Quai des Meules, noch einmal über die Brücke, über die Place du Champ-de-Mars und hinter den Gärten des Hospitals vorbei, wo alte Männer in schwarzen Jacken entlang einer ganz von Efeu übergrünten Terrasse in der Sonne spazierengehen. Sie fuhr den Boulevard Bouvreuil hinauf, den Boulevard Cauchoise entlang, dann den ganzen Mont-Riboudet bis zur Anhöhe von Deville.

Sie kehrte zurück; und jetzt fuhr sie, aufs Geratewohl, ohne Zweck und Ziel umher. Man sah sie in Saint-Pol, in Lescure, am Mont Gargan, auf der Rouge-Mare und auf der Place du Gaillardbois; in der Rue Maladrerie, Rue Dinanderie, vor Saint-Romain, Saint-Vivien, Saint-Maclou, Saint-Nicaise – vor dem Zollamt –, auf der Basse-Vieille-Tour, im Viertel Les Trois Pipes und am Cimetière Monumental. Von Zeit zu Zeit warf der Kutscher auf seinem Bock verzweifelte Blicke zu den Wirtshäusern hin. Er verstand nicht, was für eine Fortbewegungswut diese Personen antrieb, so daß sie gar nicht haltmachen wollten. Hin und wieder versuchte er es, und sogleich hörte er hinter sich zornige Ausrufe. Dann peitschte er noch heftiger auf seine beiden schweißbedeckten Gäule ein, ohne auf die holprige Straße zu achten, unbekümmert darum, daß er hier und da anstieß, entmutigt, den Tränen nahe vor Durst, Müdigkeit und Niedergeschlagenheit.

Und am Hafen, zwischen den Fuhrwerken und Fässern, und

auf den Straßen, an den Eckprellsteinen machten die Bürger große, erstaunte Augen beim Anblick dieser in der Provinz so außergewöhnlichen Erscheinung, einer Kutsche mit zugezogenen Vorhängen, die immer wieder vorbeifuhr, verschlossener als ein Grab und hin und her geschüttelt wie ein Schiff.

Einmal, um die Tagesmitte, auf freiem Feld, zu der Zeit, da die Sonne am stärksten auf die versilberten alten Laternen brannte, kam eine bloße Hand unter den kleinen Vorhängen aus gelbem Leinen hervor und warf Papierschnipsel hinaus, die vom Winde zerstreut wurden und ein Stück entfernt, wie weiße Schmetterlinge, auf ein Feld voller Blüten roten Klees niedersanken.

Dann, gegen sechs Uhr, hielt die Kutsche in einer Gasse des Viertels Beauvoisine an, und es entstieg ihr eine Frau, die mit herabgelassenem Schleier davonging, ohne sich umzusehen.

Deutsch von Jürgen Krug

AUGUSTE LEMOT

Um die Mitte des Tages

Von Harry Rowohlt

»A Kummererkraxn[1] aus der Ostpiefkei[2].« Das war seine erste Reaktion[3]. Doch dann hatte er sich wieder gefangen.

»Doucement, mes vieilles carnes, du calme, ô, ô, ôôôô … Et voilà!« La Suze und la Meuse schnoben zunächst aus übervollen Stutennüstern, gaben dann aber doch nach, um so mehr als Sébastien den Pflug, als wollte er ein Komma setzen, in die fettblauschwarze Krume stemmte wie ein Gehtnichtmehr.

»Voyons, voyons«, sagte er im weichen, singenden Tonfall des Pariser Beckens, »voyons.«

»Un fiacre«, murmelte er, als die Droschke kurz zum Stehen kam, »avec le soixante-quinze comme numéro d'immatriculation… Les parisiens«, fügte er fröhlich schmunzelnd hinzu, »les parisiens. Mais qu'est-ce que c'est que ça et – virgule! – quoi?«

»Bougez pas, bougez pas«, schärfte er seinen getreuen Zossinnen ein, »je crois que je vois des morceaux de papier.«

Beherrscht stapfte er chausseezu.
Papierschnipsel? Die hatte er schon immer geliebt.
Aber es waren zu viele. Es ergab keinen Sinn.

»On travaille, nous!« brüllte er, plötzlich aufbrausend, der davonstiebenden Kalesche nach, um dann doch wieder, listig innehaltend, still hinzuzufügen: »Med uns ned!«

1 *wienerisch:* Kommunistenauto
2 *wienerisch:* DDR
3 also praktisch ein Trabi

Ich trat an den Kleiderschrank

Von Norbert Eberlein

Ich trat an den Kleiderschrank im Flur, in dem ich meine Windjacke zu finden hoffte. In dem engen, dunklen Verschlag war jedoch nichts dergleichen zu ertasten. Ich wühlte, fingerte, stieg mit einem Fuß hinein, zog den anderen nach, schloß die Tür und ließ mich auf eine Sitzbank nieder.

»Sehen Sie sich die ›Auferstehung‹, das ›Jüngste Gericht‹, das ›Paradies‹, den ›König David‹ und die ›Verdammten in der Hölle‹ an!« hörte ich eine aufdringliche Stimme draußen rufen.

»Wohin fahren die Herrschaften?« fragte der Kutscher durch den schmalen Fensterschlitz, der das Wageninnere mit dem Kutschbock verband.

»Wohin Sie wollen!« erwiderte ich und schloß energisch die verschlissenen, gelben Samtvorhänge vor den Fenstern ringsum. »Oh, Léon. Sie sind furchtbar.« Es war eine erregte, dem Verstummen nahe Stimme. Ich wandte mich um. Sie trug ein Kleid aus zarter Gaze, einen schwarzen Umhang und einen Hut, dessen Schleier Augen verbarg, von denen ich sofort wußte, daß sie tiefbraun waren. Ihr Haar war schwarz und glatt, ihre Hände nicht besonders schön, dafür die Lippen voll und nervös bebend.

»Fanny… Ardant?« probierte ich überhastet.

»Léon, wir dürfen das nicht. Was ist nur in Sie gefahren? Sie sind so –« Sie unterbrach sich und atmete theatralisch. »Ist das Paris?«

Ich spürte, daß sie es gern hätte, wenn ich diesen Verdacht bestätigte. »Ja, in dieser Kutsche, hier soll unser Paris sein.« Jetzt hieß es Daumen drücken. »Oh, Madame Bovary!« Ich riß sie an mich. »Emma!«

»Léon!« imitierte sie meinen Tonfall und bot mir ihre vollen Lippen an. Ich hatte richtig getippt. Langsam legte ich meinen Mund auf ihren, und verzögert erst trafen sich unsere Zungen, wie zufällig zunächst, zurückweichend und erneut einen Vorstoß wagend. Ich wollte ihren Kopf führen, stieß, da der Wagen in diesem Moment gerade gegen einen Bordstein schlug, dabei an ihren Hut, der sich nur kurz zwischen unsere halbgeöffneten Lider schob, denn mit überraschender Behendigkeit zog Emma die Hutnadel heraus, ließ den Hut zur Seite sinken, während ihr Haar sich öffnete und in weichen Schwüngen um ihre Schultern fiel. Wie verworfen sie sein konnte, viel zu schade für diesen langweiligen Landarzt. Der Wagen kam zum Stehen und unterbrach unsere zärtliche Umarmung.

»Weiterfahren!« rief ich, wollte mich schon wieder Emma zuwenden, als ich sicherheitshalber den Vorhang leicht hob und hinaussah. Der Trottel von Kutscher fuhr nun im Galopp dem Bahnhof zu, statt, wie es wohl, selbst beim Feingefühl eines solchen Bauern, selbstverständlich gewesen wäre, die weniger verkehrsreichen Bezirke anzusteuern.

»Nein, geradeaus!« schrie ich und zupfte den Vorhang vor dem Fenster wieder so zurecht, daß kein Passant unsere Heimlichkeit verderben könnte.

Im Wageninnern herrschte ein Halbdunkel, das alles Nebensächliche auslöschte: die fettglänzende Seidenbespannung der Wagenwände, die groben Türbeschläge. Um so deutlicher war mir Emma. Wie schön sie war. Es schien, als verschmelzten die einander sonst widersprechenden, unversöhnlich zerstrittenen Glieder ihres Wesens zu ihrer einzigen Wirklichkeit. Losgelöst von allem Alltäglichen, ausgeliefert nicht länger den Vorschriften und Launen der Gesellschaft, sondern hingegeben an die Anarchie der Sinne. Dies war der Moment, da sie die großen Entwürfe ihres Lebens mit den bescheidenen Möglichkeiten, die sich ihr boten, versöhnen konnte. Alle die Gewalten, die Emma sonst planlos durch ihre Existenz trieben, von Verzweiflung in Zuversicht warfen, von Sehnsucht in Resignation, waren ins Gleichgewicht gebracht. Nie würde mir die Wirklichkeit eines anderen Menschen, fernab von zweifelhaften Selbstauskünften und ebenso zweifelhaften Interpretationen, nie würde mir die Wirklichkeit eines anderen Menschen wieder so nah sein. Ich mußte sie erkennen.

Leicht hob ich die gedehnten Schlaufen um die lederbespannten Knöpfe ihres Umhangs, der, als Emma sich zu mir beugte, sanft auf die Sitzbank glitt. Ich begann, den Verschluß ihres Kleides zu öffnen. Die oberen Knöpfe zogen den Stoff besonders stramm, doch Emma drückte die Schultern nach hinten und verschaffte meinen Bemühungen so willkommene Unterstützung. Dort, wo das Kleid aufsprang, zog ich in zarter Berührung die Linie ihrer Wirbelsäule nach, dann jedoch war bald das Fischbein des Korsetts zu fühlen. Unter heftigen Küssen knöpfte ich weiter, bis endlich die Taille erreicht war, löste mich von der Geliebten, erhob mich breitbeinig, um bei dem kräftigen Geschaukel, für das der unselige Kutscher, der plötzlich das Tempo gesteigert hatte, verantwortlich war, nicht das Gleichgewicht zu verlieren, stieß dabei aber mit dem Kopf gegen die niedrige Wagendecke, verlor meinen Zylinder und sank vor Emma in die Knie. Dabei traf mein Kinn einen Stahlreifen ihrer Krinoline, und ich verlor mich in den Volants aus weicher Gaze.

»Ich sterbe«, seufzte Emma. »Kann man nicht ein Fenster öffnen?«

Nicht in dieser Kutsche, deren Fenster wie vernagelt waren, bis auf eines, das jedoch auch nicht mehr als einen dünnen Spalt von Frische einlassen wollte. Vor uns mußte dieses Gefährt einem schwitzenden, ungewaschenen Gewürzhändler für einige Tage als Quartier gedient haben. Es stank, daß Gott erbarme. Unter kraftvollem, nervösem Zerren entledigten wir sie der fünf mit Spitzen besetzten Röcke, drangen so zur Krinoline vor, öffneten in gemeinsamer Anstrenung den Stahlriegel und zogen den gigantischen Reifrock endlich über ihre Hüften. In dem engen Gefährt konnte sie das Monstrum jedoch erst ablegen, nachdem ich mich in ihren Rücken gestellt hatte, und da nun niemand ziehen konnte, bedurfte es geduldiger Zappelei, bis das Gerüst endlich abgeworfen war. Es nahm in unserem Paradies fast die Hälfte des Innenraums ein. Ich warf mich zu ihr und wollte das Korsett aufreißen, doch sie hielt mich zurück.

»Mir ist schlecht, Léon. Lassen Sie mich zu Atem kommen.«

»Bitte! Atmen Sie«, erwiderte ich brüskiert.

Plötzlich hielt der Wagen.

»So fahren Sie doch!« schrie ich wütend. Hatte dieser Trottel denn noch nie eine *réunion privée* in seinem elenden Gefährt beherbergt?

»Wo sind wir?« seufzte Emma.

»Vor dem Botanischen Garten«, sagte ich, während der Kutscher die Fahrt wieder aufnahm. Emma strich über meine Schultern, zog mir den Gehrock aus, die Weste, und löste Hemdkragen und Halstuch von mir ab. Sie schloß die Arme um mich und ließ sich auf die schmale Sitzbank sinken, und noch in der Bewegung gelang es mir, die Knöpfe meiner Hose zu öffnen, die ich nun, während ich mit wachsender Begierde ihre Brüste liebkoste, von den Beinen strampelte, nachdem ich die Knopfstiefel unter Verlust einiger Knöpfe gegeneinander abgestreift hatte, in dem sehnlichen Wunsch, sie wären vielleicht endlich die letzten Verschalungen einer beschränkten Existenz, die ich nun der Freiheit der Sinne usw. preisgeben konnte. Doch da war immer noch die Unterwäsche der Angebeteten – und ein Stahlgerüst, das der miserablen Wagenfederung entsprechend unberechenbar durch unsere Kabine sprang. Mit offener Wut packte ich den Reifrock und zwängte ihn in den Raum, der eigentlich dem freien Spiel der Füße dient. Emma hatte dankenswerterweise inzwischen ihre drei Unterröcke wie auch die Unterhose und die entzückenden Seidenstiefeletten abgelegt. Zum Aufschnüren des Korsetts mochte sich keiner von uns mehr entschließen.

Emma war sehr erhitzt, als sie sich nun mit angewinkelten Beinen auf der schmalen Sitzbank ausstreckte, soweit es die Seitenwände der Kutsche erlaubten. Der Zauber des Moments schien sie ein wenig verlassen zu haben. Ich stand mit eingezogenem Kopf in den großen Maschen, die das Reifgerüst bot, und mit dem linken Fuß in meinem Zylinder. Erst nachdem meine Königin die linke Hand fest um die Türklinke, die rechte nicht weniger kraftvoll um die den Vorhang umwindende Kordel gelegt und somit halbwegs sicheren Halt gefunden hatte, wagte ich es, mich zu ihr zu legen, und empfand im selben Moment einen stechenden Schmerz in den Knien, die eine ungewöhnlich lange Dehnung überdauert hatten.

Es herrschte in unserem dunklen Bau eine sengende Hitze, die Sonne mußte inzwischen den Zenit erreicht haben, und der Kutscher, dem ich von Zeit zu Zeit ein anfeuerndes »Weiter« zurufen mußte, fuhr mit wachsender Rücksichtslosigkeit die ausgefahrensten Wege auf die denkbar ungeschickteste Art. Mehr als einmal wurden Emma und ich von der Sitzbank geworfen. Die Landung auf den Stahlreifen bedrohte den Zauber des Moments, bis ich endlich sitzend, die Beine über das Teufelsgerät gelegt, die Füße fest gegen die Kutschenwand gegenüber gepreßt, sicheren Halt gewann. Emma nahm auf mir Platz, konnte die Beine zwischen den Stahlverstrebungen plazieren, und schon wendete sich das Blatt. Die unseligen Erschütterungen der Fahrt steigerten unseren Genuß nun in einer Art, wie es beabsichtigte Stöße nie erreicht hätten.

Wir überließen uns ganz dem Zufall, und mit dem Abstreifen des Willens, der Absicht, des planhaften, zielgerichteten Handelns wuchs die Hemmungslosigkeit, denn die engsten Schranken unserer Existenz, die des Geistes nämlich, waren gesprengt. Emmas inbrünstige Seufzer waren Freudenschreie der Versöhnung. Es war die Leichtigkeit eines versöhnenden Familientreffens nach langen Jahren eines, im nachhinein betrachtet, völlig unbegründeten Streits. An der langen Tafel saßen sich die ängstliche und die sehnsüchtige Emma gegenüber, die Emma des Klosters und der Gosse, die des zarten Gefühls und die des heißen Begehrens, und statt lähmender Vorhaltungen wurde ein von allen Zweifeln befreites Lachen laut, ja, in ihren rhythmischen Stürzen geriet ihr Seufzen zu einem singenden Lachen. Emma. Der Kokon lichtete sich. Sie sank zu mir herab. Schweiß und Küsse und ein Schlagloch, das uns zu Boden warf. Doch es gab jetzt nichts mehr, was uns auseinanderreißen konnte. Ich drückte sie fest an mich, das Stahlgestell drückte sich nicht minder fest in meinen Rücken, so verhielten wir regungslos, tief atmend, blicklos, wartend, da endlich spürte ich nur noch unsere Säfte, die sich zu süßem Getränk verbanden.

Emma lächelte mich an. Es war vorbei. Wir waren einander Geliebte geworden. Wir setzten uns auf, und sie machte sich am Futter ihres Kleides zu schaffen.

»Was ist das für ein Brief?« fragte ich, als ich bemerkte, was sie da zutage förderte.

Sie sah mich an mit einem Blick, der nur noch leicht verwischte Spuren jenes großen Selbst aufwies, das ich eben noch in ihr gefunden hatte. Sie zerriß den Brief langsam, nahm den Vorhang beiseite und warf die Schnipsel zum schmalen Fenster hinaus.

»Was für ein Brief?« Sie lehnte sich an mich, starrte ins Leere, als wollte sie sich noch einmal erinnern an etwas, das verloren war.

Den ganzen Nachmittag blieben wir so zusammen. Dann war es Zeit, sich anzukleiden. In Beauvoisine hielt der Kutscher an und ließ Emma aussteigen, die ich unter Küssen verabschiedete. Ich gab dem Kutscher ein Zeichen weiterzufahren. Es war sechs Uhr, als ich ihn aufforderte, er möge stoppen. Ich drückte die Klinke, öffnete den Verschlag und trete aus meinem Kleiderschrank.

Vermutung, wo nicht gar Nachweis, über das in der Kutsche Vorgefallene nebst Vorgeschichte

Von Eugen Egner

Ich habe weder »Madame Bovary« gelesen, noch Madame Curie oder Flaubert persönlich gekannt (lediglich Oscar Pastior und Walter Kempowski bin ich begegnet, und beide waren – zu meinem Schmerz – nicht begeistert von mir). Aber mein Großvater (mütterlicherseits) war ein ausgesprochener Flaubert (war das der Name? Flaubert?) -Spezialist. Ich weiß noch, wie ich in den Fünfzigerjahren auf seinen Knien saß und mir Geschichten über Flauberts Haarausfall oder Flauberts Gebrüll während des Romanschreibens anhörte. Großvater hatte seine Hausschuhe Bouvard und Pécuchet getauft, seine Knie hießen irgendwie anders. Flaubert, Flaubert, Flaubert! Die dreimalige Nennung des berühmten Namens stellt einen dieses Thema allgemein betreffenden, stoßseufzerartigen Ausruf dar und soll keinesfalls bedeuten, daß mein Großvater drei Knie hatte, die alle gleich hießen. Dann hätte ich ja wohl kaum geschrieben: »Seine Knie hießen *irgendwie anders*.«

Mein Großvater, den die Eisenbahner oft, wenn er sich barfuß und bewußtlos gesoffen hatte, in die Rosenbeete des Vorgartens schmissen, hat eine ausgedehnte Korrespondenz mit Flaubert geführt, welche ich komplett geerbt habe. Lebte Flaubert noch, korrespondierte *ich* jetzt mit ihm. Und dann könnte ich ihn natürlich fragen, was da in der Kutsche los war. Ich nehme an, daß es sich bei den Papierschnipseln, die jene »bloße Hand« aus dem Wagen geworfen hat, um einen zerrissenen Brief meines Großvaters gehandelt hat. Wahrscheinlich hat Emma Bovary es als »unschicklich« betrachtet, in der Kutsche einen Brief meines Großvaters zu lesen, weil sie die Ebenen *Romanhandlung* und *Kor-*

respondenz des Autors nicht vermischt sehen wollte. Léon mag dergleichen deshalb als in Paris üblich angesehen haben, weil literarische (und andere – siehe Madame Curie!) Experimente dort an der Tagesordnung waren. Nicht von ungefähr war Paris von jeher die Stadt der Realitätszertrümmerer und -tilger.

Tags zuvor hatte Flaubert die meiste Zeit auf dem Fußboden liegend zugebracht. Seine Mutter hatte ihm zwischendurch mitgeteilt, sie dürfe ab sofort überhaupt nichts mehr essen. Am Tag der Droschkenfahrt hatte sie ihre Aussage abgemildert. Sie müsse ab sofort ihre Ernährung drastisch umstellen, hieß es jetzt. Prompt kam eine Eildepesche meines Großvaters mit dem Wortlaut: »Mutter futtert Beeren, Gemüse, Wurstkuchen und Zeugs. Hinterher ist ihr übel. Mutter, laß das!«

Flaubert fragte sich natürlich, wie mein Großvater von dem Problem seiner Mutter wissen konnte. Als er keine Antwort erhielt, fragte er meinen Großvater (das Frageschreiben befindet sich in der von mir geerbten Korrespondenz). Wer meinen Großvater nie etwas gefragt hat (vor allem brieflich), kann sich nicht vorstellen, mit was für Antworten da gerechnet werden mußte. In diesem Fall ist die Antwort nicht erhalten, und es muß stark angenommen werden, daß sie in Form von Papierschnipseln aus jener Droschke geworfen worden ist.

Rein rechnerisch kann sogar Flauberts Mutter in der Droschke gewesen sein (mit meinem Großvater?).

Mein Großvater ist mehrere Jahre nach Flauberts Tod an Langeweile oder Buchstabenvergiftung gestorben (oder an Großmutter?).

Flauberts Mutter lebt heute noch (in Leipzig) und frißt alles durcheinander.

Nur für Erwachsene

Madame Bovary im Kino

I.

Madame Bovary **(Madame Bovary) 2EE***

Amerikanischer Gesellschaftsfilm, Produktion (1949) und Verleih: Metro. Regie: Vincente Minelli. Drehbuch: Robert Audry. Musik: Niklos Rosza. Kamera: Robert Planck A.S.C. Darsteller: Jennifer Jones, Van Heflin, Louis Jourdan, Christopher Kent, James Mason. Laufzeit: 115 Minuten. Selbstkontrolle: 18.

Eine Verfilmung des gleichnamigen Romans von Gustave Flaubert. Ein armes, aber lebhaft-lebensfrohes Bauernmädchen träumt von wundervollen Märchenschicksalen, die sie sonst in Büchern liest. Die Ehe mit einem armen Landarzt, in der sie die Erfüllung ihrer Träume erhoffte, kann nur eine Kette von Enttäuschungen sein. Unbefriedigt stürzt sie sich daher in Liebesabenteuer und Luxus. Neuerliche Ernüchterungen und der finanzielle Ruin ihres Gatten treiben sie schließlich in den Tod. – Wieder eine hervorragende schauspielerische Leistung von Jennifer Jones, die überzeugend das romantisch verträumte Mädchen verkörpert, sehr eindrucksvoll auch Van Heflin als Landarzt. Die Regie hingegen vermag sich von der Romanvorlage nicht ganz loszulösen; sie reiht Szenen aneinander, anstatt einen in sich geschlossenen Film zu schaffen, tut dies aber mit Stilgefühl und Geschmack. Die inhaltliche Tendenz wird klar ausgesprochen: die Verantwortung für ein solches Schicksal trifft nicht allein die Schuldigen, sondern noch mehr bestimmte Lebensumstände, Erziehung und gesellschaftliche Voraussetzungen. Daß ein unmoralisches Leben scheitern muß, wird deutlich demonstriert. Die Gestalt der Bovary erweckt weder tiefere Sympathie noch schärfere Ablehnung, sondern eher kühles Mitleid. Der zwielichtige Eindruck, den das Geschick des immer wieder betrogenen und enttäuschten Mädchens hinterläßt, wird allerdings durch die kühle Distanz der Schilderung gemildert.

Somit ist die innere Spannung keinesfalls so stark, um wirklich ergreifen zu können; die Wirkung wird durch die Haltung einer fatalistischen Konsequenz eher eine bedrückende sein. **Ö. Kultivierte und stilvolle Verfilmung des berühmten Gesellschaftsromans von Gustave Flaubert, durch die fatalistische Konsequenz der inneren Entwicklung und des äußeren Geschehens letztlich unbefriedigend. Für Erwachsene, mit ernstem Vorbehalt. (2EE).**

**2EE = für Erwachsene mit erheblichen Einschränkungen, darum nur für urteilsfähige Erwachsene.*

Aus: Film-Dienst. Organ der katholischen Filmkommission für Deutschland, 25. 5. 1951

II.

Die nackte Bovary FR

P: Roger Fritz Filmprod. (Berlin) und Tritone Film Industria (Rom) – V: Alpha (Düsseldorf) – D: Arnulf Mann (nach dem Roman Madame Bovary von Flaubert) – R: John SCOTT – B: Edwige Fenech, Gerhard Riedmann, Peter Carsten, Monica Golec – K: Klaus von Rautenfeld – M: Hans Hammerschmidt – 95 Min. – 1969 – FSK: 18, nf.

Die Frage ist berechtigt, wer sich mehr langweilt in diesem Film, Madame Bovary als Frau eines mediokren Landarztes oder die Zuschauer als Zeugen eines mediokren Spektakels, das angeblich nach dem Roman Flauberts verfertigt ist. Die Arztfrau langweilt sich. Die Arztfrau geht auf einen Ball und fällt einem Schürzenjäger um den Hals. Die Arztfrau lernt einen Bekannten ihres Mannes kennen, reitet mit ihm ins Grüne, und als es regnet, springen sie schnell in eine Hütte, wo die Frau ihren Busen enthüllt. Die Kamera verweilt begeistert beim Busen. So geht es weiter. Das psychologische Drama wurde zur Busenschau. Auch ein Weg, Literatur zu verfilmen. Nur sollte man dann doch, wenn man derartiges im Sinn hat, gleich Courths-Mahler nehmen. Man muß ja nicht, wenn man es nicht kann und vor allem nicht will, gerade Flaubert auswählen. Nicht einmal die Landschaft stimmt in diesem Film: statt der Normandie wird eine hügelige Gegend um Rom mit Pinien im Hintergrund gezeigt.

Die Geschichte der Flaubert-Figur Madame Bovary ist Vorwand, innerhalb eines dilettantisch-grobgestrickten Filmes den laut Reklame »teuersten Busen Europas« der Edwige Fenech vorzuführen. Unnötig.

Aus: Evangelischer Filmbeobachter, 25. 10. 1969

III.

Die nackte Bovary

Farbig. Deutschland/Italien 1969. Produktion: Roger Fritz; Tritone. Verleih: Alpha. Regie: John Scott. Buch: Arnulf Mann, nach dem Roman von Gustave Flaubert. Kamera: Klaus von Rautenfeld. Musik: Hans Hammerschmidt. Darsteller: Edwige Fenech, Gerhard Riedmann, Peter Carsten, Monica Golec. 96 Min. Filmselbstkontrolle: ab 18, nicht feiertagsfrei.

Meinung des Kritikers
»Eine moderne Bovary-Verfilmung« verkündet die Werbung und geht gleichzeitig mit dem »teuersten Busen der Welt« hausieren. Nun, solchermaßen gewarnt, weiß man ohnehin, daß man das Attribut »modern« lediglich durch »Oben-ohne« zu ersetzen hat und von Gustave Flauberts gesellschaftskritischem Roman nur den Ehebruch serviert bekommt. Diese Bovary 69 ist nämlich keine Frau mehr, die gedankenlos dahinlebt, voll unbestimmter Sehnsucht nach dem Glanz der Hauptstadt und in unbestimmter Erwartung eines Ereignisses, das ihr gleichförmiges Dasein unterbrechen könnte. Emma Bovary ist ein attraktives, sexuell unbefriedigtes Weibchen. Ihr Mann, bei Flaubert ein Provinzler, der abends über seiner medizinischen Fachzeitschrift einschläft, hat sich anno 69 genauso verändert: er ist ein dummer Tölpel, bei dem man sich nur fragen kann, wie er jemals Arzt wurde. Unter diesen Voraussetzungen ist es überflüssig, sich in das Seelenleben zweier Eheleute hineinzuversetzen, wo doch alles einzig darauf abzielt, daß Madame sich freimacht. Dazu gibt der Regisseur ihr dann ausgiebig Gelegenheit. Und wenn sie am Ende nach allen Abenteuern zwar tränenden Auges über die

Flußbrücke spaziert – ins Wasser geht sie nicht. Armer Flaubert und armes Publikum, das sich die Erinnerung an Vincente Minellis großartige Verfilmung weiterhin aufbewahren sollte. Wer den urigen Peter Carstens als Verführer sieht und Gerhard Riedman als Doktor Bovary in Tours österreichisch parlieren hört, der wundert sich auch über die modernen Reithosen von Madame nicht mehr. -en

Gutachten der Kommission:
Schicksal einer lebenslustigen Arztfrau, die ihren vom Beruf über Gebühr in Anspruch genommenen Mann betrügt, aber in ihren Liebschaften stets gedemütigt wird. Neuverfilmung des bekannten gesellschaftskritischen Romans von Gustave Flaubert. In völliger Verfremdung der literarischen Vorlage wurde daraus lediglich eine auf Sex abgestimmte banale Ehebruchs-Kolportage.

Aus: Film-Dienst, 4. 11. 1969
Dank geht an den Filmjournalisten und -archivar Joachim Kreck, Wiesbaden.

REKLAME-BERATER

Viele werden Madame Bovary verdammen!

Viele werden sie beneiden! Manche werden sie verstehen!

Was sie ist – ist sie ganz!

SEHR GEEHRTER HERR THEATERBESITZER!

Der MGM-Film „Madame Bovary" läßt sich von jedem Theater und für jedes Publikum im großen Stil herausbringen. Er bietet die mannigfaltigsten Werbe-Ideen, sowohl was Titel, Inhalt und Starbesetzung als auch die einzigartige Stellung der Madame Bovary in der Literatur betrifft.

---

❶ Sprechen Sie Ihr

weibliches Publikum

an, so ist die folgende Schlagzeile am treffendsten: „Viele Frauen werden sie beneiden – nur wenige werden Madame Bovary verstehen." Diese Schlagzeile läßt sich natürlich vielseitig variieren. Als besondere Werbung können Sie mit Parfümerie-Geschäften Ihrer Stadt Schaufensterwerbung unter dem Motto: „Was verlieh Madame Bovary jenes gewisse, unwiderstehliche Etwas" arrangieren. Dekorieren Sie dazu kosmetische Artikel oder nennen Sie ein Parfüm, einen Creme „Madame Bovary". Auch in großen Modehäusern lassen sich ähnliche Werbungen durchführen, z. B. kann man durch ein Schriftband dekorative Stoffe unter dem Titel „Diese Stoffe schmeicheln selbst der Schönheit einer Madame Bovary" ausstellen. Es gibt kaum einen Damenmodeartikel, mit dem solche Gemeinschafts-Werbungen nicht durchführbar wären.

* * * * * * * * * *

❷ Wollen Sie den Film als

Sensation

aufziehen, sind Schlagzeilen in der Art „Eine Frau voller Leidenschaft", „Die Liebe dreier Männer wird ihr zum Schicksal und Verhängnis" das gegebene. Sie können in einem offenen Wagen eine verschleierte Frau durch die Stadt fahren lassen und die Neugier der Passanten durch die Aufschrift reizen: „Wer war Madame Bovary?" „Die schönste, verführerischste und geheimnisvollste Frau ihrer Zeit!" Auch folgende Schlagzeile wäre in dieser Verbindung möglich: „Dies ist die Frau, von der Sie in Ihren geheimsten Stunden träumen, Madame Bovary!"

* * * * * * * * * *

❸ Haben Sie vorwiegend

jüngeres Publikum

in Ihrem Theater, dann stellen Sie die Werbung unter das Motto: „Die verwegenste Liebesgeschichte aller Zeiten! Jennifer Jones als Madame Bovary – die verführerischste Frau ihrer Zeit!" Sehr originell wäre es auch, wenn Sie einfache Karten mit Abdruck eines roten Frauenmundes und der Aufschrift „Madame Bovary hatte den schönsten Mund von ganz Frankreich" verteilen lassen und einen Preis für den Mädchenmund aussetzen, der dem gezeigten am ähnlichsten ist. Arrangieren Sie mit den Zeitungen Ihrer Stadt Preisausschreiben unter dem Titel: „Was hat mir an Madame Bovary am besten gefallen?" und Rundfragen bei jungen Mädchen: welcher der drei Liebhaber der Madame Bovary den stärksten Eindruck hinterläßt.

* * * * * * * * * *

❹ Wollen Sie den Film als

Verfilmung des großen Romans

herausstellen, dann können Sie mit den Buchhandlungen Ihrer Stadt eine Gemeinschaftsreklame aufziehen und Schaufenster mit Buch, Plakaten und Fotos dekorieren. Die treffendsten Schlagzeilen für diese wären: Einem Mann wurde der Prozeß gemacht, weil er den Roman »Madame Bovary« geschrieben hatte". „Das Buch gilt einer Frau, die voll Temperament und Leidenschaft ist!" „Der kühnste Roman seiner Zeit, eine viel diskutierte Tragödie!" „Ein Standardwerk der Weltliteratur, ein unvergeßliches Erlebnis im Film." Sehr werbewirksam wären auch „Sandwich-Männer" mit überdimensionalen Madame-Bovary-Bändern, die durch die Straßen Ihrer Stadt gehen. Stellen Sie vor allem Ihre Zeitungspropaganda auf die literarische Vorlage des Films ab.

Frau Knopf und Herr Eiermann

Von Eckhard Henscheid

Acht Jahre lang beneideten viele Bürgersfrauen von Hanau Irene Knopf um ihr Glück. So lange bestand ihre Ehe mit dem Lehrer Dieter Knopf, seit ihrem 24. Lebensjahr, seit sieben Jahren gab es auch ein Kind mit Namen Jasmin. Viele der Hanauer Mädchen und Ehefrauen wären gern an Irene Knopfs Stelle gewesen. Mit seinen schmalen, weichen Zügen, seinem kantigen Profil, seinem kecken Schnauzer und seinen schwarzbraun verwegenen Locken war Dieter Knopf einer der hübschesten Männer der Stadt. Darüber hinaus galt er als sensible Künstlernatur, seine sanften Rehaugen schienen es zu bestätigen. Bei regionalen Kunstausstellungen war Knopf mit Kohlezeichnungen düsterer Stimmung und pessimistischen Gehalts vertreten; außerdem spielte er Gitarre und Klavier, in den ersten Ehejahren auch hin und wieder vor kleinem privaten Kreise, Lehrern, Studienräten, Hanauer Kunstsponsoren; immer wieder tauchte das Gerücht auf, Knopf arbeite sogar an einer Sinfonie, womöglich einer Hommage an Robert Schumann.

Frau Knopf hätte lange nicht zu sagen gewußt, ob daran Wahres sei. Sie wäre nicht einmal auf die Idee verfallen, Knopf danach zu fragen. Sie wußte, daß sie von dergleichen nichts verstand, sie wußte, daß es sie nicht interessierte; und vor allem war sie zu unglücklich dazu.

Und spätestens seit dem siebenten Ehejahr wußte sie auch, daß dies nicht nur nicht stimmen konnte, sondern eine ihrem Sprachvermögen gar nicht mehr ausdrückbare Lüge war.

Irene Knopf, drei Jahre jünger als Knopf, hatte die dreißig überschritten, sie war nicht klüger als mit sechzehn, aber sie war nicht länger die attraktive Blondine, die zu sein ihr bis ins achtundzwanzigste Jahr hinein das Leben erleichtert hatte. Dies war Frau Knopf nicht verborgen geblieben. Rasch hatte sie deshalb ihren »Typ« in Richtung auf »adrettes Persönchen« hin geändert, jetzt trug sie eine Art Bubikopf, der nach ihrer Überzeugung das kecke und freche Näschen besser zur Geltung brachte. Daß sie seit zwei Jahren verwelkt war, wagte sie nicht sich einzugestehen. Auch nicht, daß sie das Kind zuweilen haßte, weil es noch so hübsch, so niedlich war.

Die Familie Knopf wohnte in der Altstadt Hanaus, nicht weit vom Main, an dessen Ufern Irene und Jasmin oft spazierengingen. Sie besaß eine Vierzimmer-Eigentumswohnung, ein Hochzeitsgeschenk von Frau Knopfs Vater, im zweiten Stockwerk eines Neubaus. Den Zimmern eignete etwas Sonniges, die Möbel im skandinavischen Stil wahrten fast durchgehend helle Töne. An den Wänden hingen viele Zeichnungen Knopfs sowie sein einziges Ölgemälde, eine Jugendarbeit, eine pastos hingeworfene Moorlandschaft.

Das Kind hatte einen winzigen Vorgarten zum Ballspielen und es hatte zwei, drei Freundinnen, die ihm hin und wieder vorschwätzten, daß sie jetzt bald Fahrräder mit Zehngangschaltungen kriegten und in Urlaub nach Korfu oder Anatolien führen. Die Knopfs waren, abgesehen von einigen Wochenenden bei Jasmins Großeltern in Göttingen, seit den Flitterwochen nicht mehr verreist. Obgleich es ihnen wirtschaftlich nicht schlecht ging. Frau Knopf verdiente gelegentlich zum Gehalt ihres Gatten als Aushilfskraft in einem ADAC-Filialbüro dazu; dort hatte sie schon vor ihrer Ehe gearbeitet.

Irene Knopf war unglücklich, sie wußte aber lange nicht, wie. Seit vier Jahren war sie einerseits davon überzeugt, daß ihr Mann sie betrog, ansonsten, redete sie zu sich selber, »verstehe ich überhaupt nichts mehr« – andererseits traute sie ihm die Kraft nicht zu, die Energie. Denn sie wußte inzwischen, was außer ihr womöglich niemand auch nur ahnte: Daß dieser Ehemann und Lehrer, der, nicht zuletzt bei seinen Eltern, als weiche und verletzliche Künstlernatur galt, ein Duckmäuser und Schläfer war – hätte Frau Knopf das Wort gekannt, würde sie ihn auch als Scharlatan bezeichnet haben. Es konnte gar nicht anders sein. Denn weder griff Knopf seit Jahren je mehr zum Zeichenstift noch in die Klaviertasten noch hätte sie, Frau Knopf, je etwas beobachtet, das für die Geburt einer Sinfonie gesprochen hätte. Sondern – und merkwürdigerweise hatte Irene Knopf sich die Tatsache erst im vierten Jahr klargemacht, obgleich es wahrscheinlich, meinte sie jetzt, schon immer so war – vier Tage in der Woche sah ihr Mann fern, von Programmbeginn bis zum Sendeschluß, hingelagert in seinen verstellbaren Fernsehsessel – die restlichen drei Tage der Woche verbrachte er bei Freunden, Lehrern, in deren Wohnungen, beim Kartenspiel; so sagte er immerhin.

Tatsächlich war aber über Jahre hinweg der Gedanke an Frau Knopf vorbeigegangen, daß dies entweder Lüge sein müsse oder aber, sofern es wahr war, sich hier etwas »Nichtnormales«, so nannte sie es jetzt, ereigne. Nach einem weiteren halben Jahr entschied sich Frau Knopf für die Lüge und entschloß sich deshalb plötzlich, ja wie innerlich auftrumpfend zu der Überzeugung, ihr Mann habe eine andere, die er dreimal wöchentlich besuche, oder doch wenigstens einmal wöchentlich. Denn dreimal wöchentlich mit Lehrern Karten zu spielen, das überschritt jäh ihre Vorstellungskraft von Recht und Billigkeit; Irene Knopf ahnte auf einmal, ohne den Versuch zu machen, ihre Gefühle in Worte zu kleiden, daß ein solches Leben dem Weltenplan sträflich zuwiderliefe – vor allem im Verein mit vier weiteren Tagen Fernsehen. Und seltsamerweise rief sich Frau Knopf auch jetzt erst in Erinnerung, daß dieser Ehemann seit Jahren nur höchstens alle drei Wochen mit ihr den ehelichen Verkehr vollzog, meist stumm, als ob es ihn geniere, ja »reue«, sagte sich Frau Knopf.

Daß sie nicht mehr geliebt wurde, diese Einsicht quälte Irene Knopf kaum; noch, zu ihrem Erstaunen, irgend Eifersucht. Sehr verwirrte sie aber eine weitere Ahnung: daß ihre Familie, deren doppelte Säule ja eigentlich noch dreißig, vierzig Jahre gemeinsames Leben vor sich hatte, damit »eigentlich aus und erledigt« sei; womit sie, Irene Knopf, »einfach nicht gerechnet« hatte. Fast im gleichen Atemzug machte sich Frau Knopf klar, daß damit ferner ihr »Liebesleben« auf dieser Welt wohl beendet wäre – ob sie Knopf je geliebt hatte, diese Frage zu stellen weigerte sich zu diesem Zeitpunkt noch ihr Kopf. Nie mehr würde sie geliebt werden, das leuchtete Irene Knopf ein. So winzig irgend je Verlangen nach Liebe in ihrer Seele gelebt hatte, daß die Tür dahin ab sofort für immer zugeschlagen sein sollte, dies beunruhigte und peinigte Frau Knopf auf eine ihr bisher nicht bekannte Weise. Mehr noch aber eine sozusagen über all dem gelagerte Verwirrung: sie verwarf gleichzeitig nämlich alles wieder, die Gedankengespinste, die Überzeugung vom geheimen Liebesleben ihres Mannes. Plötzlich sich formierender und untrüglich schwörender Instinkt sagte Frau Knopf, daß dieser Mann selbst und gerade zum Ehebruch eben unfähig sei, so leicht er ihm mit Gewißheit gemacht würde. Dieser Mann, sagte sich Frau Knopf verblüfft, war sogar dazu zu feig, zu verdrückt, zu »verfault«; dies letzte Wort vor allem war es, an das Frau Knopf sich wie schadenfroh klammerte.

Knopfs Rhythmus, vier Tage fernzusehen, drei Tage auswärts Karten zu spielen, nahm seinen Fortgang. Frau Knopf aber schwankte weiter zwischen zwei fast gleich starken Überzeugungen. Ein Drittes trat ganz langsam zum Dilemma: Die Idee, das Verlangen, die Lust, in dieser seltsamen Lage ihrerseits »etwas geschehen zu lassen«, was auch immer.

Im fünften Jahr kam es zu einer Szene, bei der Irene Knopf alle ihre Kräfte zusammennahm. Gegen 18 Uhr, an einem Tag wie alle anderen, gleich nach dem Nachtessen, schaltete Knopf den Fernsehapparat ein, Frau Knopf schaltete ihn wieder aus. Sah ihren Mann an, schwimmenden Blicks, noch schöner als sonst erschien er ihr heute, es gelang ihr, in Schluchzen auszubrechen. Vier Tage in der Woche, weinte sie los, sehe er, Knopf, fern, rede nichts, lache nicht, gebe sich nicht mit ihr ab – was sie denn verbrochen habe! Drei Tage gehe er sodann Karten spielen – seit zwei Jahren sei man nicht mehr zusammen ausgewesen! Er, Knopf, heulte sie orientierungslos, liebe sie nicht mehr, habe sie wahrscheinlich nie geliebt! Sie umschlang ihn mit einem Blick, in dem ebenso viel Flehen lag wie Verwunderung, mit einem so schönen Mann verheiratet zu sein, der aber solch ein Waschlappen war – und im gleichen Augenblick spürte sie, daß sie »wahrscheinlich« Knopf nie geliebt hatte und daß ihr

Knopfs Liebe »eigentlich völlig gleich« war, vielleicht schon immer gewesen war.

Knopf sah wie geschmerzt ins Leere, in den toten Fernsehapparat. Er seufzte. Strich sich wie schwermütig über den Schnauzer. Er sagte nichts, er wußte nichts, es war fürchterlich. Frau Knopf, selber noch verstört von ihrem Ausbruch und ihren Gefühlserkenntnissen, nahm sein Schweigen trotzdem für ein gutes Zeichen und weinte leise, fast getröstet weiter. Das Kind Jasmin kam ins Wohnzimmer getippelt, auf einen Wink Knopfs hin verschwand es wieder. Jetzt sah Knopf aus dem Fenster in die klare Oktobernacht. Sie setzte sich, sah erwartungsvoll auf zu ihm. Da murmelte Knopf einige halb verständliche Worte wie »persönliche Krise« und »das geht vorbei«. Er sagte, er werde wohl ein wenig vor die Haustür gehn, um »über alles nachzudenken«, fast lautlos wurde seine Stimme. Knopf verschwand. Es war ein Kartentag. Aber schon nach einer Stunde kehrte Knopf zurück. Frau Knopf las in einem Buch. Sie vermieden es, sich anzusehen. Dann ging Frau Knopf zu Bett. Eine Weile hörte sie nichts im Wohnzimmer, dann Fernsehgeräusche, eine Sportübertragung. Lächelnd, wie schwebend über allem, schlief Irene Knopf ein. Am anderen Morgen, Knopf war schon zur Schule und hatte Jasmin mitgenommen, fand Frau Knopf auf ihrem Nachttisch ein aus Pappdeckel ausgeschnittenes Herz von der Größe eines menschlichen. Mit grünem Farbstift waren darauf die Worte »Ich liebe dich« geschrieben, die Innenwand des Herzens umsäumten rote Blümchen. Hingerissen heulte Irene Knopf auf.

Eine Woche später fand Frau Knopf ein ganz ähnliches Herz auf dem Toilettentisch, »Du bist mein alles« stand darauf geschrieben. Wochenlang war Irene Knopf fast glücklich oder glaubte doch zu spüren, wie künftiges, unverhofftes Glück heraufzog. Knopf lächelte sie mehrfach behutsam, wie beseligend an, ganz als sei seine Krise schon im Abklingen. Frau Knopf beschloß geduldig abzuwarten. Vorübergehend beschäftigte sie sich mehr mit dem Kind und gewann es fast wieder lieb. In seinen Augen suchte sie die von Knopf und himmelte sie heimlich, wie sich zu üben, an.

Indessen veränderte sich das Leben der Knopfs nicht. Vier Abende in der Woche sah Knopf schweigend und oft wie erleuchtet wissend lächelnd fern, drei verbrachte er beim Kartenspiel. Etwa alle drei Monate legte er seiner Frau ein neues Herz auf den Nachttisch, mit je leicht abgewandelten Texten: »Ich mag dich sehr«, »alles wird gut«, »ohne dich wäre ich nichts!« Zeitweise hörte Irene Knopf wieder auf sich zu wundern, auch darüber, daß der eheliche Verkehr vom sechsten Jahr an völlig unterblieb. Knopf beteiligte sich an zwei Ausstellungen des Hanauer Kunstvereins, mit je vier Blättern, Kennern fiel auf, daß sie aus seiner Examenszeit stammten. Klavier und Gitarre hatte er seit jetzt wohl drei Jahren nicht angerührt. Hin und wieder ging er nun viermal die Woche kartenspielen. Die ausgeschnittenen Pappherzen fanden sich meist nach Karten-, selten nach Fernsehabenden.

So einfältig, ja töricht Irene Knopf war, so nichtig ihre Gedankenwelt, so bedrückend der kleine Kreis ihrer Weltvorstellungen sich durch die Ehe mit Knopf noch verengt hatte, fransend zwischen Verzweiflung und Einverständnis, so erkannte sie doch jetzt in manchen Augenblicken scharf die Perfidie, die in diesen gemalten Herzen eingegraben war. Geliebt, das meinte sie jetzt ganz genau zu wissen, hatte sie ihren Mann nie, so sehr es ihr geschmeichelt hatte, der Bürgerwelt Hanaus als Traumpaar zu gelten. Geliebt hatte sie ihn sicher nie, das wußte sie – was aber war dann die Liebe? So grübelte sie, während sie, neugierig ihrem inneren Stimmengewirr lauschend, den Haushalt erledigte – und schon die Neugier schien ihr wohltätig, sensationell. Geliebt hatte sie ihn nie, sondern eher, so machte sich Irene Knopf mit der Zeit etwas klarer, die ihr wohlgefällige Tatsache des Besitzes Knopfs und der damit verbundenen »Ruhe« – nein, eigentlich auch dies nicht, sondern »halt irgendwas«, das mit ihrem »Lebenssinn« zusammenhing, sozusagen dessen »Bestätigung«. Jetzt aber spürte sie immer häufiger etwas wie Verachtung, ja, lauschte sie weiter, unleugbaren Haß. Und kaum hatte sie sich dies Gefühl eingestanden, tauchte erstmals in ihr der Gedanke an einen Freund auf, den sie sofort »Retter« und sogar

»Rächer« nannte. Ganz gleich, ob nun Knopf wirklich fremdging oder nicht, sie wußte es noch immer nicht, eigentlich und bestürzenderweise interessierte sie es auch gar nicht »als Ehefrau«, sondern allenfalls »als Detektiv« hätte sie es mit einer Art spaßigen Neugier gerne gewußt, aber eigentlich auch nicht um jeden Preis, vielleicht, begann sie zu vermuten, würde der »Entdeckung« nämlich etwas ebenso Furchtbares wie Albernes nachfolgen.

Der Gedanke eines Retters und Rächers aber nahm allmählich Konturen an. Frau Knopf sehnte sich dabei nicht so sehr nach Sensationen und Wonnen eines Unbekannten, sondern eigentlich nur nach irgendeiner »Aktion«, nach einem »Mehr« gegenüber dem jetzigen, so ahnte sie, grausigen Leben – vielleicht aber auch, sie fragte sich nicht genauer danach, witterte aber dergleichen, nach einer »Massierung«, wie sie es unausgesprochen nannte, nach einer Zerklüftung, nach einer Explosion ihres jetzigen Unglücks.

Im siebenten Ehejahr lag das Kind eine Woche lang krank. Starr und überflüssig an seinem Bettchen wachend, hoffte Frau Knopf nun plötzlich, sich durch die gesteigerte Empfindung von Mutterliebe für ihr »Gesamtunglück« zu entschädigen. Aber der kranke, nichtssagende Blick des Kindes rief nur neue Schalheit, fast Ekel hervor. Um sie zu erfreuen, schenkte Knopf der kleinen Patientin einen Papagei. Sein Körper war grün, rosa die Flügel, die Kehle golden. Man nannte ihn gemeinsam »Gustav«, sein Käfig stand einen Tag lang neben dem Krankenbett, dann wurde er ins Wohnzimmer verbracht. Das Kind mochte ihn nicht. Aber über diesen Papagei kam Irene Knopf der Einfall, Knopf müsse sie ja doch einst geliebt haben, denn sonst, sonst hätte ja dieses stumm und stumpf liegende und wahrscheinlich leidende Kind – »noch weniger Sinn«!

Der Einfall gab ihr Trost, fast freute sie sich der Heimkehr Knopfs, ihr Herz zuckte wie nach viel Kaffee – aber Knopf kam nach Hause, lächelte, wie unter Schmerzen allen verzeihend – und machte sich schlafwandlerisch wieder zum Kartenspielen fertig. Da kam es zu einer weiteren großen Szene. Frau Knopf schrie und weinte, um ein Haar hätte sie das Wort »Scheidung« herausgeschleudert. Sie wagte es aber nicht, weil ihr vor einer Scheidung noch mehr graute. Knopf, erschrocken, murmelte zuerst einiges Unverständliches, aus dem Frau Knopf einmal »Seele« heraushörte, sodann flüchtete er zu dem Kind, um es wie anklagend zu streicheln. Verstockten Blicks, als ob er sich verzagt ins Unvermeindliche füge, strich Knopf den Kartenabend, blieb am Kindsbett sitzen, sprach leise auf Jasmin ein und verzichtete aufs Fernsehen. Am nächsten Tag beschenkte er seine Frau mit einem neuen Herzen: »Schmerz adelt die Liebe«. Darunter stand klein: »Franz Grillparzer«. Frau Knopf schluchzte nicht auf, aber Wellen wild weher Hoffnung durchzischten lang ihr Herz. Ohne zu wissen warum, schämte sie sich sehr. Grundloser noch sah sie zwei Wochen lang die Zukunft in rosigen Farben.

Im achten Ehejahr rang Irene Knopf wieder energischer mit der Überzeugung, ihr Mann müsse sie »trotz allem« betrügen – denn sonst, würgte es durch Frau Knopfs Kopf, »hat das Ganze ja schon gar keinen Sinn, gar keinen!« In langen bleiernen Stunden, im Halbschlaf, Knopf lag neben ihr und ächzte ruhig, auch während des Kochens, Fernsehens, des Hausputzes malte sie sich jetzt aus, wie ihr Mann es mit einer anderen trieb. Schwer atmend, erregt, ganz Begierde war sie dann – nach was, wußte sie nicht genau zu sagen. Nach einigen erfolgreichen Versuchen fielen ihr die Visionen schwerer. Hatte sie aber wieder ein Bild zusammengezimmert, dann bebte sie vor Entzücken und flüsterte lautlos wonnig vor sich hin: »Die Sau, die Sau, die ganz elende Sau!« Und jetzt plötzlich wurde sie inne, wie heiß und flehentlich sie sich wünschte, ihr Mann möge sie betrügen, ihr Mann, »die Sau«, möge fremdgehen, »was das Zeug hält«, denn dann, sann sie inständig und fühlte darüber Frohsinn, ja fast »Lebenssinn«, »dann ist wieder irgendwas, und damit ich weiß, was ist. Ich Sau!«

Manchmal mußte sie laut auflachen, denn nun wußte sie ja auch ganz genau, daß »trotzdem« bzw. »eben darum« ihr Mann so unwillig wie unfähig zum Ehebruch sei, sie wußte es einfach – und jetzt glaubte sie auch den Grund zu kennen, aus dem ihr, worüber sie sich gelegentlich gewundert hatte, nie der Plan sich verfestigt hatte, die Sache wirklich »detektivisch« zu erforschen. »Und ich Sau«, spann Irene Knopf bebenden Herzens, süße Bosheit im Gehirn, den Faden weiter, »werde ihn also ausstechen, damit er weiß, was los ist auf der Welt!«

Und mit schwärmerischer Wollust schwor sie sich, Knopf bei nächster Gelegenheit, sobald nur irgendeine winzigste Chance sich eröffnete, zu betrügen; zu betrügen, »daß es nur so rauscht!«

»Ich habe einen Geliebten, ich habe einen Geliebten!« so flüsterte sie jetzt ein ums andere Mal vor sich hin, und die Einbildung, die ja eine vorweggenommene Wahrheit war, durchpulste sie so wonnig, als sei sie von einer zweiten Pubertät überkommen.

Die Gelegenheit kam schneller als erwartet, einen Monat vor dem achten Hochzeitstag. Zum Schulabschluß hatten Hanaus Lehrer nach längerer Pause erstmals wieder einen großen Lehrerball organisiert, einen Ball sogar mit kabarettistischen Einlagen, die ein paar jüngere Lehrer geschrieben hatten und spielten, Texte und Sketche, in denen die Lehrer vom Kultusministerium bis zur neueren Didaktik so manches auf die Schippe nahmen, zuletzt auch satirisch zum immerwährenden Lehrerstreik aufriefen, was die Stimmung unter den hundert Lehrerehepaaren im Casinosaal des Lustschlößchens Wilhelmsbad rasch entfachte.

Es war der erste Ball, den Irene Knopf seit fünf Jahren besuchte, die erste gesellige Veranstaltung. Im Garten schwärte Junihitze, Mondschein schien zu flüstern, Hauch von Jasmin strich durch den Park. Im Saal ging es bald laut und sehr animiert zu. Die Lehrer tanzten lang und ausgiebig und tummelten sich an der meist überfüllten Bar; Scherze, Anspielungen flogen hin und her. Irene Knopf hatte sich das kurze Haar etwas wachsen lassen und zu neckischen Zöpfen verflochten, das zinnoberrote Kleid, seitlich leicht geschlitzt, unterstrich das Feste und doch weich Flutende ihrer Gestalt. Schon nach zwanzig Minuten beschloß Frau Knopf, sich heute jenen Kollegen Knopfs zu angeln, der zwei Tische weiter saß und sie nach Knopf als erster zum Tanz engagiert hatte. Sie hatte ihn nicht gekannt, aber es war sofort lustig gewesen, mit ihm zur Rockmusik eine Art Tango hinzulegen, er hatte ihr einen munteren, beweglichen, fast ausgelassenen Eindruck gemacht. Er würde sicher wiederkommen, er hatte sie so knisternd um die Hüfte gefaßt, daß, dachte Frau Knopf, »es einfach etwas werden muß!«

Er kam wieder, verbeugte sich übertreibend komisch und stellte sich beim zweiten Tanze vor. Er hieß Edmund Eiermann. Ein knapp mittelgroßer, drahtiger, vollbärtiger und grundhäßlicher Mann, vermutlich genau ihres Alters. Frau Knopfs Augen suchten sofort nach seiner Frau. Es war, soweit zu sehen, eine Dicke, größer als ihr Mann. Frau Knopf und Herr Eiermann waren gleich groß. Das genügte Frau Knopf. So nahe wie irgend möglich schob sie ihren noch hübschen, nur ein wenig breiigen Leib an den von Eiermann, schon nach dem vierten Tanz erwartete sie, Eiermann würde sie, Knopf zur Schande, ins Freie schleppen, hinter die Parkbüsche, und sie unverweilt nehmen, dies wäre ihr am liebsten gewesen, »nur zu, junger Mann«, dachte Frau Knopf und freute sich, daß der häßliche Knirps ihr schon viel besser gefiel als Knopf selbst zur Verlobungszeit – indessen, Eiermann, der, wie Frau Knopf erfuhr, mit Knopf nur flüchtig bekannt war, schien zwar das Tanzen wie wahnsinnig zu genießen, machte aber noch keine Anstalten, zur Sache zu gehen. In den Tanzpausen versuchte Irene Knopf, sich wie eine längst beschlossene Sache an Eiermann schräg lehnend, ihm das Bild von Seligkeit zu bieten. Knopf bildete keine Gefahr. Meist träge lächelnd lauschte er dem würdelosen Geschwätz der Lehrer an seinem Tisch. Erstmals und hell auflachend fiel Irene Knopf das Wortspiel ein: »Knopf, du Tropf!«

Eine Stunde nach Mitternacht war Eiermann bedrohlich angetrunken. Frau Knopf wußte, würde sie jetzt nicht eilig die Initiative ergreifen, wäre Eiermann als Fehlschlag zu buchen, »die letzte Chance vertan«, redete Frau Knopf zu sich. Da umschlang sie also wie übermütig Eiermanns dürren Hals und küßte gleichsam schmelzend den schwarzen Bart unter der gelben Wange.

Flugs legte sie auch den Kopf in seine Halsgrube, schüttelte ihn, wie sich selber ernüchternd, und sprengte dann mit letzter Kraft all das Leid aus ihren Augen, das Eiermann gefügig machen sollte, das ja wirklich in ihr hauste. Sie würde ihn, Eiermann, gern morgen um 19 Uhr treffen, stieß Frau Knopf hervor, ganz leise, ob er, Eiermann, sie mit dem Auto an der Ampel beim Kindergarten erwarten könne. Endlich hatte Eiermann verstanden. Er schien erst leicht geniert, dann drückte er Frau Knopf überwältigt an den schlacksigen Leib. Die Tanzpause war zu Ende, es folgte ein Slowfox. Frau Knopf preßte die schmale Brust Eiermanns nun ihrerseits an sich, mit einem Schwall von Rührung, in der viel Selbstbewunderung lag: Sie hatte es geschafft! Welch ein unglaubliches Glück, daß Eiermanns Frau ein Trampel war! Und daß sich Knopf und Eiermann kaum kannten! Und daß sie endlich ihren hübschen Mann ausstach, »ich Sau!«

An anderen Tag ging Frau Knopf mit Jasmin am Mainufer spazieren. Wind strich durch ihr frisch gewaschenes Haar, Jasmin leierte unentwegt zwei Zeilen eines Lieds, im Geäst schliefen zehn sehr große schwarze Vögel, in Reih und Glied. Das schläfrige Geplätscher des glitzernden Flusses steigerte Frau Knopfs Beklommenheit. Immer wieder rief sie sich Eiermanns Häßlichkeit vor Augen und schämte sich vor dem Kind Jasmin. Dann redete sie sich aber ein, ja gerade deshalb etwas Heldenhaftes zu tun, »die Welt zu bluffen«, flüsterte Frau Knopf. Zuletzt beschwichtigte sie sich selber, noch sei ja »nichts entschieden, nichts entschieden.«

Das erste Rendezvous fand statt an der Peripherie Hanaus, in einer Weingroßhandlung, in deren Hinterzimmer, wie Eiermann wußte, zu jeder Tageszeit Siemens-Angestellte zum Trinken sich zusammenfanden, Kranke, Blaufeiernde – die Arbeitenden gesellten sich nach bzw. vor dem Dienst hinzu. Der Abend war noch heißer als der gestrige. Wie jeden Donnerstag war Knopf um 18.45 Uhr Kartenspielen gegangen, fünf Minuten später war Irene Knopf aus dem Haus gelaufen. Sie trug ein lindgrünes Sommerkostüm und Stöckelschuhe, beides sollte ihrer Vorstellung nach die Fleischlichkeit des Kommenden ins Aparte verzaubern. Eiermann dagegen war, vorausschauend, nicht im Staat, sondern in einer gleichsam proletarischen Freizeitkleidung erschienen, in Lederjacke, das karierte Hemd offen bis unter die Brust, die dichte dunkle Brustwolle unterstreichend. Sein Gesicht war gelb wie Wachs, die schmalen Augen freuten sich schmunzelnd. Bald legte er beide Hände auf die von Frau Knopf.

Das Rendezvous endete hinter den Büschen der Mainallee. Weil Irene Knopf in der Weinhandlung erstmals die übel zugerichteten Zähne Eiermanns genauer ins Auge gefaßt hatte, hatte sie statt des vorgesehenen einen zwei Viertel Edelzwicker getrunken. Wie sich nun beim Küssen herausstellte, überwucherte aber Eiermanns mulmiger, pelziger Mundgeruch noch immer scharf den Wein.

Gräser strömten Sommerduft, Wolken türmten sich wie feiernd. Noch während der Kopulation seufzte Eiermann: »Mit dir möchte ich meinen Lebensabend verbringen!« Sofort nachher zog er aus seiner Geldbörse ein Fünfzigpfennigstück und gab es Frau Knopf. Er beauftragte sie, ihrerseits ein Fünfzigpfennigstück zuzulegen, morgen ein Sparschwein zu kaufen und beide Münzen hineinzuwerfen – und so würden sie es künftig nach jedem Verkehr machen. Im Alter würden sie dann das Schwein aufbrechen und nachzählen. Zweimal fünfzig Pfennig, eine Mark, entspräche einem Liebesakt. Mit dem Geld, sagte Eiermann, würden sie dann »groß chinesisch essen gehen«.

Irene Knopf, leicht beschwipst, erhitzt, mit dem Gelingen des ersten Ehebruchs satt zufrieden, mußte lachen. Die Vulgarität der Idee, die sie erahnte, gefiel ihr sehr. Und die Kopulation war weniger widerlich gewesen, als sie befürchtet hatte. Ein Glockengong schlug neun, Frau Knopf sah auf ihre Uhr. Wind fauchte leis. Übrigens habe er mit Knopf früher gelegentlich Karten gespielt, fiel da Eiermann ein, jetzt nicht mehr. Der einzige gesellschaftliche Kontakt, den er pflegte, sei der zu den Jungdemokraten. Frau Knopf sagte träumerisch und legte den Kopf in Eiermanns Schoß, ihr Mann gehe schon gar zu oft Kartenspielen. Wie sich selber lauschend und den Sommergerüchen sagte sie es heiter, ohne jede Klage. Beide mußten hellauf lachen.

Eiermann zog ihren Kopf an seinen Magen. Früher, erzählte er, habe er auch gern Karten gespielt, seit aber zwei Kinder, zwei Töchter, vier und sechs, daseien, sitze er lieber zu Hause, spiele mit sich selber Schach und sehe fern.

Dann blieben ihre Augen wieder ineinander haften, sie leckten sich die Nasen und sprachen noch ein wenig. Mit jedem Wort dünkte Frau Knopf die Unterhaltung süßer. Ihr Mann war wunderbar »ausgetrickst, der Tropf«, mit jedem Ton, den Eiermann sprach, unweigerlich.

Als er sie heimchauffierte, überreichte Eiermann Frau Knopf einen Zwanzigmarkschein. Auch zu diesem solle sie, Frau Knopf – unabhängig von dem Fünfzigpfennigstück – die gleiche Summe zulegen und mit den vierzig Mark ein Kennwortkonto auf den Namen »Tannhäuser« eröffnen, gleich morgen bei der Bank für Gemeinwirtschaft. Das ergäben, Eiermann lächelte wie aus langer Hand vorbereitet und strich den Bart, im Jahr 480 Mark, in zehn Jahren 4800 Mark, in dreißig 14400 Mark. Mit dem Geld würden sie beide eine wunderbare Weltreise machen. Der Zins, erläuterte Eiermann, halte sich ungefähr mit dem Kaufkraftverlust die Waage.

Fünfhundert Meter vor der Wohnung Knopf entließ Eiermann seine Geliebte aus dem Auto. Weil sie »nichts mehr gefährden« wollte, versuchte Frau Knopf, den Abschiedsumarmungen aus dem Weg zu gehen, aber Eiermann bestand auf nachgerade ellenlangen Küssen. Zuerst würgte es Frau Knopf wieder etwas, dann aber stellte sie verblüfft fest, daß sie den pelz- und zugleich gasartigen, wein- und zigarettendunstigen Mundgeschmack Eiermanns schon gleichsam liebte. Er war wie das große gemeinsame Band, dachte Frau Knopf, »wie eine Verschwörung!«

Das Kind übernachtete bei seiner Großmutter, Knopf war vom Kartenspielen noch nicht zurück. Die menschenleere Wohnung schien Frau Knopf von der neuen Affäre wie von einem frivolen Parfüm durchtränkt. Stolz schwellte die Ehebrecherin erneut. Definitiv hatte sie es erreicht. Sie war stolz, einen Geliebten wie Herrn Eiermann zu haben, gerade, lachte sie vergnügt, weil er so viel häßlicher war als ihr Mann. Durchs offene

Fenster schwärmte Grasduft nach. Sie legte sich angekleidet auf ihr Bett, seufzte glücklich und betastete ihre Brüste, als prüfe sie, ob deren Schönheit Eiermann auf Dauer zufriedenstellen könne. Dann schlüpfte sie ins Bett. Kurz nach Mitternacht kam ihr Mann, legte sich neben sie. Da überfiel sie so gewaltiger Triumph, daß sie Mühe hatte, sich schlafend zu stellen. »Dieser schöne Mann«, sann sie, drückte die Fäuste an die Schläfen, »gehört mir, aber ich liebe ein Stinktier. Einen Iltis. Liebe ich ihn? Natürlich liebe ich ihn, den Iltis!«

Am anderen Tag eröffnete sie ein Kennwortkonto auf den Namen »Tannhäuser« und zahlte die 40 Mark ein. Dann kaufte sie ein Plastiksparschwein. Darein warf sie zweimal 50 Pfennige, schüttelte an ihm und stellte das Schwein hinter ihren Wäschestapel.

Beim nächsten Rendezvous ordnete Eiermann an, sich gleich in der Allee zu treffen. Als Frau Knopf Jasmin zu den Großeltern gebracht hatte und sich vor dem Spiegel zurechtmachte, graute ihr für Sekunden vor dem eigenen blicklosen Gesicht, gleichzeitig und mehr noch und nun doch wieder vor der Mundhöhle Eiermanns. Da hatte sie einen Einfall. Am Wasserhäuschen kaufte sie eine Flasche Rotwein, die sie ihn bitten würde, »zur Feier des Tages«, redete sie sich selber vor, vorher zu zweit zu trinken.

Es stellte sich heraus, daß Eiermann den gleichen Einfall gehabt hatte. Sanft wogte warme Luft. Sitzend und liegend in den dichten Holunderbüschen tranken sie zuerst gemeinsam eine Flasche Wein, nach der Vereinigung die zweite. Eiermann wurde davon lustig und leicht verwirrt, er nahm sie erneut. Nah rauschte der Main zerstreut. Für einige Sekunden stellte sich Frau Knopf vor, ihr Mann mache in diesem Augenblick das nämliche, dies steigerte ihr Vergnügen, dann aber sah sie ihn doch gemächlich Karten spielen. Eiermann war besser als zuvor, ruhig, stark, gar nicht mehr zapplig. Zum Abschied vertraute er ihr diesmal also zwei Fünfzigpfennigstücke an fürs Sparschwein, und im voraus 20 Mark für den nächsten Monat. Dann sprach er davon, daß er zwar vom nächsten Monat an statt der bisherigen

2790 Mark samt Kinderzuschlägen 2887 Mark herausbekomme, in acht Jahren erwarte er auch die Beförderung zum Rektor – es sei aber besser, bei den 20 Mark »für Tannhäuser« zu bleiben, denn durch den Mehrverdienst werde der Kredit für seine Eigentumswohnung rascher getilgt. Frau Knopf erstaunte sich, daß Eiermann schon so bald Rektor würde, er war doch jünger als ihr Mann. Jetzt erst stellte sich heraus, daß Eiermann 31 Jahre zählte, tatsächlich ein Jahr jünger als Frau Knopf war. Der Gedanke kitzelte sie, während ihr Eiermann den Unterschied von A12 und A13 auseinanderlegte.

Sie liebten sich den ganzen Sommer über, jeden Donnerstag zwischen 19 und 21 Uhr, spätestens um 22 Uhr wollte Frau Knopf zu Hause sein, »für alle Fälle«. Sie liebten sich in den Büschen wechselnder Alleen, einmal auch in einem Kornmännchen draußen vor der Stadt, der Duft betäubte fast Frau Knopf. Im Sparschwein klapperten inzwischen gegen 25 Mark. Der Wein, ein Liter, meist ein Doppelliter, fehlte nie. Frau Knopf wunderte sich, wie leicht alles war. Als ob Knopf zum Kartenspielen ginge, um es ihr zu ermöglichen. Indessen schien er nichts zu ahnen. Obgleich seit dem Eintreten Eiermanns in ihrer beider Leben vorerst die Herzkärtchen ausblieben. Wäre Knopf eines Tages wirklich vorzeitig vom Karten oder aber von seiner Geliebten oder von beidem, das war längst gleich, zurückgekommen, würde sie, Frau Knopf, einfach sagen, sie habe sich einer Frauengymnastikgruppe angeschlossen. Dann ging ihr der Wortwitz auf, er gefiel ihr und sie lachte: »Er ist«, sagte sie sich, »der ärmste Tropf der Welt.«

Knopf aber kam niemals früher heim.

Sie sah aus dem Fenster und beobachtete ihr Kind, wie es wohl hundertmal hintereinander den Ball in das Kellerfenster des Hauses warf. Als Frau Knopf nach einer Stunde wieder zum Fenster hinaussah, warf das Kind den Ball verbissen in das nächste Kellerfenster. Erstmals ahnte sie, wie die Dummheit in den Kindern sich fortzeugt. Sie lachte fröhlich.

Irene Knopf fühlte sich zufrieden und »gerächt«. Nein, sie liebte Eiermann nicht, vielleicht noch weniger als ihren Mann, sie fürchtete sich sogar vor dem Gedanken, ihn zu lieben, er war gar zu abscheulich. Aber »etwas« war – gab ihrem Leben Zauber. Es war ein Abenteuer. Es füllte sie mit sturer Genugtuung, daß zwar keine Leidenschaft, aber immerhin so etwas wie eine »Kriminalität« über sie gekommen war, etwas wie zartrosa und türkisgrüne Sünde, das noch tagsüber, zu jeder Zeit, selbst in ihrer Einbauküche zu flattern und zu sirren schien.

Etwa mit dem zehnten Rendezvous nannte Eiermann Frau Knopf »Natascha«, und er bat sie darum, ihn seinerseits »Lydia« zu nennen, das mache ihn scharf, gestand er ihr. Frau Knopf gehorchte, sie kopulierten unter dem fortwährenden Geflüster von »Natascha, du süße!« und »Meine, meine Lydia!« Es war für beide wunderbar. »Ich Sau«, sagte Frau Knopf zu sich selber und sog mit Augen fernhinschweifend Wein in sich, »ich mache alles!«

Ab Mitte September verlegten sie ihre Schäferstündchen in Eiermanns Auto. Es hatte Ausklappsitze. Es ging schlecht, aber es ging. Oft ließ Eiermann den Motor laufen und legte Tonband-Kassetten mit Liedern von Arik Brauer ein. Deren Komik begeisterte ihn, er sang gerne mit. Frau Knopf kannte die Brauer-Musik noch nicht, sie sagte, sie höre am liebsten Lieder von Reinhard Mey und Heller. Sie erwartete, Eiermann würde deshalb beim nächsten Mal eine Heller-Kassette mitbringen, aber Eiermann hatte dann ein Band mit elektronischer indisch-transzendentaler Musik dabei, das bringe ihn immer hoch, lachte er und umschlang Frau Knopf mit Feueratem. Das Rauschen des Indischen Ozeans, das auf dem Band zu hören war, vermählte sich mit dem leisen Stöhnen des Kiefernwaldes. Eiermann wählte meist denselben Platz, eine Lichtung in einem »Trimm-dich-Center« genannten Waldstück, in der Nähe der Autobahn.

Schon im Oktober gingen sie zu regelmäßigen drei Flaschen Wein über, sie brachten sie abwechselnd mit. Zwei leerten sie gemeinsam vor der ersten Kopulation. So dumm, so stupid, so perfid und so anspruchslos sie waren, so blieb ihnen doch die fortschreitende Schalheit ihrer Ehebrüche nicht verborgen. Sie wußten, sie hatten sich vom ersten Mal an voreinander gegraut, jetzt waren sie sich in schon kaum mehr erträglicher Weise zuwider. Sie ekelte sich vor seinen krummen, braunen, verfaulenden Zähnen und jetzt fast mehr noch vor seinem kräuselnden Vollbart; er ekelte sich eigentlich vor allem an ihr. Frau Knopf war die letzten Monate über ein kleines Doppelkinn gewachsen, die Hübschheit ihres Gesichts litt durch etwas teigig Talgiges, ihre Figur war gleichsam auflöslich geworden; alles an ihr täuschte Attraktivität nur vor, wirkte abgestanden, wie verflucht. Am meisten machte Eiermann Frau Knopfs Parfüm zu schaffen, Wolken von Tünche, doch der Lehrer wagte nicht, sie darauf anzusprechen. Er biß gleichfalls die Zähne zusammen und trank Wein, mit seiner Hilfe gelang es ihm auch, die Pickelbläschen an Frau Knopfs Oberlippe zu ertragen.

Im November spürte Frau Knopf, wie ihr Haß auf Eiermann den auf ihren Mann einzuholen begann. Sie erkannte klar, daß Eiermann ein mindestens ebenso triumphaler Dummkopf war wie Knopf, ein ebenso träger und stumpfsinniger Wicht. »Der eine spielt Karten«, dachte Frau Knopf, »und ist schön, der andere gräuslich – und hat mich.« Gleichzeitig erfüllte sie jetzt fast Bangnis, warum wohl die Pappherzen seit einem halben Jahr ausblieben – vermißte sie sie nicht auch? Wußte Knopf am Ende doch alles? Erstmals kam ihr der Gedanke, die Affäre mit Eiermann zu beenden, sofort und hingebungsvoll schwebte ihr für Stunden die Rolle der reuigen Ehefrau vor, die jetzt ausschließlich wieder leidende Frau sein wollte und tapfere Mutter. Gleich darauf, im Zuge der Kopulation mit Eiermann, Regenwind patschte gegens Autofenster und zerfaserte die Kassetten-Musik, versuchte sie sich wieder in der Vision ihres gleichfalls ehebrechenden Mannes, aber es fiel ihr dazu nichts Lustbringendes mehr ein – und jetzt haßte sie ihren Mann noch mehr, weil er nicht einmal willens und fähig war, sich »eine solche Schlampe wie mich« zur Geliebten zu nehmen, »damit«, sann sie verstockt, verbissen, »der Saustall wenigstens perfekt würde!«

Der neue Haß auf ihren Mann schlug nicht allein dahin aus, daß sie sich mit frischem Elan auf Eiermann warf, merkwürdigerweise und mit großer Sentimentalität umsalbten, gerade in

Gegenwart Eiermanns, ihre Gedanken jetzt auch wieder vermehrt das Kind Jasmin, das »arme Kind«. »Die arme Brut von zwei, drei Schweinen«, kicherte sie überrascht von ihrem Einfall, »und kann doch nichts dafür, die Brut!«

Kälte kam, umkroch das warme Liebesnest. Wenn Eiermann leicht betrunken und gut aufgelegt war, nannte er sie jetzt häufig nicht nur »Natascha«, sondern auch »Sohn«, und lachte ausgiebig zur Radiomusik. Sie verstand nicht, lachte aber auch. Dann berichtete Eiermann, er sei der neugegründeten amnesty international Hanau beigetreten, die Dritte Welt sei eine Sache, die ihn fasziniere.

Anfang Dezember hatte Irene Knopf eine Idee. Es überkam sie der Wunsch, sich erstmals mit Eiermann in einem Bett zu vereinen. In Offenbach kenne sie ein süßes Hotel, schwärmte sie dem Lehrer vor. Eiermann wurde sofort nachdenklich, fast ängstlich. Erstens könne er, gab er zu bedenken, nicht über Nacht ausbleiben, zweitens wolle er sich zu Weihnachten eine Stereo-Kompaktanlage kaufen, und die beiden Kinder sollten Langlaufskier bekommen. Es mache ihr so viel Vergnügen, bettelte Frau Knopf, wenn er sie bezahlen ließe! Und um zehn Uhr sei man wie immer fertig, versicherte sie eifrig. Eiermann war endlich einverstanden. Kurz nach 19 Uhr waren sie in Offenbach und einquartiert. Frau Knopf zahlte für das Zimmer 118 Mark, der Besitzer hatte es mit stilvollem Kunterbunt für verträumte Flitterwöchler ausstaffieren lassen. Am schönsten schienen Frau Knopf ein Gobelin mit Schäferszenen und die seidigen Bettvorhänge. Sie selber hatte außerdem einen Kerzenleuchter und eine Flasche Champagner mitgebracht. Eiermann schien alles zu behagen. Irene Knopf war glücklich. Kurz vor zehn verließen sie das Zimmer wieder. Hätte es Eiermann gewünscht, Frau Knopf wäre bedenkenlos über Nacht geblieben. Bei der Heimfahrt ärgerte sich der Lehrer, daß man das teure Zimmer nicht abgewohnt habe.

Ab sofort liebten sie sich wieder im Auto. Die Schneeflocken am Fenster wirbelten und stimulierten. Die Münzen im Sparschwein waren inzwischen auf wohl 40 Mark angewachsen; auf dem Konto »Tannhäuser« ruhten 280 Mark. Kurz vor Weihnachten hätte Irene Knopf beinahe 200 Mark »entliehen«, für einen nicht mehr geplanten Einkauf, dann aber erschien ihr das Geld wie etwas Heiliges, und sie ließ es unangetastet. Oft betrachtete sie in dieser Zeit das Schweinchen. Es sah ihr irgendwie sehr ähnlich, dachte sie und freute sich bekümmert.

Im Januar gingen, zum einen der Kälte, zum größeren Teil ihrem wieder anschwellenden Ekel gehorchend, Frau Knopf und Herr Eiermann auf Portwein über, eine Flasche pro Rendezvous. Im März setzten sie mit vier Flaschen Mosel fort; Eiermann bezog ihn neuerdings postalisch, Frau Knopfs Anteil ließ er sich ausbezahlen. Beide ahnten stumm, daß sie bald nur noch zum Trinken zusammenkommen würden. Jeder wußte um seinen Abscheu und um den des anderen, starr trank jeder jeweils vor der Vereinigung eineinhalb Liter, nachher tranken sie den Rest. Der Wein ekelte Frau Knopf jetzt auch. Die ganze restliche Woche brachte sie keinen Tropfen Alkohol hinunter.

Im April wunderte sich Frau Knopf wieder einmal über das Ausbleiben der Herzen, aber »es interessiert mich nicht«, bestätigte sie sich ruhig. Fast heiter fand sie jetzt auch den Unterschied zwischen Knopf und Eiermann heraus. Beide waren Schafsköpfe, aber Eiermann war »wenigstens ein geiler Bock!«

Mit Beginn des Mai lagen sie jetzt erneut in der Mainallee, einmal blieben sie sogar im Platzregen liegen, freuten sich ihrer Verwegenheit. Amseln lärmten. Nach der Kopulation besorgte Frau Knopf aufgekratzt eine fünfte Weinflasche, weil Eiermann fast grünlich schillerte – und um die Verruchtheit »irgendwie« zu schüren. Der Wein blähte ihre Gedanken zu fadem Einverständnis mit allem und jedem. Sie vertrug den Wein recht gut, wakkelte kaum. Wenn sie nach Hause kam, legte sie sich ins Bett, nahm Atemgold und Pfefferminztabletten, um den Geruch zu dämpfen.

Bei der vielen Flüssigkeit konnte es nicht ausbleiben, daß die geringe Lust, die Frau Knopf und Herr Eiermann einander zu schenken vermochten, zudem oft peinvoll gestört wurde durch starken Urindrang. Vergnügt nahm Frau Knopf dann wahr, wie

Eiermann sich deshalb beim Verkehr sputete. Wenn sie hinter die Büsche urinierten, mußten sie lachen, mehr noch über die im Kofferraum klappernden leeren Flaschen bei der Heimfahrt. Eiermann erzählte Frau Knopf, er werfe zu Hause das Zeug jeweils sofort in den Mülleimer, denn seine Frau habe ohnehin irgendeinen Verdacht geschöpft – obwohl sie die Geschichte mit der Donnerstags-Nachhilfestunde abkaufe, lachte Eiermann frenetisch. Frau Knopf lachte mit, überlegte aber, ob dies eine Drohung war. Sie riet, die Weinflaschen dann noch besser in des Nachbarn Mülleimer zu stecken. Prustend gab ihr Eiermann recht. So werde er es künftig halten.

Eine Woche später berichtete Eiermann, er habe Knopf bei einer Diskussion der Gewerkschaft Erziehung und Wissenschaft getroffen und sich mit ihm unterhalten. Knopf wisse von nichts, ahne nichts. Er, Eiermann, habe sogar geschickt angedeutet, er würde gerne wieder etwas Karten spielen, Donnerstagabend habe er, Eiermann, Zeit. Knopf habe geantwortet, da sei die Lehrerrunde schon voll besetzt. Frau Knopf bewunderte Eiermanns Klugheit und Kühnheit. Entflammt kraulten sie einander.

In diesem Frühjahr wollte sie ihn weniger denn je wieder aufgeben. Wenn er sein Glied in sie zwang, quietschte sie unverzüglich auf, wie um Verschworenheit durch dick und dünn zu sanktionieren. Erträglicher als das Küssen, das sie jetzt fast gänzlich mieden, war, so entdeckten sie erst jetzt und spät, das wechselseitige Ohrenbeißen, welches ihnen eine eigentümliche »Freude am Bösen« verschaffte, so legte es sich immerhin Frau Knopf zurecht. Nur ein einziges Mal in dieser Zeit küßten, ja bissen sie sich leidenschaftlich auf und in die Münder: Als nämlich Eiermann davon gesprochen hatte, er sei ja kein Idiot und lasse sich scheiden, aber sie beide, Frau Knopf und er, gehörten ewig zusammen. In jedem Falle würden sie die Weltreise machen, und wenn er, Eiermann, seinen »dicken Drachen zuvor erdrosseln« müßte. Frau Knopf lachte entzückt, und Eiermann nannte als denkbare Ziele Indien, Ceylon, Mexiko und sogar China.

Grün schoß auf und prunkte üppig, mondlichtkrause Buchenkronen. Noch im Mai versuchten sie sich erstmals an der französischen Methode, auf Eiermanns Rat hin sollten sie dabei einander »Chérie!« zuflüstern. Der Coup mißlang. Einerseits war es wie eine kleine Erlösung, einander fern von den Mündern zu sein – andererseits rochen ihre Geschlechtsteile, wiewohl frisch gewaschen, nicht genügend appetitlich. So daß auch diese Hoffnung rasch verglomm, umschlug in Wut und Starrsinn. Inzwischen lagen 400 Mark auf der Bank; im Sparschwein schepperten nach Eiermanns Überschlag 55 weitere.

Fliegen summten, Donner grollte. Im Juni war Frau Knopf erstmals felsenfest davon überzeugt, daß sie Eiermann liebe, ja ihm verfallen sei. Sie ärgerte sich, daß Knopf nichts davon wußte. Vierzehn Tage später wußte Frau Knopf, daß nur eins noch ihr auf dieser Welt gefiel: Nicht Eiermann, nicht Knopf, nicht ihr Kind, nicht ihr Leben. Sondern ausschließlich das Klappern der drei, vier, fünf Weinflaschen in Eiermanns Kofferraum, wenn er sie nach Hause fuhr. Und daß dies so war, dies »Verratzte«, gefiel ihr gleich noch besser. Nahe rieselte der Fluß. Frau Knopf fühlte sich so ausgelassen, daß sie sich plötzlich vorstellen konnte, sie würde ihr Kind mit einem großen Schwups in den Main befördern, »blubblubblubb!« lachte sie und fiel Eiermann begeistert um den Hals.

Am 28. August, vierzehn Monate nach Beginn ihrer Affäre mit Eiermann, kam Frau Knopf schwer angesäuselt von einer Kopulation im Stadtwald nach Hause. Sie sah Licht im Wohnzimmer. Sie hatte keine Angst, wurde aber wütend. Sollte er doch etwas wissen, alles wissen, dachte sie sehr unscharf, dieser Lehrerschafskopf! Vor dem laufenden Fernseher saß Dieter Knopf. Auf dem Wohnzimmertisch stand ein dicker Strauß roter Rosen, darunter war ein pfannengroßes Herz gelegt: »Verzeih mir! Ich liebe, liebe dich!«

Irene Knopf spürte noch, wie eine Fuhre Röte, Hitze, Kälte über Kopf und Körper schwallte. Ein Blitz von Mordlust fuhr ihr vor die Augen, etwas zerbarst in Splitter. Sie packte die Rosenvase und schleuderte sie Knopf zu Füßen. Knopf sah verwundert auf, wie leicht enttäuscht, belästigt. Frau Knopf hob keuchend die Vase wieder hoch und warf sie ins Glas der Vitrine. Dann packte sie die Schumann-Büste auf dem Klavier, schmetterte sie gegen die Wand, sie blieb dabei heil, dann aus dem offenen Fenster auf die Straße. Mit knirschenden Zähnen ging sie auf Knopf los, dieser hatte sich erhoben und den Fernsehapparat leis gestellt. Der Lehrer schaute überrascht, als sie ihn gegens Schienbein trat. Das Kind Jamsin erschien im Schlafanzug; »Gustav«, der Papagei, kreischte rauh, fuhr in seinem Käfig panisch, epileptisch auf und nieder. Ehe Knopf eingreifen konnte, warf seine Frau die Gitarre aus dem Fenster. Dann versuchte sie das Klavier umzukippen, es gelang ihr nicht. Jetzt fing auch das Kind zu schreien an, dann schrie Frau Knopf: »Ich will, daß alles kaputt ist! Alles!« Und wischte das Grammophon von seinem Tischchen. Und Platten, Bücher, Zeitschriften aus dem Fenster. Erst als sie sein Ölgemälde von der Wand riß, schritt Knopf wie zögernd ein und hielt sie bebend fest. Sie schrie, er schwieg. Es dauerte, bis er sie ins Schlafzimmer gesperrt und abgeschlossen hatte. Knopf verständigte die Polizei, Frau Knopf und der Papagei zeterten weiter. Das Kind weinte und klammerte sich an seinen Vater.

Der Notfalldienst holte Frau Knopf ab, in akutem Erregungszustand. Sie brüllte, sie wolle entmündigt werden. Aber ihr Kind behalten. Dann, recht leicht, ließ sie sich willig stumm aus ihrer Wohnung schleppen. Weil Gefahr für die Patientin und ihre Umwelt bestand, ordnete Stunden später der Staatsanwalt aufgrund eines ärztlichen Gutachtens die sofortige Unterbringung in der Nervenheilanstalt Köppern an.

Dort starb Frau Knopf nach einem halben Jahr. Der Tod hatte nach Ansicht der Ärzte mit der Panik, die zu ihrer Einlieferung geführt hatte, nur mittelbar zu tun. Er trat ein durch zentrales Versagen infolge einer Mangeldurchblutung des Atemzentrums. Dies hatte zu einer Versteifung des gesamten Bewegungsapparats geführt. Begraben wurde Frau Knopf in Hanau. Ein Jahr später heiratete Knopf eine jüngere Lehrerin. Das Kind Jasmin bekam ein Schwesterchen.

Etwa zur gleichen Zeit löste Herr Eiermann, der es vorgezogen hatte, der Beerdigung fernzubleiben, kraft eines von ihm und Frau Knopf gemeinsam unterzeichneten Schriftstücks das Konto »Tannhäuser« auf, transferierte die 560 Mark auf sein Urlaubs-Sonderkonto und musterte vorsichtig den Bankangestellten, ob dieser Zeichen von Befremden zeige. Der Mann schien ahnungslos, oder aber sehr verschwiegen. Seit langem überlegte Eiermann, ob Frau Knopf wohl irgend Schriftliches hinterlassen haben mochte, ein Tagebuch oder dergleichen, das seinen kleinen Schwindel auffliegen lassen könnte. Als nichts geschah, entschloß sich Herr Eiermann, auf die Sparschweinbüchse gern zu verzichten.

Gustave an Louise (5)

Von Gustave Flaubert

[Croisset,] Freitag abend, nachts halb eins.
[28. Oktober 1853]

Ich habe eine traurige Woche verbracht, nicht der Arbeit wegen, aber was Dich betrifft, wegen Dir, der Vorstellung von Dir. – Ich sage Dir weiter unten, welche persönlichen Überlegungen dabei herausgekommen sind. Du glaubst, ich liebte Dich nicht, arme, liebe Louise, und Du sagst Dir, Du seiest in meinem Leben eine zweitrangige Liebesbeziehung. Ich habe jedoch kaum eine Beziehung zu einem Menschen, die über diese hinausginge. Und was die Beziehung zu Frauen anbelangt, schwöre ich Dir, daß Du die erste, die einzige bist, und ich versichere noch mehr: daß ich eine vergleichbare nie gehabt habe, weder eine so lange, noch eine so zärtliche, noch eine so tiefe vor allem. – Was die Frage meines sofortigen Umzugs nach Paris angeht, so muß sie vertagt werden, oder vielmehr auf der Stelle gelöst. *Zur Zeit* ist mir das *unmöglich* (und ich rechne dabei nicht das Geld, das ich nicht habe und das man braucht). – Ich kenne mich, der Winter wäre verloren, und vielleicht das ganze Buch. B(ouilhet) hat leicht reden, er, der es zu seinem Glück gewohnt ist, überall zu schreiben, der seit zwölf Jahren bei fortwährender Störung arbeitet; für mich jedoch heißt das, ein ganz neues Leben anfangen. Ich bin wie die Milchnäpfe: damit die Sahne sich absetzt, muß man sie in Ruhe lassen. Ich sage Dir indessen nochmals: wenn Du *willst*, daß ich komme, jetzt, sofort, für einen Monat, zwei Monate, vier Monate, koste es, was es wolle, so komme ich. Sei's drum! Wenn nicht, hier meine Pläne, und was ich ausgebrütet habe. Von jetzt an bis zum Abschluß der *Bovary* werde ich Dich häufiger besuchen. 8 Tage alle zwei Monate, ohne eine Woche zu versäumen. Ausgenommen dieses Mal, wo Du mich erst Ende Januar wiedersehen wirst (um diese Zeit hoffe ich endlich, mit meiner Liebesszene fertig zu sein). So sehen wir uns dann im April, im

Juni, im September, und in einem Jahr bin ich schon fast am Schluß.

Ich habe über all das mit meiner Mutter gesprochen. Mach ihr keine Vorwürfe (auch nicht in Deinem Herzen), denn sie ist eher *auf Deiner Seite.* Ich habe mich finanziell mit ihr geeinigt, und sie wird dieses Jahr alles Nötige für meine Möbel veranlassen, für meine Wäsche etc. Ich habe mir einen Diener gesucht, den ich mit nach Paris nehmen werde. – Du siehst also, es ist ein *unerschütterlicher Beschluß,* und wenn ich nicht nach ungefähr 300 Seiten krepiert bin, wirst Du mich *in Paris etabliert sehen.* Aus meinem Arbeitszimmer werde ich nichts mitnehmen, denn dort werde ich immer am besten schreiben und schließlich auch die meiste Zeit verbringen, wegen meiner Mutter, die alt wird. – Aber sei unbesorgt, ich werde da unten *aufgepflanzt* sein, und zwar richtig.

Weiß du, wozu mich die Melancholie über dies alles gebracht hat, was sie mich wünschen läßt? Auf immer und ewig die ganze Literatur hinzuschmeißen, überhaupt nichts mehr zu machen und mit Dir zu leben, in Dir, und meinen Kopf zwischen Deine Brüste zu legen, anstatt ihn mir unentwegt zu masturbieren, daß Sätze herausspritzen. Ich habe mir gesagt: ist die Kunst so viel Plackerei wert, so viel Überdruß für mich, so viel Tränen für sie? Wozu so viel schmerzhaftes Aufstauen, um schließlich im Mittelmäßigen zu enden? Denn ich gestehe Dir, daß ich nicht gerade vergnügt bin. Ich habe manchmal traurige Zweifel an Mann und Werk, an diesem Werk wie an den anderen. Ich habe *November* noch einmal gelesen, am Mittwoch, aus Neugier! Ich war vor elf Jahren wohl derselbe Sonderling wie heute! (bis auf Weniges zumindest; so nehme ich zunächst eine große Bewunderung für die Huren davon aus, die ich nur noch theoretisch habe und die damals praktisch war). Es ist mir ganz neu vorgekommen, so sehr hatte ich es vergessen. Aber es ist nicht gut. Es gibt da Ungeheuerlichkeiten von schlechtem Geschmack, und das Ganze ist, kurz gesagt, unbefriedigend. Ich sehe nicht eine Möglichkeit, es umzuschreiben, man müßte alles neu machen. – Hier und da ein guter Satz, ein schöner Vergleich, aber kein *Gewebe von Stil.*

Daraus folgt: *November* wird den Weg der *Education sentimentale* gehen und mit ihr für immer in meiner Mappe bleiben. Ah! welch feine Nase hatte ich in meiner Jugend, es nicht zu veröffentlichen! Wie würde ich jetzt schamrot darüber anlaufen!

Ich bin dabei, einen monumentalen Brief an das Krokodil zu schreiben. Beeil Dich und schick mir Deinen. Denn nun hat meine Mutter schon seit Tagen ihren an Madame Farmer geschrieben und liegt mir damit in den Ohren, ihr meinen zu geben, damit er auf den Weg kommt.

Ich lese wieder Montaigne. Es ist merkwürdig, wie ich von diesem guten Mann erfüllt bin! Ist das ein Zufall, oder hängt es damit zusammen, daß ich mich mit achtzehn ein ganzes Jahr lang damit vollgestopft habe, nichts anderes las *als ihn*? Aber ich bin verblüfft, wenn ich entdecke, wie sehr die Analyse aus meinen geringsten Gefühlen hergeleitet ist! Wir haben denselben Geschmack, dieselben Ansichten, dieselbe Art zu leben, dieselben Manien. – Es gibt Leute, die ich mehr bewundere als ihn, aber keinen, den ich lieber wachrufen und mit dem ich besser plaudern würde.

Die Liebe von Mademoiselle Chéron berührt mich nicht besonders. Sie ist zu häßlich, das gute Mädchen! Wenn man eine Nase hat wie sie, sollte man nur an drohende Erkältungen denken und nicht an Liebhaber. Und außerdem wirkt diese Mutter, die sie *zur Liebe ermuntert,* idiotisch auf mich. Entzückend, das Ganze! aber was dann? Kann Leconte sie heiraten? Und wenn er endlich, ihrer überdrüssig, die Schwäche hatte, mit ihr zu schlafen, glaubst Du nicht, daß er sie dann sehr vortrefflich sitzenließe? Welch gräßliches Dasein würde er sich bereiten, der Unglückliche! Aber ich schätze ihn zu sehr, um ihn nicht von vornherein für gefeit zu halten gegen die Reize dieser Leidgeprüften.

Was Papa Babinet betrifft (»Du siehst wohl, daß es das erste Gebot der Menschlichkeit ist etc.« schreibst Du mir), so ist das bei ihm ganz einfach ein Hurenleben. Wenn er sagt: Ich brauche eine Frau, meint er, eine *schöne Frau,* und wenn ein netter Kerl ihm nur eine Partie bei den *Flöhen* oder bei Mama Guérin bezahlen wollte, so würde diese geplagte Seele unverzüglich die Hosen herunterlassen. – Also, verwechseln wir nicht die Gattungen. Die Männer seines Alters und seiner Zeit sind überhaupt nicht heikel, und wenn sie etwas anderes suchen als Dirnen, dann weil Dirnen bei den Alten nicht gerade gefällig sind. Präg Dir das gut ein. Die Sentimentalitäten der Alten (Villemain etc.) haben keine andere Ursache als die mürrische Miene der Nutten bei ihrem Anblick. – Du glaubst, sie suchen die Liebe? Gar nicht, sie vermeiden nur eine Demütigung und versuchen den offensichtlichen Beweis ihres Alters oder ihrer Häßlichkeit weit von sich zu weisen.

Leconte hat Bouilhet auf eine Idee gebracht, die mir gefällt (all seine Gedichte in einem Band zu veröffentlichen). Ich mag das, wegen seiner Freimütigkeit und seiner Kühnheit. – Er ist großartig, dieser Junge (Leconte), und ich halte ihn einer Niedertracht ebensowenig für fähig wie einer Plattheit.

Adieu, tausend zärtliche Küsse. In 5 oder 6 Tagen werde ich an meinem Fixpunkt sein. Ich warte dann noch auf Bouilhet, bevor ich losfahre. Ich glaube, das ist Mitte der nächsten Woche. *Ich brüte eine Erkältung aus,* mir piekt die Nase. Nochmals der Deine.

Dein G.

Louise Colet hat auf dem Umschlag dieses Briefes vermerkt: »...ich werde arbeiten, und mit dem Herzen mag werden, was will – noch ein Jahr! Ich sehe es wohl, immer wirst Du das Gefühl der Kunst unterordnen, und das ist vielleicht nicht gerade das Mittel, Gefühl in die Kunst zu bringen – Delis(le): eisig in bezug auf Chéron – bin nicht so blöd zu glauben, daß B(abinet) und V(illemain) körperlich erregt sind; ewige Frage des Fleisches und nicht der Liebe – ständig Du in all diesen Zusammenhängen, die..., als ob...«

Deutsch von Cornelia Hasting

Allseits akzeptierte Ansichten, alphabetisch aufgelistet anhand angelsächsischer Ausdrücke

Von Julian Barnes

Accepted idea. Akzeptierte Idee. Übernommene Ansicht, Binsenwahrheit, modische Banalität.

Bouvard et Pécuchet. Flauberts letzter Roman. Unvollendet. Veröffentlicht ein Jahr nach seinem Tod. Die Geschichte zweier Schreiber, die sich anschicken, die Welt zu verstehen und das Leben zu meistern. Sie scheitern in jeder Beziehung und kommen schließlich auf das zurück, was sie am besten können: kopieren.

Copie. Es war Flauberts Plan, der eigentlichen Romanhandlung noch einen zweiten Band folgen zu lassen. Dieser Band sollte die *Copie* der beiden Schreiber enthalten: eine gewaltige Materialsammlung sonderbarer und beispielhafter Dummheiten, einschließlich des Wörterbuchs der übernommenen Ideen.

Du Camp, Maxime. Flauberts Freund. In seinen Erinnerungen teilt er uns mit, das Wörterbuch sei eines der frühesten Projekte Flauberts gewesen. Er habe darüber schon im Alter von zwanzig Jahren gesprochen. Als es zum ersten Mal in der Korrespondenz auftaucht – 1850 in einem Brief aus Damaskus an Louis Bouilhet –, da handelt es sich bereits um eine ausgereifte Idee.

Erection. Zwei Jahre nach seinem Brief an Bouilhet gibt Flaubert Louise Colet eine genauere Beschreibung des Projektes. Beginnen sollte es mit einem großangelegten ironischen Vorwort, mit »der historischen Glorifizierung all dessen, was allgemein als richtig gilt«. Danach sollte das Wörterbuch kommen. Es würde in alphabetischer Reihenfolge alle möglichen Themen beinhalten, *alles, was man so sagen würde als anständiges und liebenswürdiges Mitglied der Gesellschaft.* Er übersendet Louise ein halbes Dutzend Beispiele für die Eintragungen. Darunter auch das Stichwort »Erektion«, dessen Definition über die nächsten dreißig Jahre unverändert blieb.

Flaubert, Gustave. Geboren 1821 in Rouen, gestorben 1880 in Croisset. Ein Genie.

Genius. »An der Genialität gibt es nichts zu bewundern. Es handelt sich um eine Neurose.«

Human Stupidity. Flaubert sagte: »Der Untertitel von Bouvard et Pécuchet könnte lauten ›Die Enzyklopädie der menschlichen Dummheit‹. Dieses Unterfangen macht mich fertig. Mein Thema wird zum Teil meiner selbst.« Er war drauf und dran, sich zu übergeben, als er die Vergiftungsszene von Madame Bovary schrieb. Von schwindender Intelligenz während der Abfassung von *Bouvard et Pécuchet* wurde allerdings nichts berichtet.

Irony. Das Wörterbuch ist eines der ironischsten Werke, die jemals geschrieben wurden. Die Welt kommt in Flauberts Olivenpresse und wird ausgequetscht, bis das reine Öl der Ironie herausrinnt.

John Bull. »Wenn man den Namen eines Engländers nicht weiß, dann nennt man ihn einfach John Bull.« Das Wörterbuch wurde in Frankreich 1913 erstveröffentlicht, dreiunddreißig Jahre nach Flauberts Tod. John Bull wartete noch mal einundvierzig Jahre, bevor er es 1954 ins Englische übersetzte. Es ist seitdem immer vergriffen gewesen. Tatsächlich.

Knowledge. Wissen. Sollte immer von Weisheit unterschieden werden. Das gilt vor allem für das vorliegende Werk.

Laporte, Edmond. Flauberts Freund. Er half ihm bei der ungeheuren Aufgabe, das Material für die *Copie* zu sammeln und zu sichten, inklusive der Einträge des Wörterbuchs.

Manuscript. Das Manuskript des Wörterbuchs ist ein einziges Durcheinander. Es existiert in zwei Ausführungen, ohne irgendeinen Hinweis auf die endgültige Fassung. Eine beträchtliche Anzahl der Definitionen ist nicht in Flauberts Handschrift verfaßt, sondern in der von Laporte. (Hat Flaubert sie Laporte diktiert? Hat Laporte sie geschrieben und dann Flaubert zur Absegnung unterbreitet?) Schließlich werden einige der Flaubertschen Definitionen, die er im Manuskript eigenhändig gestrichen hat, in modernen Ausgaben des Wörterbuchs weiterhin gedruckt. So groß ist die Gier, die Liebe und die ungehorsame Neugier der Flaubertisten.

Number. Je mehr Leute an eine Idee glauben, desto geringer ist der Wahrheitsgehalt dieser Idee. Stimmt das?

Oil. Als Flaubert einmal mit der Eisenbahn unterwegs war, fragte ihn ein Fremder: »Stimmt es, daß Sie aus Soundso kommen und daß Sie in Öl reisen?« »Nein«, erwiderte Flaubert, »in Essig.«

Pyramid. »Nutzloses Bauwerk«. Flaubert zog einmal den Vergleich zwischen einem Kunstwerk und einer Pyramide: es steht in der Wüste, großartig und nutzlos; Schakale erklimmen die Spitze, und Spießbürger pissen an den Sockel. Das Wörterbuch ist eine kleine Pyramide. Es brauchte ein ganzes Schriftstellerleben, um ihr Gestalt zu geben und sie in Worte zu fassen.

Quiche. Siehe unter *Satire.*

Railway. Für Flaubert ein Symbol der Dummheit. Er war der Meinung, daß die Eisenbahn der Dummheit Vorschub leistet und sie zugleich verbreitet. Die Eisenbahn ist dumm; was die

Leute darüber sagen, ist dumm; was in der Eisenbahn gesagt wird, ist dumm. Siehe unter *Oil.*

Satire. Für den Schriftsteller eine Möglichkeit, der Dummheit seines Zeitalters zu begegnen. Ironie wäre die andere Möglichkeit. Der Satiriker schiebt die Welt auf die Bühne, bewirft sie mit Sahnetorten, zieht ihr die Hosen herunter und verhöhnt ihren Schmerbauch. Der Ironiker schiebt die Welt auf die Bühne, bietet ihr ein Stück Quiche an, lobt den modischen Schnitt ihrer Hosen und macht die Bemerkung, daß nur wirklich seriöse Leute dicke Bäuche haben.

Thirteen at dinner. Wie Flaubert im Wörterbuch vermerkte, sollte es stets vermieden werden, dreizehn Gäste um einen Tisch zu versammeln. Nach seinem Begräbnis in Rouen setzte sich eine Gruppe trauernder Schriftsteller zu Tisch. Als der Dichter Théodore de Banville bemerkte, daß sie dreizehn waren, bestand er als anständiger Mensch darauf, einen weiteren Gast zu finden. Man durchkämmte die Straßen, und schließlich konnte man einen Soldaten auf Urlaub überreden, sich der Trauergesellschaft anzuschließen. Der Soldat hatte noch nie etwas von Flaubert gehört, wollte aber den Dichter Francois Coppée kennenlernen.

Ultraviolet. Noch einmal: der Ironiker übernimmt dort, wo das Spektrum des Satirikers aufhört. Der Satiriker verfügt über ein großartiges, dramatisches, empörtes Indigo. Aber es gibt Farben jenseits von Indigo. Violett ist die Farbe des Ironikers. Ein Violett, das in Ultraviolett übergeht – jenen Farbton, den die Welt nicht sehen kann.

Visability. Im Mittelpunkt von Flauberts Ästhetik steht die Idee der Unsichtbarkeit des Autors. Im Wörterbuch, wie überhaupt in der *Copie,* erreicht er das Höchtmaß an Unsichtbarkeit. Er ist als Autor völlig abwesend. Man könnte beinahe sagen, er habe das Werk nicht geschrieben, sondern das Wörterbuch sei die Arbeit anderer Autoren. Flaubert hörte lediglich zu.

Wilde, Oscar. Er sagte: »Flaubert ist für mich der Meister.« Und an anderer Stelle: »Flaubert schrieb keine französische Prosa, sondern die Prosa eines großen Künstlers, der zufällig Franzose war.«

X-ray. Röntgen. Siehe unter *Ultraviolet.*

Yes-men (and women). Flaubert nahm nicht nur die Gedankenlosigkeit sozialer Umgangsformen aufs Korn, sondern auch den Stumpfsinn vorfabrizierten Denkens. Heutzutage würde er den grotesken Auswüchsen der politischen und der sprachlichen *correctness* nachspüren. Eine amerikanische Zeitung hat kürzlich in einem Lifestyle-Ratgeber davon abgeraten, das Wort »normal« bei der Beschreibung einer Person zu verwenden. Damit unterstelle man, daß andere menschliche Wesen unnormal seien. Was man hinter der Bühne hört, ist Flauberts Gelächter.

Zzzzzzzzzz. Kann man das Wörterbuch in einem Zug durchlesen? Nein. Sie würden einschlafen. Verwechseln Sie es nicht mit einem Buch voller Weisheiten. Es handelt sich nicht um La Rochefoucauld. Es ist eines von den Büchern, nach denen man vielleicht greift, wenn man verzweifeln könnte vor Wut über die Welt und ihren Schwachsinn, und das man schon bald wieder aus der Hand legt mit dem tröstlichen Gedanken, daß ein brillanterer Kopf als man selbst schon früher bemerkt hat, wie die Dinge liegen. Es könnte sogar eines von den Büchern sein, die man gar nicht erst aus dem Regal zu nehmen braucht. Man muß bloß daran denken, an seine Geisteshaltung und Machart, und schon hat man ein wehmütiges Lächeln auf den Lippen, und das Wörterbuch hat seinen Zweck erfüllt.

Deutsch von Michael Walter und Volker Kriegel

Lieber Freund! – Lieber Meister!

Flaubert korrespondiert mit Maupassant

Flaubert an Maupassant

(Croisset), 31. Oktober (1877)

Ich nehme an, daß Sie nicht tot sind, denn Sie sind nebenbei gesagt ein hübsches Luder, weil Sie nichts von sich hören lassen, und so bitte ich Sie, mir folgenden Dienst zu erweisen ... Ich brauche eine Steilküste, die meinen beiden Biedermännern *Angst macht*... ich habe sie gesucht... einen ganzen Nachmittag lang in der Umgebung von Havre. Aber das ist es nicht. Ich brauche senkrecht abfallende Kalkfelsen, wie die Klippen von Fécamp und Étretat... Sie dürften diese Gegend zur Genüge kennen? geben Sie mir doch eine Beschreibung der ganzen Küste von Barneval bis Étretat... Ich hätte es vorgezogen, daß B(ouvard) und P(écuchet) ihren geologischen Ausflug in Havre beginnen, aber das ist nicht möglich, weil sie entsprechende Klippen schon gesehen haben ... nach einer Abhandlung über das mutmaßliche Ende der Welt... in Folge einer Sintflut, lassen sie ihrer Phantasie freien Lauf... zwei oder drei Kiesel kollern herab. Da ergreift sie panischer Schrecken, und sie machen sich aus dem Staube. Der eine verirrt sich in einer kleinen Schlucht ... das ist es, was ich brauche... Ich verlasse mich auf Sie und rechne auf *umgehende Antwort.* Wenn diese Angaben erst einmal da sind, habe ich nur noch drei oder vier Seiten, und mein Kapitel über die Wissenschaften ist abgeschlossen...

(Flaubert hofft die Hälfte des Kapitels über Archäologie am Neujahrstag fertig zu haben. Er macht ein paar amüsante Komplimente über die körperliche Verfassung seines Briefpartners).

Worauf ich Sie umarme

Ihr alter

Gv Flaubert.

P. S. Scheiß Mac-Mahon.

Wissen Sie, daß *L'Histoire d'un crime* ein *sehr* schönes Buch ist! – Wie das erzählt ist! Und was für Bosheiten unter dieser schlichten Art!

Maupassant an Flaubert

Paris, den 3. November (18)77

Wenn ich Ihnen nicht eher geschrieben habe, mein lieber Meister, dann weil ich von Woche zu Woche hoffte, Sie besuchen zu kommen; meine Finanzen haben mir nicht gestattet, diese kleine Reise zu unternehmen. Ich werde versuchen, meine Schuld mit einer genauen Beschreibung, begleitet von Zeichnungen, wieder gutzumachen, um Ihnen einen guten Begriff von der Gegend zu vermitteln, die sehr kompliziert ist.

Zunächst einmal können Sie Ihre Biedermänner nicht von Bruneval losziehen lassen, wenn sie nach Étretat gehen sollen, da zwischen Bruneval und Antifer eine weit ins Meer hinausführende Landzunge liegt, die ich nie zu Fuß habe überqueren können (obwohl behauptet wird, das sei bei den stärksten Tiden möglich; aber ich werde das für zweifelhaft halten, solange ich es noch nicht geschafft habe).

Nun liegt aber hinter Bruneval, wenn man nach Étretat geht, ein sehr schöner Strand, der Strand von Antifer. Von den Feldern aus gelangt man dorthin durch ein kleines Tal, dessen Anfang sich bei Tilleul auf der Straße nach Havre befindet.

Die beiden Hänge dieses Tales sind mit Strandgras und Stechginster bedeckt. Rechts und links des schmalen Weges, der zum Meer führt (ein Karren hätte gerade eben darauf Platz), gibt es ein paar Streifen Ackerland. Dieser Weg senkt sich mehr und mehr und endet in einer Art Schlucht, die auf den Strand stößt – (von Tilleul zum Meer ungefähr 3 Kilometer). Ist man erst einmal auf dem Strand, sieht man links, Richtung Le Havre, eine hohe, senkrecht abfallende Steilküste. Eine Biegung der Steilküste begrenzt die Sicht vom Strand aus auf 500 bis 600 Meter.

Rechts setzt sich der Strand ebenfalls 500 oder 600 Meter weiter fort und wird abrupt begrenzt von einer großen felsigen Landzunge, die sehr weit ins Meer hinausführt und die man in einem schmalen Tunnel durchqueren kann – (dieser Durchgang könnte Bouvard und Pécuchet reizen).

Auf dem äußersten Ende der Landzunge, genannt *La Courtine,* stehen an der höchsten Stelle die Ruinen eines ehemaligen Wachhäuschens (von Antifer aus nicht zu sehen, glaube ich, von der anderen Seite aus jedoch sichtbar).

Ist man erst einmal am Fuß dieser Klippe angekommen, steigt man mit Hilfe eines Seiles hinauf zu dem Loch, das den Durchgang bildet – Das Loch, das an seinem Ein- und Ausgang sehr groß ist, wird zur Mitte hin, wo es kaum noch 2 Meter hoch ist, schmaler –: Insgesamt ist es ungefähr 15 Meter lang. Auf der anderen Seite liegt der Kiesstrand viel tiefer. Um dorthin zu gelangen, folgt man rechts von dem Loch einem schmalen, in die senkrecht aufragenden Klippen geschlagenen Pfad. Dieser Pfad stößt auf eine Art Treppe, die einfach aus teils natürlichen, teils von den Fischern gemeißelten Vertiefungen im Felsen besteht. Man hält sich mit den Händen an den Vorsprüngen der Klippe fest und kommt wieder hinunter auf die Uferkiesel. Der Kiesstrand ist hier sehr schmal, und man sieht weithin von Algen bedeckte Felsen.

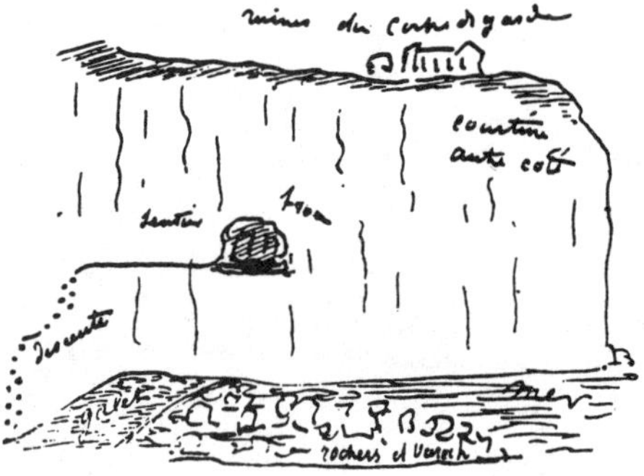

Zu dem Abstieg hin, von dem ich eben gesprochen habe, bemerkt man die Überreste eines riesigen Abbruchs – Zweihundert Schritt weiter drei hinreißende Süßwasserquellen. Sie sprudeln aus 5 oder 6 Meter Höhe mitten aus dem Moos herunter, und die letzte in Richtung Étretat bildet ein kleines, begehbares Gewölbe, von dem aus man durch eine vollständig runde, moosbesetzte Öffnung auf das Meer blickt und aus dem in feinen Rinnsalen das Wasser sickert.

Etwas Wichtiges, das ich vergessen habe. – Ist man erst einmal in dem Durchgang von La Courtine, sieht man ganz plötzlich die Manne-Porte und unter der Manne-Porte das Tor von Aval. Ungefähr so:

Von La Courtine bis zur Manne-Porte ein wenig mehr als ein Kilometer. Von der Manne-Porte bis zum Tor von Aval 600 bis 700 Meter. Von dem Tor von Aval bis zum Stand von Étretat 300 oder 400 Meter.

Auf meiner Zeichnung sieht es nur so aus, als sei man ganz nah an der Manne-Porte, während man mehr als einen Kilometer davon entfernt ist (ein Weg von einer ½ Stunde *über Geröll und Felsen*).

Ich kehre zurück zu den Quellen. – Hundert Schritte weiter eine kurze Landzunge, die einzig und allein aus dem Fuß des Felsentors besteht; – gegenüber, im Abstand von 4 Metern ein großer Felsen, den man durch eine Spalte erklimmen kann. Einmal dort, steht man neben einer weiteren Spalte in demselben Felsen, die Verbindung mit dem Meer hat – Das Innere dieser Art Grotte, in die man hinabsteigen kann (schwer), ist mit einer Art rötlichem Meeresmoos ausgekleidet – Dort befindet man sich auf halbem Wege zwischen der Landzunge La Courtine und der Manne-Porte, eingeschlossen in einem Amphitheater von hundert Metern senkrecht aufragenden Felsen, deren gezackte Höhe allerlei bizarre Formen und die dauernde Gefahr von Abbrüchen aufweist. Der Ort ist einsam und bedrohlich, wenn der Himmel ein wenig düster ist. Man sieht sich von allem isoliert, getrennt von den anderen durch diese Mauer von Steilküste, an deren beide äußerste Enden das Meer brandet. Ausgezeichnete Stelle für das Gespräch Ihrer Biedermänner – die sich plötzlich, abgesehen von den Abbrüchen (häufig an diesem Ort), durch die kommende Flut vom Weg abgeschnitten sehen. Ich gebe die Lage des Felsens mit einem A an –

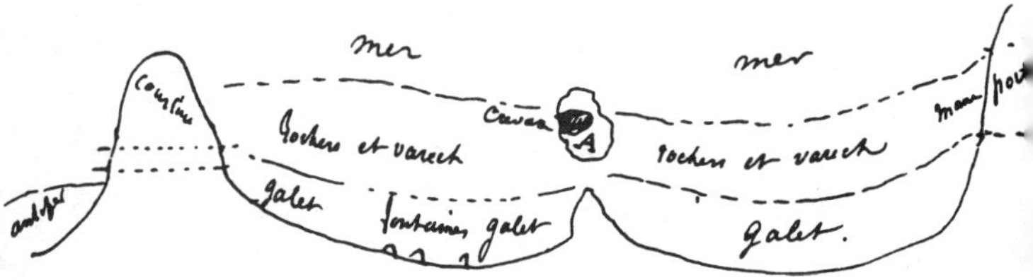

Die Klippe bis zur Manne-Porte hat das gleiche Gesicht, das heißt, sie ist sehr steil, stellenweise unterhöhlt; sie besteht überall aus Kalkstein, durchbrochen von Silexadern.

Hier und da haben Abbrüche eine dünne Schicht Mutterboden bis nach unten gerissen; auf ihr wächst Seekohl, genannt *»crambées«,* glaube ich?

Die Manne-Porte ist ein riesiges Tor, das man bei Ebbe trokkenen Fußes passieren kann – und so sieht es aus:

Kommt man näher, sieht man durch das Tor den spitzen Felsen von Étretat, der sich 500 oder 600 Meter weiter in Richtung des Tores von Aval befindet. Bouvard müßte auf den glitschigen Felsen ausrutschen, um (P)écuchet die Zeit zu geben, das Tor von Aval zu erreichen, unter dem man ebenfalls bei Ebbe *von Stein zu Stein und manchmal springend* hindurchkommt, denn unter diesem Tor steht fast immer Wasser, was Bouvard zum Rückzug bringt, während er natürlich eigentlich dort hindurch wollte.

Das Besondere an der von diesen beiden Toren gebildeten Einbuchtung ist, daß man zu ihrer Mitte hin einen halb trichterförmigen grasbewachsenen Einschnitt bemerkt, genannt die kleine Schlucht von *Jambour,* aus der sich ein sehr steiler Pfad *herabschlängelt.* Bouvard, den unter dem Tor von Aval der Schreck gepackt hat und der nicht wie P(écuchet) unter der Gefahr, in den dazwischenliegenden, sehr tiefen Wasserlöchern zu ertrinken, von Stein zu Stein springen konnte, würde umkehren und das kleine Tal bemerken – So sieht die kleine Schlucht aus. Ich deute das Gras durch die Schraffur an und den Weg durch die schwarze Linie.

Man steigt zuerst über die Reste eines Abbruchs, der bis zum Fuße der Klippe reicht, hinauf – dann führt der Pfad an ihm entlang, wird danach sehr steil, sehr schlüpfrig, mit Steinen, die unter den Füßen und Händen wegrutschen, und endet in scharfen Zick-Zack-Kurven. Ängstliche Leute klammern sich am Gras fest. (Diese selbst für mutige Frauen begehbare kleine Schlucht ist heute nur noch für sehr gewandte und an die Klippe gewöhnte Männer zugänglich, sie muß ausgebessert werden.) Früher lief ein im Felsen befestigtes Seil von der Mitte bis zum Fuß des Abstiegs.

Einmal oben angekommen, sieht man Étretat, und man erreicht es über einen sanften Grashang von ungefähr 1 Kilomter Länge.

Auf der höchsten Stelle dieser Steilküste steht eine Erdhütte für die Zöllner. Dort sucht man aus *Angst vor Erkältung* Unterschlupf, nachdem man den Pfad erklommen hat.

Das ist (im Stil eines Reiseführers) der Weg von Antifer nach Étretat. Ich habe jede ausgeschmückte Beschreibung vermieden, um zu versuchen, es Ihnen klarer vor Augen zu führen. Ich weiß nicht, ob es mir gelungen ist. Wenn Sie etwas anderes möchten, wenn ich Sie nicht richtig verstanden habe, schreiben Sie es mir sofort, und ich werde Ihnen noch am selben Tag antworten.

Adieu, lieber Meister, ich umarme Sie und drücke Ihnen die Hände. Wenn Madame de Commanville bei Ihnen ist, richten Sie ihr meine ergebensten und herzlichsten Empfehlungen aus. Viele Grüße an ihren Mann. Alles Liebe für den großen Laporte.

Der Ihre
Guy de Maupassant.

Flaubert an Maupassant

Croisset, 5. November 1877

Mein lieber Freund,
Ihre Auskünfte sind perfekt. Mir ist die ganze Küste zwischen dem Cap d'Antifer und Étretat so klar, als ob ich sie vor Augen hätte. Aber das ist zu kompliziert. Ich brauche etwas Einfacheres, sonst gäbe es nicht endenwollende Erklärungen. Bedenken Sie, daß dieser ganze Abschnitt meines Buches nicht mehr als

drei Seiten umfassen darf, davon wenigstens zwei für Dialog und Psychologie.

Hier ist mein Plan, den ich nicht ändern kann. Die Natur muß sich dafür eignen (das Schwierige ist, nicht im Widerspruch mit ihr zu sein, jene nicht in Empörung zu versetzen, die die Gegend kennen). Wenn sie in Havre aus dem Schiff gestiegen sind, sagt man ihnen, daß sie wegen Abbrüchen die Seeseite von La Hève nicht besichtigen können. Aber weiter hinten gibt es schöne Klippen. Sie begeben sich dorthin. Eine sehr hohe, schroffe Steilküste. Hier beginnt das Gespräch, und sie kommen darauf, über das voraussichtliche Ende der Welt zu sprechen, Folge einer Sintflut (Theorie und Cuvier, von der sie ganz erfüllt sind). Nach und nach (unterdessen setzen sie ihren Weg fort) schafft es Pécuchet, Beweise zusammenzutragen. Aus der Klippe kollern Steine herab, Bouvard packt die Angst und er rennt los. Er ist Pécuchet hundert Schritte voraus, allein, er regt sich auf, glaubt, daß die Welt einstürzt, Halluzination, und völlig außer sich fährt er fort zu rennen. Pécuchet läuft hinter ihm her und ruft ihm zu: »Die Zeit ist noch nicht gekommen«, aber die Klippe macht eine Biegung. Bouvard verschwindet. An der Biegung angelangt, sieht Pécuchet sich um, weit und breit kein Bouvard. Da zeigt sich eine kleine Schlucht. Hat Bouvard sie wohl benutzt? Pécuchet schlägt diesen Weg ein, steigt ein wenig hinauf, sieht niemanden und denkt daran, wieder herunterzuklettern. Aber er sagt sich, daß die Flut ihn nicht durchlassen wird, sie brandet mit voller Wucht. Wozu auch? und er fährt fort hinaufzusteigen; aber der Pfad ist furchtbar: Schwindel. Er läßt sich auf alle Viere gleiten und langt schließlich oben an, wo er Bouvard vorfindet, der über einen leichteren Weg auf das Plateau gekommen ist. Mehr Details würden mich stören.

Sie begreifen jetzt, daß La Courtine, sein Tunnel, die Manne-Porte, der spitze Felsen etc., daß mir all das zuviel Platz rauben würde. Es sind zu lokale Einzelheiten. Ich muß soweit wie möglich in einer im weiteren Sinne normannischen Klippe bleiben; und ich habe zwei Schreckzustände: Angst vor dem Ende der Welt (Bouvard), persönliche Bestürzung (Pécuchet); erstere hervorgerufen von einem Felsbrocken, der über einem hängt, letztere von einem unterhalb gähnenden Abgrund.

Was tun? Ich bin in großen Schwierigkeiten!!! Wissen Sie in näherer Umgebung etwas, was ich brauche? Ich würde sie über Étretat hinaus gehen lassen, zwischen Étretat und Fécamp?

Commanville, der Fécamp sehr gut kennt, rät mir, sie nach Fécamp gehen zu lassen, da die Senke von Senneville sehr angsteinflößend ist; zusammengefaßt brauche ich: 1. eine Klippe; 2. eine Biegung dieser Klippe; 3. dahinter eine kleine Schlucht, so abweisend wie möglich; und 4. einen weiteren Felseinschnitt, oder irgendeine Möglichkeit, leicht auf das Plateau zurückzusteigen.

Zwischen Fécamp und Senneville gibt es seltsame Grotten. Die geologische Unterhaltung könnte dort ihren Anfang nehmen. Ich habe Lust, diese Reise zu machen; können Sie sie mir durch eine fundierte Beschreibung ersparen? Nun, mein Lieber, Sie sehen, was ich brauche, stehen Sie mir bei.

(ohne Unterschrift)

Maupassant an Flaubert

Ministère de la Marine
et des Colonies

Paris, den 6. November 1877

Was Sie brauchen, ist sehr schwer zu finden, mein lieber Meister, und zwar deshalb: es wird nirgends eine kleine Schlucht neben einem leichteren Aufstieg geben; allein die Tatsache einer solchen Nachbarschaft würde der Schlucht in weniger als einem Jahr die Bedeutung nehmen. Diese Wege werden sehr mühsam und mit großen Kosten von den Gemeinden geschaffen und unterhalten, wenn es keine andere Möglichkeit gibt, herunter zum Meer zu kommen, sei es, um zu fischen, sei es, um Algen zu holen. Gäbe es in zwei-, drei- oder fünfhundert Metern von einer kleinen Schlucht entfernt eine andere Möglichkeit, das Meer zu erreichen, würde niemand mehr die Schlucht benutzen und instand halten, die von den Regenfällen, Abbrüchen und Frösten in weniger als einem Winter *restlos* zerstört wäre.

Ich kenne indessen nicht die Gegend nördlich von Fécamp, wo sich Senneville befindet, ich wäre jedoch äußerst überrascht, wenn Sie dort fänden, was Sie suchen. Hier das Einzige, was mir möglich scheint, nachdem Sie Ihren Plan umrissen haben.

Ihre Biedermänner hören von der Klippe von Bénouville, die eine ¾ Meile von Étretat entfernt ist, aber man sagt ihnen, daß der Abstieg sehr anstrengend sei, und weist sie auf das kleine Tal von Vaucotte einen Kilometer weiter hin. Ein enger Taleinschnitt voller Stechginster, der auf einem zuletzt ein wenig steilen, jedoch gefahrlosen und leicht zu bewältigendem Abstieg zum Meer führt – man geht unter einer vollkommen senkrechten und oft bedrohlichen Klippe nach Étretat – unten sind mehrere Quellen – unter anderem die Fontaine des Mousses.

Gegenüber von Bénouville scheint hundert Meter weit draußen im Meer ein wunderbarer spitzer Felsen, oben breiter als am Fuß, ständig kurz vor dem Umkippen zu sein, weiter hinten sieht man einen anderen Felsen, den von Vaudieu, der im Gegenteil eingestürzt und abgeschliffen zu sein scheint. Der Horizont wird von der großen Landzunge, die das kleine Tor von Étretat bildet, abgeschlossen. Man folgt immer weiter der Klippe. Man kommt an dem Abstieg von Bénouville vorbei, der sehr leicht zu übersehen ist, wenn man ihn nicht kennt (es ist also nicht nötig, darüber zu sprechen).

Die Klippe über einem ist senkrecht wie eine riesige Mauer, oben gezackt, mit Dachreitern, kleinen Türmen, Teufelsköpfen – Möwen lassen Schreie hören, die ganz wie das Geblöke von Schafen klingen – Bekassinen nisten am Fuße der Klippe und trinken aus winzigen Quellen, die überall heraussickern. Ab und zu bilden große Abbrüche helle Flecken neben der brauneren Farbe des Küstenkalksteines. Das kleine Tor von Étretat sieht von weitem bei düsterem Wetter, das es dunkler macht, wie ein riesiger Elefant aus, der aus dem Meer trinkt.

Wenn man, immer am Fuß der Klippe entlang, nur noch zweihundert Meter von der Mauer, die den Abschluß dieses Tores bildet, entfernt ist, ist man hinter einem Felsvorsprung verborgen, ebenso wie die dunkle Öffnung des Aufstiegs Chaudron du Diable und die gleichnamige Schlucht. Diese Biegung des Felsens ist ungefähr zwanzig Meter vom Eingang zu der kleinen Schlucht entfernt. Bouvard geht an dieser Schlucht vorüber, die unten nichts weiter ist als ein sanft ansteigender Pfad, nimmt den Tunnel von Chaudron, der durch die Étretat abschließende Landzunge führt, steigt auf der anderen Seite wieder hinunter, steht auf dem Strand und ist in 5 Minuten über den Steinstrand zurück in Étretat. Pécuchet, der ihn natürlich aus dem Auge verloren hat, da der andere in den Durchgang am Wasser gegangen ist, entdeckt links einen leichten Pfad – und nimmt ihn. Dieser Weg steigt langsam bis auf die Höhe des kleinen Tores – Dort biegt er ganz plötzlich nach links, wird zu einer in den Fels gehauenen Treppe, die jedoch steil ist wie eine Leiter, mit drei Fuß hohen Stufen, eher angedeutet als ausgehöhlt. – Ist man zwanzig Meter hochgestiegen, sieht man, wenn man sich umdreht, unter sich den schmalen Grat der Klippe, der bis zu dem Tor verläuft, und an ihrem Fuß, 60 Meter tief, den Felsen und das Meer – Ist man an der Kurve des Pfades, von dem ich gerade gesprochen habe, angelangt, kann man, statt sich nach links zu wenden, weiter geradeaus auf eine ganz kleine Plattform gehen, die möglicherweise für die Fortsetzung des Pfades gehalten werden kann. Man hat auf einmal die ganze Bucht von Étretat vor sich, doch zu seinen Füßen das Nichts; diese Stelle ist sehr erschreckend, da man das abrupte Ende dessen, was man für einen Weg gehalten hat, nicht erwartet. Der Weg nach links ist zuerst schwer, fast senkrecht, kaum richtig in den Felsen gehauen und endet in einem sanften Grashang, der bis auf das Plateau führt – Von dort ist man in zwei Minuten in der Kapelle oberhalb von Étretat. Ja, Pécuchet müßte Bouvard von dieser Stelle aus unten auf dem Strand entdecken, auf den er einfach über den Steinstrand gelangt ist.

Das ist die einzig mögliche Exkursion in der Umgebung von Étretat. Wenn sie Ihnen zusagt, kann ich Ihnen ausführlichere Einzelheiten schicken.

Ich glaube nicht, daß Sie irgendwo finden, was Sie suchen.

Ich umarme Sie, mein lieber Meister, und drücke Ihnen fest die Hand.

Sagen Sie mir, ob Ihnen genügt, was ich Ihnen schicke.

Ganz der Ihre
Guy de Maupassant.

Flaubert an Maupassant

(Croisset), Mittwochnacht (7. November 1877)

Sie machen sich sehr viel Mühe für mich, mein lieber Freund! und ich danke Ihnen dafür sehr! aber Ihr Brief von heute morgen hat meine Ratlosigkeit nur erhöht.

Kurz, nachdem ich den ganzen Tag lang über die Sache nachgedacht habe, fasse ich folgenden Entschluß.

Ich lasse *B. und P.* bis nach Fécamp gehen. Sie suchen (nicht lange nach dem *Trou au chien*) die Grotten von Senneville auf; dann bietet sich die kleine Schlucht von Senneville an; und eine Meile weiter die von Eletot; die sehr leicht zu erklimmen ist.

Auf diese Weise habe ich sehr wenige Beschreibungen zu machen, und meine Gestalten bleiben im Vordergrund.

Die Küste von Étretat ist zu *speziell* und würde mich zu aufwendigen Erläuterungen treiben.

Sonntag abend hoffe ich, mein verhaßtes Wissenschaftskapitel abgeschlossen zu haben! Uff!

Der gute Laporte ist mit einer gewaltigen Mehrheit zum Gemeinderat gewählt worden. Er fährt morgen nach Paris, wo er sich eine neue Wohnung suchen wird.

Die Commanvilles werden in vierzehn Tagen dort sein. Lassen Sie doch von sich hören, mein Guter. – Was machen die Gedichte? Und wie geht es sonst?

Von unseren Freunden weiß ich gar nichts.

Haben Sie sich nicht auch, wie ich, über die vergeblichen Bemühungen *Pouyer-Quertiers* gefreut? genannt »Herkules von

Martainville«, – ein ganz schön starkes Stück! Und unser »Bayard« nimmt unsägliche Ausmaße an. Ich finde, er gleicht Charles dem X.! und sei es nur von seiten der Jagd! – und des Glaubens.

Albert Millaud ordengeziert!!! Paul Féval an »die Türen« der Académie française klopfend! nur weiter so! da gibt es noch was zu lachen!

Ihr alter
Gv Flaubert
umarmt Sie.

Der Geistliche des kleinen Collèges von Rouen (Joyeuse), ehemaliger Vikar von Grand-Couronne, hat soeben ein Mädchen entführt. Beide sind verschwunden. – Aber nichts ist so grotesk wie Pouyer, der Alcide aus der Ruissel, der versucht, kraft seines Genies die Gesellschaft zu retten! – und nach 24 Stunden darauf verzichtet!

Deutsch von Cornelia Hasting

Diese Erklärung erleichterte sie

Von Gustave Flaubert

Diese Erklärung erleichterte sie, und als sie in der Ebene von Caen Kalksteine mit Polypengehäusen gefunden hatten, Versteinerungen in Balleroy, Kaolinerde in Saint-Blaise und überall Rogenstein, und in Cartigny nach Steinkohle und in La Chapelle-en-Juger bei Saint-Lô nach Quecksilber gesucht hatten, entschlossen sie sich zu einer längeren Exkursion, einer Fahrt nach Le Havre, um den Feuerstein und die Tonschichten von Kimmeridge zu untersuchen.

Kaum waren sie aus dem Boot gestiegen, fragten sie nach dem Weg, der zu den Leuchttürmen führt; er war von Geröll verschüttet, und es war gefährlich, sich dorthin zu wagen.

Ein Droschkenvermieter sprach sie an und schlug ihnen Ausflüge in die nähere Umgebung vor: Ingouville, Octeville, Fécamp, Lillebonne, »Rom, wenn es sein müßte«.

Seine Preise waren übertrieben, aber der Name Fécamp hatte sie beeindruckt; wenn man einen kleinen Abstecher machte, konnte man Étretat erkunden, und sie nahmen das Küstenschiff nach Fécamp, um sich gleich an den entferntesten Punkt zu begeben.

Im Schiff unterhielten sich Bouvard und Pécuchet mit drei Bauern, zwei älteren Frauen und einem Seminaristen und gaben sich ohne zu zögern als Ingenieure aus.

Vor dem Hafenbecken wurde halt gemacht. Sie erreichten die Steilküste und hielten sich fünf Minuten später dicht an ihren Fuß, um einer großen Wasserlache auszuweichen, die wie eine Bucht bis in die Mitte des Strandes reichte. Dann sahen sie einen Felsenbogen, der sich über einer tiefen Grotte wölbte; sie war hallig, sehr hell, wie eine Kirche, mit Säulen von der Decke bis zum Boden und einem Algenteppich, der sich ganz über die Steinplatten hinzog.

Dieses Werk der Natur ließ sie staunen, und als sie ihren Weg fortsetzten und dabei Muscheln sammelten, stellten sie Betrachtungen an über den Ursprung der Welt.

Bouvard war dem Neptunismus zugeneigt; Pécuchet dagegen war Plutonist.

Das Feuer im Innern hatte die Erdkruste gesprengt, Gebirge aufgeworfen und Schluchten gebildet. Es ist wie ein inneres Meer mit Ebbe und Flut und seinen Stürmen; eine dünne Haut trennt uns davon. Man würde nicht schlafen, dächte man an all das, was unter unseren Sohlen ist. Indessen nimmt das Feuer im Innern ab, und die Sonne wird schwächer, so daß die Erde eines Tages erkalten und vergehen wird. Sie wird unfruchtbar werden; alles Holz und alle Steinkohle wird sich in Kohlensäure verwandeln, und kein Lebewesen wird mehr existieren können.

– Soweit sind wir noch nicht, sagte Bouvard.

– Hoffen wir's, erwiderte Pécuchet.

Und doch, dieser Weltuntergang, so weit entfernt er auch wäre, stimmte sie düster, und sie wanderten schweigend über den steinigen Strand.

Die Steilküste, senkrecht, blendend weiß und hier und da mit schwarzen Adern aus Kieselerde durchzogen, lief gleich dem Bogen einer Festungsmauer von fünf Meilen Länge bis zum Horizont. Es wehte ein rauher, kalter Ostwind. Der Himmel war grau, das Meer grünlich und wie angeschwollen. Vögel flogen von der Höhe der Klippen auf, kreisten umher und kehrten schnell zurück in ihre Löcher. Bisweilen prallte ein Stein, der sich gelöst hatte, von einem Vorsprung zum anderen, bevor er bis zu ihnen hinabstürzte.

Pécuchet hing laut seinen Gedanken nach.

– Wenn nur nicht die Erde einmal durch eine Katastrophe vernichtet wird! Niemand weiß, wie lang unser Zeitalter dauert. Das Feuer im Erdinnern braucht nur durchzubrechen.

– Es nimmt doch ab.

– Das hindert nicht, daß seine Ausbrüche die Insel Julia, den Monte Nuovo und noch manch anderes geschaffen haben.

Bouvard entsann sich, diese Einzelheiten bei Bertrand gelesen zu haben.

– Aber solche Umwälzungen finden nicht in Europa statt.

– Entschuldige tausendmal; Beweis: das Erdbeben von Lissabon. Und in unseren Ländern gibt es zahlreiche Kohlengruben und Schwefelkiesminen, und die können, wenn sie verfallen, sehr wohl Vulkankrater bilden. Vulkane brechen übrigens immer in der Nähe des Meeres aus.

Bouvard ließ seinen Blick über die See schweifen und glaubte in der Ferne eine Rauchfahne zum Himmel aufsteigen zu sehen.

– Da die Insel Julia verschwunden ist, begann Pécuchet von neuem, wird auf die gleiche Weise entstandenes Land vielleicht das gleiche Schicksal haben. Ein Eiland des Archipels ist genauso wichtig wie die Normandie und selbst wie ganz Europa.

Bouvard stellte sich Europa von einem Abgrund verschlungen vor.

– Nimm einmal an, sagte Pécuchet, ein Erdbeben findet unter dem Ärmelkanal statt; die Wasserfluten drängen in den Atlantik; die Küsten Frankreichs und Englands wanken in ihren Grundfesten, kippen, stoßen aneinander, und klatsch! ist alles Dazwischenliegende vernichtet.

Statt einer Antwort begann Bouvard so schnell zu gehen, daß er Pécuchet bald hundert Schritte voraus war. Nun allein, verwirrte ihn der Gedanke an eine Erdumwälzung. Er hatte seit morgens nichts gegessen: es hämmerte in seinen Schläfen. Plötzlich schien ihm der Boden zu beben, und er meinte, der obere Rand der Steilküste über seinem Haupt komme ihm entgegen. In diesem Augenblick kollerte ein Kiesregen von oben herab.

Pécuchet sah, wie er in eilender Hast davonstürzte, begriff seinen Schrecken und schrie hinter ihm her:

– Halt! halt! das Zeitalter ist noch nicht vollendet!

Und um ihn einzuholen, rannte er in Riesensätzen mit seinem Wanderstock los und brüllte:

– Das Zeitalter ist noch nicht vollendet! Das Zeitalter ist noch nicht vollendet!

Bouvard stürmte wie wahnsinnig immer weiter. Der große Regenschirm fiel zu Boden, die Rockschöße flatterten, der Tornister tanzte auf seinem Rücken. Es war, als galoppiere eine

Schildkröte mit Flügeln durch die Felsen; hinter einem größeren Block war er verschwunden.

Pécuchet kam atemlos dort an, sah niemanden, machte kehrt, um durch eine »kleine Schlucht«, in die Bouvard sicher gestiegen war, oben auf die Felder zu gelangen.

Dieser enge, steile Aufstieg war in hohen Stufen von doppelter Mannsbreite in die Steilküste gehauen, und er glänzte wie polierter Alabaster.

Auf fünfzig Fuß Höhe wollte Pécuchet wieder hinunter. Das Meer brandete in höchster Flut, er begann wieder zu klettern.

Als er an der zweiten Biegung die Leere unter sich sah, erstarrte er vor Angst. Je näher er der dritten kam, desto weicher wurden ihm die Knie. Um ihn vibrierten die Luftschichten, ein Krampf fuhr ihm in die Magengrube; er setzte sich auf den Boden, die Augen geschlossen, und merkte nur noch, wie sein Herz bis zum Halse schlug; dann warf er seinen Wanderstock weg und machte sich auf allen Vieren wieder an den Aufstieg. Doch die drei Hämmer in seinem Gürtel drückten ihm in den Leib; die Steine, mit denen seine Taschen vollgestopft waren, schlugen ihm in die Seiten; der Schirm seiner Mütze machte ihn blind; der Wind erhob sich mit doppelter Kraft. Endlich erreichte er die Hochebene und fand dort Bouvard, der etwas weiter in einem weniger schwierigen Felseinschnitt hinaufgestiegen war.

Ein Pferdekarren las sie auf. Étretat hatten sie vergessen.

Als sie am Abend in Le Havre auf den Liniendampfer warteten, entdeckten sie in den unteren Zeilen einer Zeitung ein Feuilleton mit dem Titel: *Von der Lehre der Geologie.*

Dieser Artikel, voller Informationen, stellte das Thema so dar, wie es zur Zeit aufgefaßt wurde.

Es hatte nie eine globale Katastrophe gegeben, sondern eine Spezies hat nicht immer die gleiche Existenzdauer und stirbt an diesem Ort eher aus als an jenem. Erdschichten desselben Alters enthalten verschiedene Fossilien, so wie weit voneinander entfernte Ablagerungen Versteinerungen gleicher Art einschließen. Der Urfarn ist identisch mit dem heutigen Farnkraut. Viele heutige Zoophyten lassen sich in den ältesten Schichten wiederfinden. Kurz, die gegenwärtigen Veränderungen erklären die früheren Umwälzungen. Stets sind die gleichen Umstände wirksam, die Natur macht keine Sprünge, und nach alledem, versichert Brongniart, sind die Zeitalter nichts als Abstraktionen.

Deutsch von Cornelia Hasting

Vielleicht solltest Du heiraten

George Sand korrespondiert mit Flaubert

George Sand an Gustave Flaubert
Nohant, 26. Oktober 1872

Wer weiß, vielleicht solltest Du heiraten? Allein sein, das ist widerwärtig, das ist tödlich, und es ist auch grausam gegenüber denen, die einen lieben. All Deine Briefe klingen trostlos und machen mein Herz beklommen. Gibt es keine Frau, die Du liebst oder von der Du mit Freuden geliebt werden möchtest? Nimm sie zu Dir. Gibt's nicht irgendwo einen Dreikäsehoch, für dessen Vater Du Dich halten könntest? Zieh ihn auf, mach Dich zu seinem Sklaven, vergiß Dich um seinetwillen.

Was soll ich sagen, in sich gekehrt zu leben ist ungut. Intellektuelles Vergnügen stellt sich nur ein, wenn die Möglichkeit besteht, in sich zurückzukehren, nachdem man lange nach außen hin gelebt hat. Doch ständig in diesem Ich zu hausen, welches der tyrannischste, der anspruchsvollste, der schrulligste aller nur denkbaren Gefährten ist, nein, das darf man nicht.

Ich beschwöre Dich, hör auf mich! Du sperrst eine überreiche Natur in einen Zwinger. Aus einem zartfühlenden und nachsichtigen Herzen machst Du einen Menschenverächter voller Vorurteile, mit dem Du nicht fertigwerden wirst. So hör doch, ich sorge mich um Dich und sage Dir vielleicht Dummheiten, aber wir leben nun einmal in grausamen Zeiten und dürfen sie nicht nur verfluchen und dann den Kopf einziehen. Man muß sie beklagen, aber überwinden. Das war's. Ich liebe Dich, schreib mir.

Gustave Flaubert an George Sand
Croisset, 28./29. Oktober 1872
Montagnacht

Nein, ich glaube nicht, daß »das Glück etwas Mögliches« ist, aber ich glaube sehr wohl an die Gelassenheit. Deshalb halte ich mich von dem fern, was mich aufreizt. Ich bin ungesellig. Also meide ich die Gesellschaft. Und ich fühle mich dabei wohl. Eine Reise nach Paris ist für mich jetzt eine große Angelegenheit. Sobald ich den Bodensatz bewege, steigt der Schlamm auf und trübt alles. Das geringste Gespräch, mit wem es auch sei, bringt mich auf, weil ich jedermann idiotisch finde. Mein Gerechtigkeitsgefühl empört sich ständig. Man redet nur von Politik, und wie! Wo gibt es den Schein einer Idee? woran soll man sich klammern? für welche Sache sich begeistern?

Dabei glaube ich nicht, daß ich ein Ungeheuer an Egoismus bin. Mein Ich verteidigt sich derart in den Büchern, daß ich es ganze Tage hindurch überhaupt nicht spüre. Ich habe zwar schlechte Augenblicke, aber ich richte mich durch den Gedanken wieder auf: »Wenigstens geht mir niemand auf die Nerven.« Danach finde ich mein Gleichgewicht wieder. Kurz, es scheint mir, daß ich meinem natürlichen Wege folge: also bin ich auf dem richtigen?

Mit einer Frau zu leben, mich zu verheiraten, wie Sie es mir raten, ist ein Horizont, den ich phantastisch finde. Warum? ich weiß es nicht. Es ist nun einmal so, erklären Sie das Problem. Das Weibliche habe ich niemals in meine Existenz einbezogen. Außerdem bin ich nicht reich genug, und außerdem, und außerdem… bin ich zu alt und außerdem zu anständig, um meine Person auf die Dauer einer anderen zuzumuten. Ich habe in mir den Kern eines Klerikers, von dem man nichts weiß.

George Sand an Gustave Flaubert
Nohant, 22. November 1872

Du bist der einzige schwarze Punkt auf meiner Seele, weil Du traurig bist und die Sonne nicht mehr ansehen magst. Was diejenigen anbetrifft, aus denen ich mir nichts mache, so können sie mir oder sich selbst ruhig Bosheiten oder Dummheiten ins Gesicht schleudern, aus denen ich mir auch nichts mache. Sie vergehen wie der Regen. Was ewig ist, ist das Gefühl für das Schöne in einem guten Herzen! Du besitzt das eine wie das andere, Kreuzdonnerwetter! Du hast nicht das Recht, nicht glücklich zu sein. Vielleicht wäre es nötig gewesen, das Weibliche in Dein Leben mit einzubeziehen, was Du, wie Du sagst, verschmäht hast. Ich weiß, daß das Weibliche nichts taugt, doch vielleicht muß man einmal unglücklich gewesen sein, um glücklich zu sein. Ich bin es gewesen und weiß ein Lied davon zu singen; doch ich kann so gut vergessen!

Gustave Flaubert an George Sand
Croisset, 25. November 1872

Und machen Sie sich keine Sorgen mehr um Ihren Troubadour (der eindeutig ein dummes Tier wird). Aber ich hoffe, mich wieder zu erholen. Ich habe schon mehrfach dunkle Zeiten durchschritten; und ich bin wieder herausgekommen. Alles schleift sich ab, der Ärger wie alles andere.

Ich habe mich schlecht ausgedrückt. Ich habe nicht gesagt, daß ich »das Weibliche« verachte, sondern, daß die Frau, konkret gesprochen, niemals Bestandteil meiner Lebensgewohnheiten gewesen ist, was etwas völlig anderes ist. Ich habe stärker als jeder andere geliebt – ein anmaßender Satz, der bedeutet »Genau wie jeder andere und vielleicht sogar mehr als der Erstbeste«. – Alle Zärtlichkeiten sind mir bekannt. »Die Gewitter des Herzens« haben mich mit »ihren Regenfällen« begossen. Und dann führte der Zufall, der Gang der Dinge dazu, daß die Einsamkeit um mich herum allmählich größer geworden ist. Und jetzt bin ich allein, vollkommen allein.

Meine Renten reichen nicht aus, um eine Frau zu mir zu nehmen, und nicht einmal, um sechs Monate im Jahr in Paris zu leben. Es ist mir folglich unmöglich, mein Dasein zu ändern.

Wie ich Ihren Sohn beneide! Wie sanft, geregelt und gesund ist sein Leben!

George Sand an Gustave Flaubert
Nohant, 29. November 1872

Sobald Literatur eine Ware ist, schätzt der Verkäufer, der sie ausschlachtet, nur den Kunden, der kauft, und wenn der Kunde das Ding geringschätzt, erklärt der Verkäufer dem Autor, daß seine Ware nicht ankommt. Die Gelehrtenrepublik ist nichts weiter als ein Jahrmarkt, wo Bücher verkauft werden. Dem Verleger keine Konzession zu machen, ist unsere einzige Tugend, bewahren wir sie, und leben wir in Frieden, sogar mit ihm, selbst wenn er murrt, und erkennen wir auch an, daß nicht er der Schuldige ist. Er hätte Geschmack, wenn das Publikum welchen hätte.

Gustave Flaubert an George Sand
Croisset, 4. Dezember 1872

Ich tröste mich mit dem Gedanken, daß ich am nächsten Donnerstag 51 Jahre alt werde.

George Sand an Gustave Flaubert
Nohant, 8. Dezember 1872

Dein heiliger Zorn, wenn er kurzfristig aufwallt, ist gut. Er entstammt einem hochherzigen Temperament, und da er weder bösartig noch haßerfüllt ist, liebe ich ihn! Doch Deine Niedergeschlagenheit, Dein wochenlang anhaltender Trübsinn, dafür habe ich kein Verständnis und werfe sie Dir vor. Ich glaubte und glaube immer noch, daß Du Dich zu stark isolierst, Dich zu sehr von den Bindungen des Lebens löst.

Gustave Flaubert an George Sand
Croisset, 12. Dezember 1872

Ich beginne heute mein 52. Lebensjahr, und mir liegt sehr daran, Sie heute zu umarmen. Was ich zärtlich mache, da Sie mich so sehr lieben.

Ihr alter Troubadour Gve Flaubert.

Noch ein Trauerfall. Ich habe den Leichenzug von Papa Pouchet am letzten Montag angeführt. Ich habe seinen Sohn Georges gestützt, der so schluchzte, daß er sich beinahe die Rippen brach. Das Leben dieses guten Mannes war sehr schön, und ich habe um ihn geweint.

Ich komme aus den Begräbnissen nicht mehr heraus! Es ist zum Sargträger-Werden!

Deutsch von Helmut und Tobias Scheffel

Gehen Sie am Sonntag zu Monsieur Flaubert?

Von Edmond de Goncourt

8. Mai 1880
»Gehen Sie am Sonntag zu Monsieur Flaubert?« sagte Pélagie gerade, als die Kleine eine Depesche auf den Tisch legte, eine Depesche mit diesen zwei Worten: *Flaubert tot!*

Für eine Weile war ich in meinem ganzen Sein so erschüttert, daß ich nicht mehr wußte, was ich tat und in welcher Stadt ich da im Wagen fuhr. Ich fühlte, daß ein manchmal nachlassendes, aber doch unentwirrbar verschlungenes Band uns insgeheim aneinander gebunden hatte. Und heute entsinne ich mich mit einer gewissen Rührung der zitternden Träne, die an der Spitze einer seiner Wimpern hing, als er sich vor sechs Wochen von mir verabschiedete und mich dabei umarmte.

Im Grunde waren wir die beiden alten Verfechter der neuen Schule, und heute stehe ich ziemlich allein da.

11. Mai 1880
Gestern bin ich mit Popelin nach Rouen gereist. Um vier Uhr waren wir in Croisset, in diesem traurigen Haus, in dem ich nicht den Mut aufbrachte, zu Abend zu essen.

Madame Commanville sprach von dem lieben Verstorbenen, von seinen letzten Augenblicken, seinem unvollendeten Buch, an dem, wie sie meint, etwa zehn Seiten fehlen.

Dann, mitten in einem Gespräch, das unterbrochen und nicht mehr weitergeführt wurde, erzählte sie uns von einem Besuch, den sie letzthin unternommen hatte, um Flaubert zum Gehen zu zwingen, einem Besuch bei einer Freundin, die am anderen Ufer der Seine wohnt und die an jenem Tag ihr Neugeborenes in einer entzückenden kleinen rosa Hängewiege auf den Tisch des

Salons gestellt hatte – ein Besuch, nach welchem Flaubert auf dem Rückweg in einem fort wiederholte: »Ein kleines Wesen wie dieses in einem Haus, das ist das Einzige, was zählt auf der Welt.«

Heute morgen zog mich Pouchet in eine abgelegene Allee und sagte zu mir: »Es hat ihn nicht der Schlag getroffen, er ist an einem Epilepsie-Anfall gestorben... Sie wissen ja, daß er in seiner Jugend solche Anfälle hatte ... Die Orientreise hat ihn gewissermaßen davon geheilt... Sechzehn Jahre lang blieb er frei davon. Aber mit dem Verdruß über die Angelegenheiten seiner Nichte kehrten sie wieder ... Und am Samstag ist er an einem epileptischen Anfall mit Blutstauung gestorben ... Ja, mit allen Symptomen, mit Schaum vor dem Mund... Stellen Sie sich vor, seine Nichte wünschte, daß man einen Gipsabguß seiner Hand mache: es war nicht möglich, weil sie in einem so schrecklichen Krampf erstarrt war... Wenn ich dagewesen wäre, hätte ich ihn vielleicht retten können, indem ich ihn eine halbe Stunde lang zum Atmen gebracht hätte...

Dessen ungeachtet war es verdammt eindrucksvoll, in dieses Kabinett zu treten... Sein Taschentuch auf dem Tisch neben seinen Papieren, sein Tabakspfeifchen mit der Asche auf dem Kamin, der Corneille-Band, in dem er am Vorabend einige Passagen gelesen hatte und den er schief in das Fach des Bücherschranks zurückgestellt hatte.«

Der Trauerzug setzt sich in Bewegung, wir steigen über einen staubigen Abhang zu einer kleinen Kirche empor – die Kirche, in der Madame Bovary im Frühling beichten geht, und wo einer der von dem Priester Bournisien gescholtenen Spitzbuben dabei war, auf der Mauerkrone des alten kleinen Friedhofs herumzuturnen.

Das Empörende bei diesen Beerdigungen ist die Anwesenheit der ganzen Reporter-Bande, mit ihren Zetteln in der hohlen Hand, auf die sie aufgeschnappte Namen von Leuten und Lokalitäten kritzeln, und noch empörender ist die Gegenwart dieses Lafitte vom *Voltaire,* der mit 40 000 Francs in der Tasche den Leichnam eskortiert, um sein Geschäft damit zu machen. Unter den Journalisten, die heute morgen eingetroffen sind, bemerke ich Burty, der sich bei dieser Beerdigungsfeier einschleicht, wie er sich bei allen Angelegenheiten des Lebens einschleicht, die etwas abwerfen. Es ist ihm sogar gelungen, für einige Augenblicke eine der Quasten des Leichenwagens halten zu dürfen – er lieh sich dafür einen meiner schwarzen Handschuhe aus.

Man verläßt die kleine Kirche und erreicht über eine nicht enden wollende Straße in der Sonne den monumentalen Friedhof von Rouen. In der unbekümmerten Menge, der die Beerdigung lang wird, beginnt sich die verlockende Vorstellung eines kleinen Festes breitzumachen. Man spricht von normannisch zubereitetem Glattbutt und jungen Enten mit Orangen von Mennechet, und Burty spricht das Wort *Bordell* mit dem Augenzwinkern eines verliebten Matrosen aus.

Man kommt am Friedhof an, einem vom Duft des Weißdorns erfüllten Friedhof, der hoch über der Stadt liegt, die, in violette Schatten gehüllt, wie eine Stadt aus Schiefer aussieht.

Und kaum ist die Bahre mit Weihwasser besprengt, da strömt schon die durstige Gesellschaft mit erregten Gesichtern Witze reißend der Stadt zu. Daudet, Zola und ich reisen wieder ab – wir weigern uns, bei der Schlemmerei mitzumachen, die für heute Abend vorbereitet wird, und kehren in andächtigem Gespräch über den Verstorbenen heim.

14. Mai 1880

Ach, welch trauriges und jammervolles Begräbnis wurde Flaubert am Dienstag zuteil – und was noch darauf folgen wird … Sein Schwiegerneffe, der Flaubert ruiniert hat, ist nicht nur geschäftlich gesprochen ein unredlicher Mensch, sondern ein Gauner, der eine Zwanzig-Franc-Münze unterschlägt, die der Verstorbene ihm auftrug zum Schlosser zu bringen – ja, ein Dieb und Falschspieler. Und von seiner Nichte, die Flauberts ein und alles war, könne er sich kein rechtes Bild machen, sagt Maupassant. Sie war, ist und wird immer ein unbewußtes Instrument in den Händen dieser Kanaille von einem Gatten sein, der eine

Macht über sie ausübt, wie nur die Schurken sie über ehrbare Frauen haben.

Dies also hat sich seit Flauberts Tod ereignet. Commanville sprach ununterbrochen von dem Geld, das man aus den Werken des Verstorbenen herausholen könnte; die befremdliche Weise, in der er immer wieder auf die Liebeskorrespondenz des armen Freundes zurückkam, legte den Gedanken nahe, daß er fähig wäre, den überlebenden Liebhaberinnen Geständnisse abzupressen. Forcierte Schmeicheleien gegenüber Maupassant, gemischt mit einer Schnüffelei, die von der Wachsamkeit eines echten Polizeispitzels zeugte. So ging es bis zum Montag, als er verschwand, weil er unbedingt nach Rouen mußte, während Maupassant gemeinsam mit Pouchet den bereits in Verwesung begriffenen Körper Flauberts in den Sarg legte. Am Abend der Beerdigung, gleich nach dem Essen, bei dem auch Hérédia und Maupassant dabei waren und bei dem sich Commanville nebenbei gesagt sehr geschickt sieben Scheiben vom Schinken abschnitt, führte er Maupassant in den kleinen Gartenpavillon und hielt ihn dort eine gute Stunde fest, indem er ihn bei den Händen nahm und mit geheuchelter Zärtlichkeit überschüttete – ihn, den geriebenen Kerl, den es fortdrängte, weil er den Braten roch. Währenddessen nahm Madame Commanville Hérédia beiseite und sagte ihm auf einer Gartenbank, daß ihr Maxime du Camp nicht einmal ein Telegramm geschickt habe, daß d'Osmoy ein Elefant im Porzellanladen sei, daß Zola und Daudet sie nicht leiden könnten, und was mich betreffe, so halte sie mich zwar für einen Mann von feiner Lebensart, kenne mich aber nur dieser traurigen Umstände halber; sie bedürfe jedoch der Ergebenheit eines Mannes von Welt, der sich an ihre Stelle versetzen und gegen die Familienangehörigen verteidigen könne; und diese Frau, die Maupassant nicht ein einziges Mal weinen sah, war im Begriff, sich voll zärtlicher Hingabe in Tränen aufzulösen, was ihren Kopf so seltsam nahe an Hérédias Brust rückte, daß er sagte, es sei ihm der Gedanke gekommen, wenn er in diesem Augenblick irgendeine Bewegung gemacht hätte, würde sie sich ihm in die Arme geworfen haben. Und die Szene ging noch weiter: Die Frau streifte ihre Handschuhe ab und ließ zu, daß er ihre Hand nahm, die auf der Rückenlehne der Bank so nahe an Hérédias Mund lag, daß sie um einen Kuß zu bitten schien. Sollte das die wahre Liebe sein, eine Liebe, die plötzlich in der zerrissenen und mürben Seele einer Frau für einen Mann aufkeimt, den sie seit einer Weile sieht und um den sie buhlt? Sollte es sich nicht vielmehr um eine Liebeskomödie handeln, die der Gatte seiner Frau vorschrieb, um eine aufrichtige junge Seele in seine Gewalt zu bringen, die sich durch die Aussicht, sie zu besitzen, dazu verleiten ließe, bei der Gaunerei gegen die übrigen Erben mitzumischen?

Ach, mein armer Flaubert! Was für einen schönen Roman aus der Provinz hättest du aus den Machenschaften und Zeugnissen der Menschen machen können, die deinen Leichnam umgaben!

Deutsch von Anita Albus

Kopie

Heiterkeit, güldene –, wir gehören einem Volke an, für das zwei eineiige Zwillinge wichtiger sind als zwei Genies, an den ersteren läßt sich Statistik treiben, die letzteren sind letal. Die Reichsfachschaft Deutscher Hebammen veranstaltet einen Tanztee der Frauenmilchspenderinnen – einige bis zu 3 l pro Tag –, die stillende Mutter hat das Wort. Dann kommen die Blutspender, dann die Karnickelböcke, dann die weissen Mäuse als Impfobjekte, dann die Fahnenfabrikanten und dann Percy Shelley und Flaubert. Die letzteren wirken aber abwegig und bleiben auch nicht lange. Heiterkeit, güldene, ja es giebt zahllose Augenblicke, sie überwiegen, wo man den Gedanken, nicht mehr dabei sein zu müssen, wie ein Orchideenfest empfindet. *Gottfried Benn an F. W. Oelze, Februar 1941*

Im Mercure (vom 16. Februar) lese ich einen ziemlich törichten Artikel über *Salammbô* und die punische Archäologie. »Der Irrtum Flauberts«, heißt es da, »worin Flaubert sich täuscht ...« Ich bin nicht sicher, ob sich nicht vielmehr Monsieur Pezard, der Verfasser des Artikels, getäuscht hat, als er *Salammbô* las. Einen *erklärenden* Artikel über *Salammbô* zu schreiben wäre interessant.
Ich habe gerade letzten Monat in Italien dieses großartige Buch wieder gelesen, das ich nicht genug schätzte. Es mag kindlich sein, aber von einer entwaffnenden dichterischen Kindlichkeit, jedenfalls scheint mir, als habe Flaubert in den Texten, auf die er sich stützt, weniger einen Beleg als eine Befugnis gesucht. Aus Abscheu vor dem Alltag hat er sich hier vor allem in das verliebt, was sich davon unterschied. Glaubt er etwa wirklich, wie Theophrast, daß »Karfunkelsteine aus dem Urin des Luchses wachsen«? Sicher nicht! Aber er freut sich, daß ein Text Theophrasts ihm so zu tun erlaubt, als glaube er es; und so fort. *André Gide, Tagebuch 1908*

Die *Éducation sentimentale* wirft ein äußerst fesselndes Problem auf. Ist das am wenigsten Besondere zugleich das Typischste? Das macht es zu einem großen Buch. Ich habe den Eindruck, über Flaubert gäbe es noch so manches zu sagen.
André Gide, Tagebuch 1925

Keine Atmosphäre schläfert mehr ein als diese hier. Ich vermute, daß sie viel zur langsamen und schwerfälligen Arbeitsweise Flauberts beigetragen hat. Wo er meinte, gegen Wörter zu kämpfen, kämpfte er gegen den Himmel; und vielleicht wäre er in einem anderen Klima, wo die trockene Luft ihm mehr Schwung verliehen hätte, weniger anspruchsvoll gewesen oder hätte das gleiche Resultat mit weniger Anstrengung erreicht.
André Gide, Tagebuch, notiert in Cuverville, Normandie, Januar 1931

Gelesen »aus dem Leben eines Schlachtenmalers«
Flaubert zufrieden vorgelesen. *Franz Kafka, Tagebücher März 1912*

Jetzt lese ich in Flauberts Briefen:
Mein Roman ist der Felsen, an dem ich hänge und ich weiß nichts von dem was in der Welt vorgeht. – Ähnlich wie ich es für mich am 9 v eingetragen habe.
Franz Kafka, Tagebücher Juni 1912

Nicht durchaus frevelhaft, als Tuberkulöser Kinder zu haben. Flauberts Vater tuberkulös. Wahl: entweder geht dem Kind die Lunge flöten (sehr schöner Ausdruck für die Musik, um derentwillen der Arzt das Ohr an die Brust legt) oder es wird Flaubert. Zittern des Vaters während im Leeren darüber beraten wird.

Franz Kafka, Tagebücher September 1917

Der alberne Flaubert, und die Langeweile, die von der Vollkommenheit, der Vollkommenheit der Form ausgeht. *Paul Léautaud, Literarisches Tagebuch April 1900*

Gourmont sagte zu mir fast wörtlich: »Man muß mühelos schreiben können, damit es ein wirkliches Vergnügen wird. Das gehört beim Schriftsteller dazu. Ich bin immer der Meinung gewesen, daß Leute, denen das Schreiben schwer wird, die Hände davon lassen sollten; bei ihnen ist es nur Bovarysmus.« Man muß mühelos schreiben können, und es muß ein Vergnügen sein! Das ist ganz meine Meinung, und zwar lange schon; meine geringe Sympathie für Flaubert rührt zu einem Gutteil daher.

Paul Léautaud, Literarisches Tagebuch Januar 1906

Die Reise nach Rouen hat mich darauf gebraucht, ›Madame Bovary‹ wieder zu lesen. Valette hat mir sein Exemplar geliehen. Ich habe die letzten Abende darin gelesen. Nun, um offen zu sein, es packt mich nicht. An meinen früheren Eindruck erinnere ich mich nicht mehr. Heute, glaube ich, verdrießt mich der Stil. Die Liebe zur Form herrscht hier wirklich gar zu sehr vor. Das führt zu (meiner Ansicht nach) endlosen Längen, zu etwas Unlebendigem, das der rasche, spontane, leicht läßliche Stil nicht hat. Auch zu viele Einzelheiten über ein und denselben Gegenstand werden gebracht. Flaubert sagt nicht: dieser Mann trug eine Mütze. Er beschreibt die Mütze ausführlich. Die sogenannten Schönheiten des Stils interessieren mich einfach nicht. Ich vergleiche Flauberts Stil mit Lack, und Lackiertes mag ich nicht. Was er von Voltaire hielt, weiß ich nicht, jedenfalls wiegt ›Madame Bovary‹ weder ›Candide‹ noch ›Zadig‹ auf. Dem ganzen Flaubert fehlt es an Ungezwungenheit, was mir tief unsympathisch ist – das Wort kann ich ruhig gebrauchen.

Paul Léautaud, Literarisches Tagebuch September 1908

Es ist Flauberts éducation sentimentale, ein Werk, in dem die ganze Nebelwelt unserer europäischen Jugend, die ganze Gefährlichkeit, Verspieltheit, Wahnsinnigkeit unsrer großstädtischen Entwicklung zu vollkommener Geschlossenheit geronnen ist. *Theodor Lessing, Theater-Seele 1907*

Man beobachtet, daß das ›Künstlerische‹, einst der Gegenbegriff des Bürgerlichen, heute zu einem bürgerlichen, einem konservativen Begriff geworden ist, welcher das geistige Gewissen gegen sich hat und für den Augenblick wirklich kaum noch moralische Lebensmöglichkeiten besitzt. Man täte Unrecht, sich mit ökonomischen Erklärungen zu begnügen und dabei stehenzubleiben, daß Flauberts heute durchaus als romantisch empfundener Kunstidealismus nicht denkbar ist ohne die ›Rente‹, die niemand mehr hat. *Thomas Mann, Von europäischer Humanität 1927*

Goethe spricht einmal, wundervoll zutreffend, wie immer, davon, wie schwer es für einen Künstler sei, anderen von dem, was er vorhabe, irgendeinen Begriff zu geben, da er ganz allein die Reize kenne und zu empfinden vermöge, die sein Stoff für ihn besitze. Das ist sehr wahr, und die Schwierigkeit wird erhöht durch den Umstand,

daß ja ein geistiges Werk immer gleichsam auf verschiedenen Ebenen spielt, und es sich also um einen musikalischen Komplex von Reizen und Absichten handelt, um ein Schwanken der Beleuchtung und der Perspektive, das die Mitteilung fast lahmlegt, da man nicht weiß, unter welchem Gesichtswinkel zuerst und am besten über die Sache zu reden ist.
Bevor ich zu schreiben begann, habe ich ›Salammbô‹ wiedergelesen, um zu sehen, wie man es heute nicht machen kann. Nur keinen archäologischen Brokat! Nur nichts Gelehrt-Artistisches und keinen gewollt gegenbürgerlichen Kult krasser Exotik! Das Archäologische ist ein Reiz unter anderen, – der wenigst wirksamen, wenigst ausschlaggebenden einer, entschieden.

Thomas Mann, Ein Wort zuvor: Mein »Joseph und seine Brüder«, 1928

Flaubert – dieser Unglückselige hatte sich eingeredet, es gebe eine Manier, und nur eine, einen Streichholzständer zu beschreiben. Sodann aber Ruhm und Unsterblichkeit. *Paul Valéry, Cahiers 1910*

Die Schule Flaubert und Co. hat eine »Gedankenassoziation« geschaffen, die verhängnisvoll wurde – sie haben die Form an die Beschreibung, an das Pittoreske gebunden. *Paul Valéry, Cahiers 1922*

Der Hauptwert von *Madame Bovary* liegt nicht in der moralischen Lehre, die man daraus ziehen kann, so wenig wie die archäologischen Ausführungen den Hauptwert von *Salammbô* ausmachen; doch Flaubert tat recht daran, die Ignoranz derjenigen anzuprangern, die das eine Werk unmoralisch und das andere ungenau schalten, und er hatte nicht nur recht im gewöhnlichen Sinn des Wortes, er hatte recht im künstlerischen Sinn, und darauf kommt es an. Der Kritiker muß das Publikum erziehen; der Künstler muß den Kritiker erziehen.

Oscar Wilde an den Herausgeber des »Scots Observer« August 1890

Es ist schon ein Jammer, wenn man ähnlich mühsam arbeitet wie ein Flaubert und eben doch weit entfernt ist eine ›Bovary‹ herauszubringen.

Paul Zifferer an Hugo von Hofmannsthal November 1920

Flaubert ist ein großer Artist (in den besten seiner Werke), aber ein äußerst gefährlicher, ja vielleicht unseliger Lehrer.

Hugo von Hofmannsthal an Paul Zifferer Oktober 1927

Einstmals habe ich Flaubert geliebt. Er hat mich mehr verführt als geführt. Noch heute ist mir die vornehme Erscheinung als Gegensatz und Abwehr der Unbildung, Flüchtigkeit und Gesinnungslosigkeit mancher schreibender Zeitgenossen verehrungswürdig. Aber ich weiß nun lange schon, daß sein Weg nicht ins Freie, sondern in eine enge, von Stickluft erfüllte Stube führt. Flaubert war doch im Grunde ein französischer »Bildungsphilister«. Er hegte einen finsteren Groll gegen den »Bourgeois« und hätte doch selbst Bouvard und Pécuchet heißen können, obwohl diese beiden Namen für ihn der Inbegriff allen Hassenswerten bedeuteten.

Paul Zifferer an Hugo von Hofmannsthal Oktober 1927

Madame Bovary und ihre Übersetzer

»Nous étions à l'étude, quand le Proviseur entra, suivi d'un *nouveau* habillé en bourgeois et d'un garçon de classe qui portait un grand pupitre. Ceux qui dormaient se réveillèrent, et chacun se leva comme surpris dans son travail.«

Gustave Flaubert, Madame Bovary. Paris: Levy 1857.

»Wir waren im Arbeitssaal, als der Direktor eintrat. Ein Neuer in bürgerlicher Kleidung und ein Schuldiener mit einem großen Pult folgten ihm. Die gerade schliefen, wachten auf, und jeder erhob sich so von seinem Platz, wie wenn er in der Arbeit gestört worden wäre.«

Madame Bovary. Deutsch von René Schickele. Minden: J.C.C. Bruhns o.J. [1907].

»Wir hatten Arbeitsstunde. Da trat der Direktor ein, mit ihm ein ›Neuer‹, in bürgerlichem Anzuge; der Schuldiener hinter den beiden, ein großes Pult in den Händen. Wer eingenickt war, erwachte. Alle Schüler erhoben sich von ihren Plätzen, wobei man so tat, als sei man aus eifriger Arbeit gestört.«

Frau Bovary. Deutsch von Arthur Schurig. Revidierte Ausgabe. Leipzig: Insel 1919.

»Wir waren mit den Aufgaben beschäftigt, als der Direktor eintrat, hinter ihm ein ›Neuer‹, noch im bürgerlichen Anzug, und ein Schuldiener, der ein großes Pult trug. Wer eingeschlafen war, wachte auf, und alle erhoben sich, als seien sie von der Arbeit aufgestört worden.«

Madame Bovary. Deutsch von Alfred Wolfenstein. Zürich: Gutenberg 1939.

»Wir waren eben im Lehrerzimmer, als der Vizedirektor des Instituts eintrat und einen neuen Zögling hereinführte, der noch nicht die Uniform des Kollegiums, sondern einen gewöhnlichen Anzug trug; ein Schuldiener, ein großes Pult auf dem Rücken schleppend, folgte ihnen auf dem Fuße nach. Die Knaben, die während des Unterrichts eingenickt waren, fuhren aus ihrem Halbschlummer empor und taten, als wenn sie durch die neue Erscheinung in ihrer Arbeit gestört worden wären.« *Madame Bovary. Deutsch von A. Winterstein. Berlin: Knaur o.J.*

Wir waren im Arbeitszimmer bei den Schulaufgaben, als der Direktor eintrat. Ihm folgte ein »Neuer«, noch in »Zivil«, und ein Schuldiener mit einem großen Pult. Wer gerade schlief, wachte auf, und alle sprangen von den Plätzen und taten, als seien sie mitten aus der eifrigsten Arbeit herausgerissen worden.

Madame Bovary. Deutsch von Hans Reisiger. Hamburg: rororo 1952.

»Es war Arbeitstunde. Da trat der Rektor ein, ihm zur Seite ein ›Neuer‹, in gewöhnlichem Anzug, der Pedell hinter den beiden, Schulstubengerät in den Händen. Alle Schüler erhoben sich von ihren Plätzen, wobei man so tat, als sei man aus seinem Studium aufgescheucht worden. Wer eingenickt war, fuhr mit auf.«

Frau Bovary. Deutsch von Arthur Schurig. Revidierte Ausgabe. Leipzig: Insel 1952.

Der Unterricht war in vollem Gange, als der Direktor eintrat. Er brachte einen »Neuen« mit, einen kleinbürgerlich angezogenen Jungen, und den Schuldiener, der ein Pult trug. Wer gerade geschlafen hatte, fuhr mit dem Kopf hoch; wir standen auf und taten, als seien wir mitten in der Arbeit gestört worden.

Madame Bovary. Deutsch von Hermann Schrader. Olten: Fackelverlag 1959.

Es war kurz nach halb zwei; der Studienaufseher wartete auf den kleinen Dreiviertelschlag und schickte sich an, die Arbeiten vorlesen zu lassen, als der Direktor in den Unterrichtsraum der »Mittleren« trat; ihm folgten ein etwa fünfzehnjähriger Junge und ein Pedell, der ein großes Pult trug. Die geschlafen hatten, fuhren hoch. Geräuschvoll wurden Wörterbücher aufgeschlagen und die zugeklappten Hefte zu sich hingezogen. Wer Männchen gezeichnet hatte, versteckte sie unter seinem Atlas; mehr als einer, der mit feuerroten Backen einen Schundroman verschlang, hatte nur noch Zeit, ihn zwischen seinem Rücken und der Wand zu Boden gleiten zu lassen. Wer sich mit nichts beschäftigte, tat, als schnitzele er sich eine Feder zurecht. Dann sprangen alle auf, als seien sie bei der Arbeit überrascht worden.

Madame Bovary. Nouvelle Version. Deutsch von Ernst Sander. München: Goldmann o. J.

»Wir saßen im Arbeitssal, als der Direktor mit einem neuen Zögling hereintrat, der noch Zivilkleidung trug. Ihnen folgte ein Klassendiener mit einem großen Pult. Die Schüler, die zum Teil eingeschlafen waren, erwachten, und jeder erhob sich, als sei er mitten aus einer Arbeit aufgeschreckt worden.«

Madame Bovary. Deutsch von Wilhelm Cremer. Berlin: Neufeld & Henius o. J.

»Wir saßen an unseren Aufgaben. Da trat der Direktor ein, hinter ihm ein *Neuer*, noch im gewöhnlichen Alltagsanzug, und ein Schuldiener mit einem großen Pult. Wer vor sich hindöste, wurde wach, und alle sprangen auf, als wären sie mitten im Arbeiten aufgestört worden.«

Madame Bovary. Deutsch von Walter Widmer. München: Winkler 1959.

»Wir hatten Arbeitsstunde, als der Direktor hereinkam; ihm folgte ein ›Neuer‹, der noch sein Zivilzeug anhatte, und ein Pedell, der ein großes Pult trug. Die geschlafen hatten, fuhren hoch, und alle standen auf, als seien sie beim Arbeiten überrascht worden.«

Madame Bovary. Deutsch von Ilse Perker und Ernst Sander. Stuttgart: Reclam 1972.

»Es war Arbeitsstunde. Da trat der Rektor ein, ihm zur Seite ein ›Neuer‹, in gewöhnlichem Anzuge, der Pedell hinter den beiden, Schulstubengerät in den Händen. Alle Schüler erhoben sich von ihren Plätzen, wobei man so tat, als sei man aus seinen Studien aufgescheucht worden. Wer eingenickt war, fuhr mit auf.«

Madame Bovary. Deutsch von Arthur Schurig. Revidierte Ausgabe. Frankfurt/M.: Insel 1976.

»Wir saßen im Studierzimmer über unseren Büchern, als der Direktor eintrat, gefolgt von einem neuen Schüler, der noch nicht die Anstaltskleidung trug, und dem Schuldiener mit einem großen Pult. Diejenigen von uns, die ein wenig eingedöst waren, wurden munter, und alle sprangen auf, als hätte man sie aus eifrigster Arbeit gerissen.« *Madame Bovary. Kein Übersetzer genannt. Köln: Lingen o. J. [1979].*

»In unser Klassenzimmer trat der stellvertretende Direktor der Schule mit einem neuen Schüler, der noch seine zivile Kleidung trug. Den beiden folgte ein Schuldiener mit einem großen Pult. Die Knaben, die eingeschlafen waren, fuhren aus ihrem Schlummer auf, alle erhoben sich und taten, als seien sie in der eifrigsten Arbeit gestört worden.«
Madame Bovary. Neubearbeitung nach einer frühen deutschen Ausgabe unter Hinzuziehung der französischen Originalausgabe. München: Moewig 1978.

»Wir saßen an unseren Aufgaben, als der Rektor eintrat. Ein *Neuer* in bürgerlicher Kleidung und ein Schuldiener mit einem großen Pult folgten ihm. Wer schlief, wachte auf, und jeder erhob sich, so als ob er in der Arbeit gestört worden wäre.«
Madame Bovary. Deutsch von René Schickele. Revidiert von Irene Riesen. Zürich: Diogenes 1980.

Wir waren beim Lernen, als der Direktor hereinkam, hinter ihm ein Neuer, noch ohne Internatskleidung, und ein Schuldiener, der ein großes Pult trug. Wer schlief, erwachte, und jeder stand auf, als wäre er bei seiner Arbeit überrascht worden.
Madame Bovary. Deutsch von Wolfgang Teechtmeier. Berlin: Rütten & Loening 1991.

»Wie waren beim Studieren, als der Direktor eintrat, gefolgt von einem bürgerlich gekleideten *Neuen* und einem Schuldiener, der ein großes Pult trug. Die geschlafen hatten, wurden wach, und alle fuhren auf, als seien sie beim Arbeiten gestört worden.« *Madame Bovary. Deutsch von Maria Dessauer. Frankfurt a. M.: Insel 1996.*

»Wir waren im Arbeitssaal, als der Direktor eintrat; ihm folgten ein *Neuer* in bürgerlicher Kleidung und ein Schuldiener, der ein großes Pult trug. Die, welche schliefen, wachten auf, und jeder erhob sich, als wäre er in seiner Arbeit gestört worden.«
Madame Bovary. Deutsch von Jürgen Krug. Zürich: Haffmans 1997.

»We were in study-hall when the headmaster entered, followed by a new boy not yet in school uniform and by the handy-man carrying a large desk. Their arrival disturbed the slumbers of some of us, but we all stood up in our places as though rising from our work.«
Madame Bovary. Translated by Francis Steegmuller. London: Everyman's Library 1957.

»We were at prep, when the Head came in, followed by a new boy not in uniform and a school-servant carrying a big desk. Those who had been asleep woke up, and every boy rose to his feet as though surprised in his labours.«
Madame Bovary. Translated by Geoffrey Wall. Harmondsworth: Penguin Classics 1992.

Der Rabe rät

Knut Boeser (Hrsg.)
Der Fall Oskar Panizza
Berlin-Steglitz: Edition Hentrich 1989
Dieser Fall ist ein frühes Beispiel für das Problem, ein literarisches Werk verteidigen zu müssen, dessen Qualität zu Recht bestritten werden dürfte, wenn man dessen Autor nicht durch diesen Kunstvorbehalt vor Strafverfolgung schützen könnte. Für den armen Panizza nahmen etliche Kollegen Partei – einige (Theodor Lessing usw.) allerdings so plump und ungeschlacht, daß der Angeklagte mit solchen Plädoyers gestraft genug gewesen wäre.

Bernd Eilert

Günter de Bruyn
Herausgegeben von Heinz Ludwig Arnold/München:
edition text + kritik 1995, Heft 127
De Bruyn, das ist einmal der Schriftsteller, dessen Prosa unaufgeregt und verhalten daherkommt und der, wenn er von sich selber spricht, so genügsam wirkt. Er sagt zu Beginn seiner Memoiren, der *Zwischenbilanz*, daß sie ihm als »Training im Ich-Sagen« dienten. Als Training! Der Band von text + kritik kommt auf diesen Satz zurück. Aber zugleich ist de Bruyn ein souveräner Erzähler, ein kluger Literaturkritiker und ein großer Parodist: zu Recht bringt text + kritik auch Kostproben von de Bruyns Parodien (zu Martin Walser und Christa Wolf). Ach, es gibt viel zu entdecken bei diesem Mann. Nehmen Sie sich diesen Band vor, er ist eine vorzügliche Einführung.

Martin Lowsky

Robert Dachts
Sag beim Abschied...
Verlag der Apfel
Dieser Katalog zu einer Ausstellung über Schicksale österreichischer Unterhaltungskünstler jüdischer Abstammung von Paul Abraham bis Billy Wilder scheint deren Verfolgern und Mördern in einem Punkt rechtzugeben: Die ganze Branche war tatsächlich von Juden so dominiert, daß sie sich von deren Vertreibung und Vernichtung nie wieder ganz erholen wird.

Bernd Eilert

Theodor Fontane
Graf Petöfy
Roman/Berlin: Aufbau 1996
Das Frühwerk des späten Romanciers ist ein schönes Beispiel für seine Erzählkunst, eben weil darin alle Stärken noch so übertrieben werden, daß sie schließlich wie Schwächen wirken: das Vorbedeuten, die Aussparung, das Nachbesprechen usw. Wer will, kann dabei lernen, was Fontane selbst bis zur Meisterschaft vervollkommnete.

Bernd Eilert

Theodor-Fontane-Archiv
Potsdam 1935–1995
Herausgegeben von Manfred Horlitz/Berlin: Berliner Bibliophilen Abend 1995
Das Fontane-Archiv wurde 1935 in letzter Minute gegründet, um Fontanes Nachlaß, zum Teil schon zerstückelt und versteigert, noch einigermaßen zusammenzuhalten. Jetzt nun dieses Jubiläumsbuch, das Dokumente, Fotos und Erinnerungen (zum Beispiel einer

nach Potsdam gereisten Stipendiatin von der Elfenbeinküste) enthält. Ein ermüdendes Philologen-Produkt? Nein, es ist eine Festschrift mit Pfiff: da hat ein Germanisten-Team einen Brief Fontanes »rekonstruiert« – er könnte nicht echter klingen! –, in dem der Alte die Gründung des Archivs fünfzig Jahre vorher weissagt. Diese Satire und dazu der in Versen gefaßte Forschungsüberblick (von Helmuth Nürnberger), eine moderne Version von Fontanes Sanssouci-Gedicht – wer hätte gedacht, daß es in der etablierten Fontane-Szene so frisch und farbig zugeht!

Martin Lowsky

Max Frisch
Stiller
Frankfurt: Suhrkamp 1954 ff.

Neulich wollte ich »Stiller« von Max Frisch noch einmal lesen. Bevor es dazu kam, bin ich dann aber zunächst bei einem unvergleichlich schönen Satz von Frischs Verleger S. Unseld hängengeblieben, und zwar diesem: »Ich möchte noch einmal ›Stiller‹ zum ersten Male lesen können.« Da wurde mir klar: Nicht den »Stiller« möchte ich noch einmal lesen, sondern: Ich möchte den Satz »Ich möchte noch einmal ›Stiller‹ zum ersten Male lesen können« noch einmal zum ersten Male lesen können.
Und muß nun gestehen, daß ich all diesen »Stiller«-Aufwand hier in Wahrheit nur treibe, um diesen einen Satz (Ich möchte den Satz »Ich möchte noch einmal ›Stiller‹ zum ersten Male lesen können« noch einmal zum ersten Male lesen können) loszuwerden. Ob ich dabei Gefallen an einem Satz, der dem Bedürfnis Ausdruck gäbe, »Stiller« noch einmal zum zweiten Male lesen zu können, finden würde, muß ich bezweifeln, da ich »Stiller« nur zum ersten und kein weiteres Mal gelesen habe. Ganz im Gegensatz zu S. Unselds apartem Aperçu, das ich sehr sehr oft gelesen habe, einerseits, weil die Lektüre nicht so zeitraubend wie die des »Stiller« ist, andererseits vielleicht, weil es besser ist? – Lauter Unfug um »Stiller«.

Thomas Schaefer

Franz Josef Görtz, Volker Hage, Hubert Winkels (Hrsg.)
Deutsche Literatur 1995
Jahresüberblick/Stuttgart: Reclam 1996

Woraus besteht das Literaturgeschehen anno domini 1995? Aus Autorensterben, Uraufführungen und vor allem Autorenverlautbarungen in Sachen Stasi und PENiden. Was wird debattiert? Grass, grässer, gräßlichst. Wenn Sie also über die Stasiverstrickungen auf dem laufenden sein, sich auf ein literaturfernes weites Feld begeben und sich zudem Besprechungen zu den immergleichen Büchern, deren Berezensierung durch alle Feuilletons Ihnen schon seinerzeit auf den Keks gegangen ist, antun wollen, dann ist dies Buch goldrichtig für Sie. Wollen Sie hingegen wissen, was 1995 mit der Literatur als solcher los war, dann sind Sie hier irgendwie auf der falschen Veranstaltung.

Friedhelm Rathjen

Eckhard Henscheid
Im Kreis
Ein historischer und ziemlich verwilderter Roman aus einer großen Stadt/ Umschlagillustration von F. W. Bernstein/Edition und Vertrieb: Ivo Wessel, Amalienstr. 9, D–38114 Braunschweig 1994/Preis: DM 90,–

Eckhard Henscheids Jugendroman, der 1967 im Selbstverlag erschien, wurde erstmals 1991 von Ivo Wessel in unveränderter Textgestaltung nachgedruckt und erschien 1994 nun gleichsam in zweiter Auflage neu gesetzt und in edler Ausstattung: in feines Leinen gebunden, mit Schutzumschlag, schwarzem Kopfschnitt, auf schönem Papier gedruckt, plus Lesebändchen. Vom Autor erging unterdessen an mich folgende Warnung: »bitte nachsichtigst lesen!

Ein Jugendwerk. Romane packt der Mensch erst ab dem 30.« Das mag sein. Und doch empfiehlt sich der *Kreis*-Roman nicht nur als bibliophile Kuriosität. Gerade das Unreife des Romans: daß so sehr die Absichten des Autors spürbar sind, macht die Lektüre äußerst lohnend: in zweien, ins Roman-Geschehen eingeschalteten Exkursen sowie im Klappentext formuliert der Fünfundzwanzigjährige sehr reife Überlegungen zum zentralen Problem, wie denn die nur allzu prosaische Alltäglichkeit ins Kunstwerk zu transportieren und für das Poetische wohl zu retten sei. Von den »Schönheiten des Konjunktivs« als dem vorherrschenden Stilmittel des Romans und seiner Funktion ist da die Rede sowie vom Sinn des »Historischen« des Untertitels, auf die Bedeutung der Namensgebung im modernen Roman wird hingewiesen, und nicht zuletzt wird der »aufdringliche Zitatcharakter des Romans« erläutert. Dies alles nimmt theoretisch vorweg, was nicht nur im *Vollidioten*-Roman 1973 formvollendet Gestalt annehmen sollte, sondern kann als nahezu mustergültige Poetik noch des Henscheid der *Maria Schnee* angesehen werden. Bei aller Nachsicht. *Heiko Arntz*

Wenedikt Jerofejew
Die Reise nach Petuschki
Aus dem Russischen von Natascha Spitz/München: Piper 1987

Die beste Baslerin von ganz Berlin wollte mich wohl vor den garstigen Folgen der Trunksucht warnen, so nach dem Motto »Leben oder Leber lassen«. Und wirklich tritt man nach dieser alkoholfrohen Lektüre etwas zögerlicher unter das Joch der Schnapsknechtschaft. Der Erzähler will mit einem Koffer voller Komatropfen im Zug von Moskau nach Petuschki fahren, zwitschert sich wie der Schaffner und seine Mitfahrer einen Wodka nach dem anderen, steigert sich zusehends in Wahnvorstellungen hinein und erreicht im Fuselgefasel *sub specie mortis* das Ende des Buchs. Nur Petuschki erreicht er nie, aber warum sollte er auch? Natürlich kann man wie der Klappentext sagen, diese Erzählung von 1969 betreibe »eine radikale Demontage aller moralischen und geistigen Werte der Sowjetunion«, aber muß man? Das jede Seite in seine Schatten tauchende *Et in Bacardia ego* finde ich viel wichtiger. *Ulrich Blumenbach*

Jörg Kastner
Raumpatrouille
Die phantastische Geschichte des Raumschiffs Orion/München: Verlag Thomas Tilsner

Was heute schon wie ein Märchen klingt, war gestern noch Wirklichkeit. Hier ist ein Märchen von vorgestern: Es gab noch keinen Privatfunk, es gab nur die Öffentlich-Rechtlichen Rundfunkanstalten. Mit heute unvorstellbarem Mut überlegten sich Fernsehmänner, wie man mit Serien spannend unterhalten könnte. Eine dieser Serien war die RAUMPATROUILLE ORION, winziger Teil eines gigantischen (naja, aus heutiger Sicht immerhin beachtlichen) Sicherheitssystems, das das Publikum vor endoterrestrischen Trostlosigkeiten wie *Ilona Christen, Hans Meiser* oder *Wigald Boning* schützte.

ORION wurde schnell Streitobjekt in den Niederungen der Popularkultur: Der junge und forsche Fernsehregisseur Martin Walser nahm Partei für die deutschen Astronauten; der beliebte Bildhauer und Verseschmied Günter Grass forderte die Absetzung der Serie im Rundfunkrat des SFB.

Kastner berichtet, wie die ORION aus dem Fernsehen heraus, quer durch die Illustrierten *Freitag* und *Praline*, dann über den Taschenbuchmarkt flog und endlich in die Perry-Rhodan-Falle ging. Autoren aus der Perry-Rhodan-Redaktion streckten die Lebensgeschichte Commander McLanes und seiner Mannschaft über 145 Heftromane nach der Devise: zeitlose Helden lösen kosmische Rätsel. Ihre wahre Fortsetzung findet die Raumpatrouille nun in Kastners Geschichte. Wer wissen will, was Fernsehen mit Zukunft zu tun haben kann, sollte diesen Blick in die Vergangenheit werfen.

Hartmut Kasper

Helmut Krausser
Spielgeld
Reinbek: Rowohlt 1994
Krausser ist mit seinem *Thanatos* inzwischen berühmt, doch gut sind auch seine kleineren Sachen! *Neues vom Norbert* heißt hier eine Geschichte, in der monatelang eine Clique nichts Neues von ihrem Norbert hört und also, wie üblich, sich eine unechte Neugier angewöhnt. Das Ganze ist auch ein Krimi (Erbschaft, Abgase, Fund im Wald!), vor allem aber eine rabiate Legende von der quasselköpfigen Wurschtigkeit unserer Zeit.
Ebenfalls meisterhaft in diesem Band: die Erzählung vom *Heiltum*, die mythisch aufgeladen von Fliehen und Suchen und dem ewigen Nichtfertigwerden berichtet. *Martin Lowsky*

Harry Mulisch
Das steinerne Brautbett
Aus dem Niederländischen von Gregor Seferens. Frankfurt a. M.: Suhrkamp 1995
Erinnerungen an die Bombennacht von Dresden: ein Flieger von damals sucht das Schuttgelände wieder auf. Wie doch im Kopf alles zusammenfließt: Zerstörungswut und Zeugungswunsch, Angst vor Flammen und Zukunftsfreude, Stalinallee und Sixtinische Madonna, Trümmmerfeld und Brautbett. Wie kommt man darüber hinweg? Wahr ist: »Der Krieg ist erst dann vorbei, wenn der letzte, der ihn erlebt hat, gestorben ist.«
Mulischs Werk ist ein Zusammenschnitt von vielen traumatischen Bildern. Es stammt aus den fünfziger Jahren, aber die harte Kost kam damals nicht an. Jetzt haben wir sie in einer sorgfältigen Neuübersetzung, die so gut ist, daß sie nirgendwo wie eine Übersetzung wirkt.

Martin Lowsky

Robert Olmstead
Amerika landabwärts
Reinbek: Rowohlt 1996
Teufelteufel, was für ein Klappentext: »Eine Frau, ein Mann und eine Harley-Davidson. Und die Weiten Nordamerikas. Zwei Menschen treffen am Rande des Wahns aufeinander; zwei, die sich von der Wirklichkeit losgesagt haben. Zusammen brechen die beiden auf, Trauer und Einsamkeit im Herzen, als Ziel immer den fernen Endpunkt der Straße am Horizont.« Mit zusammengekniffenen Augen tastete ich nach dieser rotweißen Zigarettenpackung, für die immer diese Männer mit Hüten auf Pferden im wilden Westen werben, bevor sie der Lungenkrebs packt, und fing an zu lesen. – Der Klappentext und das Rauchen waren das beste an der Lektüre. Mann + Frau + Harley fahren die Sonne putzen, das war's dann auch schon – Machos, Mythen, Marlboro. Bei Kerouac und seinen Kumpels war das irgendwie zwingender, authentischer. Easy rider wird zum queasy reader. »Du kennst diese Geschichte und möchtest, daß sie von dir handelt, daß sie deine Geschichte ist.« Ach nein, das nun doch nicht. *Thomas Schaefer*

Fernando del Paso
Palinurus von Mexiko
Aus dem Spanischen von Susanne Lange/Frankfurt: Frankfurter Verlagsanstalt 1992
Man nehme einen Medizinstudenten, gebe ihm einen antiken Namen, verdreifache ihn durch Erzähler und Autor, die sich durch einen tiefen Griff in die Mottenkiste der Erzähltheorie alle

irgendwie gleichen, und lasse dieses Mexiko City durchstreifende Trio der Testosteronplanscher nach allen Regeln der Kunst, allen Techniken des *Kamasutra* sowie der erfahrungsarmen Vielwisserei einiger medizingeschichtlicher Enzyklopädien einer Frau hinterhersabbern, die Gottvater persönlich auf unsittliche Gedanken brächte. Fertig ist ein neuer postmoderner Roman, der garantiert achthundert Seiten auf die Waage bringt. Obwohl eine solche Guacamole aus Verfahren der klassischen Moderne und lateinamerikanischem Ethnokitsch in den besseren Passagen an *Gargantua und Pantagruel* erinnert, bildet der Text das vollkommene Negativbeispiel für die Materialschlachten amerikanischer *creative-writing*-Schulen. Abstrakt gesprochen, kommt mir del Pasos Ästhetik hochkapitalistisch vor: Die Wörter *und* die Dinge, die barocke Rhetorik *und* das Beschriebene »erscheinen als eine ungeheure Warensammlung«, wenn man heute noch Marx zitieren darf. Literatur wird zur Apotheose der Konsumgesellschaft oder – in umgekehrter Blickrichtung der Metapher – zum Mega-Thesaurus der Dinge. Wie anachronistisch das ist, zeigt der Vergleich mit Martin Walsers *Anselm-Kristlein-Trilogie. Halbzeit*, der erste Band von 1960, zeigt dieselbe exzessive Selbstverliebtheit, die nur zu gut in die Wirtschaftswunderzeit paßt, aber die Progressivität des frühen Walser bestand darin, diese Rhetorik in *Einhorn* (1966) und *Sturz* (1973) programmatisch zurückzunehmen. Del Paso hielt sich mit derselben Masche noch 1977 für die Vorhut der Avantgarde. Nee danke: Wer Gassenhauer als experimentelle Musik verkauft, betreibt Etikettenschwindel. *Ulrich Blumenbach*

Philosophen beschimpfen Philosophen
Die kategorische Impertinenz seit Kant/Hrsg. Steffen Dietzsch/Reclam: Leipzig 1995
Das relativ Witzigste an dieser Anthologie ist der Untertitel, dann das als Postskriptum nachgereichte »verborgene Motto«: »Die kategorische Impertinenz seit Kant ... Habe Mut, dich deiner Bosheit leidlich zu bedienen.« Leidlich oder weidlich – das ist nur die Frage.
Der Herausgeber, dessen wohlentwikkelter Narzißmus die geneigten Leser gleich eingangs mit einem ganzseitigen Porträtfoto beglückt, um alsdann eine Widmung an seine – in Sachen Männermord offenbar erfolglosen – »Penthesileen« folgen zu lassen, bevor das Nachwort des überlebenden philosophischen Achilleus eine von ihnen dergestalt zu Wort kommen läßt: »Als Louis Althusser seine Frau erwürgte, sagten einige Freunde: Es war wohl das erstemal, daß die französische Arbeiterklasse Louis verstand« –
Der Herausgeber also, man verzeihe den in Sachen Impertinenz leider unvermeidlichen langen Atem, hält sich an eine keineswegs uninteressante philosophische Textsorte. Die Sammlung könnte eine echte Markt- und Wissenslücke schließen. Denn die wechselseitige Beschimpfung der Philosophen ist als persönlichster Aspekt einer Polemik, in der mit den Geistern auch die Charaktere aufeinanderprallen und der Krieg in der Tat zum Vater aller Dinge zu werden verspricht, ein nicht hinlänglich beachteter Teil der Philosophie. Daß ausgerechnet die im Mittelpunkt stehende Geschichte und Nachgeschichte des deutschen Imperialismus so reich an Schimpfereien ist, kann als ironischer Kommentar zu »idealistischen« Prämissen gelesen werden. Und beiläufig wird auch ein hier und da unter gläubigen Seelen noch anzutref-

fendes positives Vorurteil korrigiert: Natürlich ist der schimpfende Philosoph alles andere als ein weiser, die Weisheit auch nur suchender, ein gelassener Mann.

Aber wie kläglich, wie witzlos, wie ermüdend, wie bloß schimpfend sind bis auf rarste Ausnahmen die dokumentierten Schmähreden! Angesichts dessen, was der versprochene »jokologische« philosophische Furor ganz ohne die ebenfalls versprochenen »deutlichen Qualitätsschwankungen« bei den Herren Fichte und Schelling etwa zustande bringt, ist Jacob Burckhardts Eloge auf Schelling schon fast der Knüller aller Knüller: »Wer Schellings Christtum noch lieben kann, der muß ein weites Herz haben.« Konkurrenzlos geradezu Schillers Freund Körner: »Fichte hat ein abenteuerliches Product herausgegeben – den geschlossenen Handelsstaat. Mir hat besonders Spaß gemacht, daß ihm beim Verbot aller Einfuhr der Wein doch noch zu rechter Zeit eingefallen ist, den er sich nicht aus der Mark Brandenburg verschreiben mag.«

Das trostlose Gesamtresultat mag einmal darin begründet sein, daß der Herausgeber seine Sammlung vor allem auf die deutschsprachige philosophische Tradition konzentriert. »Die deutsche Schreibkraft ward in Grund verderbt«: so der einsichtige Aufklärer Friedrich Nivolai »Über seine gelehrte Bildung«. Ob Kant »gar nicht die Gabe eines guten Vortrags« hat, mag dahingestellt bleiben. Und es gibt Gegenbeispiele: die Marx-und Engelszungen, Schopenhauer, Nietzsche, die beiden allerdings, wenn sie *nicht* schimpfen. Begnadetere Polemiker indessen sind allemal in der englischen und der französischen Tradition zu finden. An der fatalen Neigung der deutschsprachigen Philosophie zum humorlosen Schimpfen (Rezensent bekennt sich als praktizierender deutscher Philosoph) laboriert auch dieses Buch. Außerdem bekommt der Anthologie-Charakter dem Geschimpfe nicht. Schopenhauers Attacken auf Hegel zum Beispiel, diesen weltgrößten »Unsinnsschmierer und Charlatan«, entfalten, im Zusammenhang gelesen, den Sog einer großen Suada, die mit dem verhaßten Kollegen die ganze Unvernunft eines im Zeichen der Vernunft firmierenden Weltlaufs verhöhnt. Hier wird daraus eine desolate Häppchensammlung. Adornos dialektische Sottisen auf Heideggers »Jargon der Eigentlichkeit« fallen, weil nur schwer fragmentierbar, gleich ganz unter den Tisch.

Selbst daß unerachtet der versprochenen Systematisierung des Geschimpfes alles wie Kraut und Rüben durcheinandergeht, kann den »Schlaf der Vernunft« nicht aufhalten, aus dem die Sammlung die Texte aufschrecken will. Die Langeweile nimmt allein diese Gewißheit mit: daß Philosophen zwar gerne recht haben, aber um so mehr offenbar bloße Rechthaber sind. Vom Haben zum Sein eben. Quod erat demonstrandum: Es mußte nun einmal auch hier geschimpft werden.

Ludger Lütkehaus

Ludwig Renn
Adel im Untergang
Roman/Berlin: Aufbau 1964

Ludwig Renn hieß eigentlich Arnold Vieth von Golßenau und begann seine Offizierskarriere kurz vor Ausbruch des 1. Weltkriegs standesgemäß in einem Leibgrenadierregiment. Hart und trocken schildert der sächsische Leutnant, was aus den Ritualen einer Klasse geworden ist, die sich in dieser lächerlichen Form natürlich nicht als überlebensfähig erweisen wird.

Seine Schwäche für den einfachen Soldaten sei Renn/Golßenau verziehen – wir erkennen auch bei anderen stets nur jene Schwächen und Fehler genau, die in uns selber ausgeprägt oder zumindest angelegt sind. *Bernd Eilert*

Peter Rühmkorf
Tabu I. Tagebücher 1989–1991
Reinbek: Rowohlt 1995
Zu Lebzeiten veröffentlichte Tagebücher gehören bekanntlich ebenso wie Memoiren zur Gattung der professionellen Bilanzfälschung. Bei solchen nachträglichen Konstruktionen des Gewesenen wird zwangsläufig retuschiert, und auch Rühmkorf verhehlt im Nachwort nicht, seine Aufzeichnungen nach Kräften gekürzt zu haben. Um so beachtlicher, daß er weder die zunehmenden Altersbeschwerden des Sechzigjährigen (»Leben ist Brückenschlagen über Zähne die vergehn«) noch die narzißtischen Kränkungen des Schriftstellers übergeht, den das Feuilleton – in der Selbstwahrnehmung des Diaristen – totschweigt oder der sich bei Lesungen unverstanden vorkommt. Daß er bald mehr Jahre auf dem Buckel hat als Haare auf dem Kopf, hindert Rühmkorf nicht daran, wie eh und je nach allen Seiten auszukeilen. Ob er nun »die hochverdichtete Gutenberg-Galaxis« der Frankfurter Buchmesse besucht oder sich abends durch »das ganze quotensammelnde Säkulum« zappt, ihm bietet sich nichts als das gefundene Fressen. Ein Intimfeind ist die »unspezifische Wortergreifungsautomatik« des »Ermunterungsprofis« Reich-Ranicki, über den es heißt: »Seine Göttin die Unterhaltsamkeit, aber es ist die Seichtigkeit, der er opfert.« Geistesringer anderer Gewichtsklassen kriegen nicht minder ihr Fett ab; Heidegger etwa erntet den Aphorismus »Was sich nicht scharf genug denken läßt, darüber läßt sich gut schwätzen.«
Auch der Fan von Rühmkorfs Gedichten kommt nicht zu kurz, denn gerade der Mann, der 1962 im »Lyrischen Weltbild der Nachkriegsdeutschen« den »Kräutersammlern« und – Benn zitierend – »Bewisperern von Gräsern und Nüssen« ihre poetische Botanisiertrommel um die Ohren schlug, demonstriert hier in Spaziergangsnotizen und Gedichtentwürfen, was im Zeitalter von schadstoffbelasteten Pfifferlingen und genetisch unmatschierbaren Tomaten auf dem Gebiet der Naturlyrik noch alles möglich ist. Wenn Rühmkorf für diesen Band wirklich nur 4000 von insgesamt 15 000 Tagebuchseiten eingedampft hat, will ich so schnell wie möglich den Rest sehen. *Ulrich Blumenbach*

Christine Scherrmann
Frau mit grünen Schuhen
Roman/Göttingen: Steidl 1995
Den Sortiermechanismen, die sich weit & breit auf den Literaturseiten unserer Zeitungen austoben, kann man wahrlich viel Böses nachsagen, aber eins muß man ihnen lassen: sie sind schon konsequent. Konsequent ist, daß in den Messebeilagen praktisch aller Blätter zielsicher derselbe Quark verrührt wird; konsequent ist, daß richtig gute Bücher meist nur *off*-Messebeilage, und dann kurz & knapp, besprochen werden. Der Fall Christine Scherrmann zeigt, daß es noch konsequenter geht: ihre *Frau mit grünen Schuhen* ist nicht nur ein richtig gutes, sondern ein absolut spitzenmäßiges Buch, und folglich ist sie *off-off*-Messebeilage besprochen worden – soll heißen: gar nicht. Vielleicht auch, weil´s ein Roman ist, der nicht auf Nummer Sicher geht; Prosa, die nur aus Versatzstücken von Jugendjargon & Szenengewäsch komponiert ist, kann natürlich bös in die Hose gehen. Kann aber auch zum virtuosen Geniestreich werden, wenn man's kann. Christine Scherrmann kann. Und daß da, wo ständig von MTV und Gangsta-Rap, von Autobastlern und Tampons im Knast und Abschminkzeug die Rede ist, auch Becketts nackter Mann im Schaukelstuhl und Schmidtchens Fickzentaurin auftauchen können, ohne irgendwas aus dem Lot zu werfen, macht die Sache natürlich nicht schlechter. Lesen, unbedingt! *Friedhelm Rathjen*

Franz Joachim Schultz
Woanders
Fragmente/Bamberg: Erich Weiß Verlag 1994
Man lümmelt in der U-Bahn neben einer frisch ondulierten Mutti und wünscht sich, man wäre woanders. Glücklich, wer das Bändchen von Schultz zur Hand hat. Drei- bis Zwölfzeiler berichten von der Ferne: Ausland Europa, USA, Afrika, Asien. Kurze, genaue Beobachtungen, Erkenntnisse wie flashlights, fremde Gesichter, schöne Landschaft, schmierige Touristenfallen. Feine Ironie breitet sich über die Melancholie, die den Ruhelosen weitertreibt. Eigentlich sind diese Fragmente Gedichte. Wer sie laut liest, wird es merken. Auch auf die Gefahr hin, daß Mutti den Platz wechselt. *Peter Zemla*

Leo Tolstoj
Der Überfall
Erzählung/Deutsch von Gisela Drohla/Frankfurt am Main: Insel 1979
Wenn ein Erzähler an sich und dem Sinn seines Erzählens zweifeln oder gar verzweifeln möchte, so sei ihm als Gegenmacht und zur Stärkung seines Erzählerbewußtseins Tolstoj-Lektüre anempfohlen. Gerade in solch unspektakulären, unprätentiösen Erzählungen wie diesen »aus dem Kaukasus« zeigt der Meister seine souveräne Wurschtigkeit und Willkür vollkommen. Tolstojs Philosophie ist in sich so widersprüchlich wie die fast aller großen Erzähler, deren überlegene Kunst eben darin besteht, aus all diesen Irrtümern eine Art höherer Wahrheit abzuleiten – und wenn die sich formulieren ließe im Leben, brauchte man nicht davon zu erzählen. *Bernd Eilert*

Hans-Ulrich Treichel
Heimatkunde oder
Alles ist heiter und edel
Frankfurt: Suhrkamp 1996
Westfale sein, heißt Verlieren lernen. Kindheit und Jugend in jener Region überstanden zu haben, macht hart und humorvoll. Und der Humor ist dann so, daß man mit Heimat Heiterkeit assoziiert. Hans-Ulrich Treichel ist der westfälische Woody Allen. Als Lyriker erwarb er sich Meriten, als Prosaautor ist er viel besser, und das sollte sich endlich rumsprechen. Untröstlich wie Watteaus Gilles steht er verloren in der deutschen Literaturlandschaft. Treichels traurige Texte sind lakonische Verlierergeschichten voll gelassener Trostlosigkeit, stoisch, weise, sarkastisch, verzweifelt, unendlich komisch und ungewöhnlich. Lauter groteske, absurde Geschichten, von feinstem schwarzem Humor. Westfale sein, ist wie Alkoholiker sein: man bleibt es lebenslänglich. Solange es solche Literatur gebiert, ist Westfalen direkt unverzichtbar.
Thomas Schaefer (Westfale)

Nach- und Hinweise

Julian Barnes (*19. 1. 1946 in Leicester, lebt in London)
Verbindungswege erscheint als deutsche Erstveröffentlichung. Es handelt sich um ein Kapitel aus dem Buch *Cross Channel,* das der Haffmans Verlag unter dem Titel *Dover–Calais* veröffentlichen wird. *Dirty Story* war ursprünglich konzipiert als ein Kapitel von *Flauberts Papagei.* Auf Anraten guter Freunde hat Julian Barnes die Zitat-Collage schließlich aber doch nicht in seine grandiose Hommage an Gustave Flaubert aufgenommen. *Dirty Story* wurde erstmals in *Soho Square III* veröffentlicht, einem Periodikum des Verlags Bloomsbury (London 1990), und erscheint hier als deutsche Erstveröffentlichung mit freundlicher Genehmigung des Autors. *Allseits akzeptierte Ansichten* (Titel vom Hrsg.) erschien als Vorwort zu einer wohlfeilen englischen Taschenbuchausgabe von Flauberts *Dictionnaire des idées reçues (The Dictionary of Received Ideas,* Penguin Books, London 1994). Aufmerksamen Lesern werden einige der Barnesschen Definitionen bekannt vorkommen: sie sind bereits im Nachwort zur deutschen Ausgabe des *Wörterbuchs der übernommenen Ideen* enthalten (Haffmans, Zürich 1987).

Jacob Burckhardt (25. 5. 1818 in Basel – 8. 8. 1897 ebda.)
Sie fragen mich nach der Lektüre! (Titel vom Hrsg.) Der Hinweis auf die Rezension der *Éducation sentimentale* in der Augsburger Allgemeinen Zeitung findet sich in einem Brief, den Jacob Burckhardt am 27. April 1870 an Friedrich von Preen geschrieben hat (Jacob Burckhardt, *Briefe an seinen Freund Friedrich von Preen. 1864–1893.* Stuttgart und Berlin 1922). Dank für diesen Fund und die Folgen geht an Joachim Kersten. Siehe auch unter Heinrich Homberger.

Norbert Eberlein (*14. 8. 1956 in Hamburg, wo er nach wie vor lebt)
Die rasante Droschken-Episode *Ich trat an den Kleiderschrank* (Titel vom Hrsg.) stammt aus dem Roman *Seidenmatt,* der 1990 bei Haffmans in Zürich erschien.

Eugen Egner (*10. 10. 1951 in Ingelfingen, lebt in Wuppertal)
Die *Vermutung, wo nicht gar Nachweis über das in der Kutsche Vorgefallene nebst Vorgeschichte* erscheint als Erstveröffentlichung mit freundlicher Genehmigung des Autors und Zeichners wahrhaft kosmischer Vorfälle. Nach wie vor weit vorne auf der Hitliste des Herausgebers: der Egner-Klassiker *Aus dem Tagebuch eines Trinkers – Das letzte Jahr* (Haffmans, Zürich 1991).

Georg Eyring (*1946 in Celle, lebt in der Lüneburger Heide)
Horreur auf dem Rigi erscheint als Erstveröffentlichung mit freundlicher Genehmigung des Bibliotheksdirektors und Heimatforschers.

Gustave Flaubert (12. 12. 1821 in Rouen – 18. 5. 1880 in Croisset)
Die Briefe, die *Gustave an Louise* geschrieben hat, sind dem Prachtband *Gustave Flaubert/Die Briefe an Louise Colet* (Haffmans, Zürich 1995) entnommen. Die Übersetzerin Cornelia Hasting hat für diesen Raben unter schweren Entscheidungsqualen aus der umfangreichen Korrespondenz fünf Briefe ausgewählt, die Einblick vermitteln in eine ebenso stürmische wie schwierige Liebesbeziehung, aber auch in den

Arbeitsalltag und die Gedankenwelt Flauberts. Als Band zwei der Flaubert-Werkausgabe des Haffmans Verlags soll im nächsten Jahr der Briefwechsel mit Guy de Maupassant folgen. Aus dieser Korrespondenz stammt *Lieber Freund! – Lieber Meister!* (Titel vom Hrsg.), eine Reihe von Briefen, in denen ein Recherche-Auftrag abgehandelt wird, den Flaubert seinem ergebenen Schüler Maupassant erteilt hat. Das Ergebnis der Nachforschungen ist eingegangen in Flauberts Roman *Bouvard und Pécuchet.* Unter dem Titel *Diese Erklärung erleichterte sie* erscheint die betreffende Passage in einer neuen Übersetzung, die Cornelia Hasting eigens für diesen Raben angefertigt hat. Das *Szenario* entstammt dem Band *Plans et scénarios de Madame Bovary* (Collection Manuscrits, CNRS/Zulma, Paris und Cadeilhan 1995), einer sorgfältig edierten und brillant gedruckten Wiedergabe aller handschriftlichen Pläne, Skizzen und Entwürfe, die Flaubert zu *Madame Bovary* angefertigt hat.

Robert Gernhardt (*13. 12. 1937 in Reval, lebt in Frankfurt/M.)
Flaubert lesen und lachen? wurde eigens für diesen Raben geschrieben und erscheint als Erstveröffentlichung mit freundlicher Genehmigung des Dichters, Erzählers, Zeichners, Malers und Durchblickers. Für das rechtzeitige Zustandekommen bedankt sich der Herausgeber mit dreifachem *Hut ab!* – Was übrigens den Blickwinkel auf *Salammbô* betrifft: siehe auch die entsprechende Bemerkung von André Gide im Anhang dieses Raben, Abt. *Kopie.* (Und noch ein Hinweis: im Herbst ist bei Haffmans eine Gesamtausgabe sämtlicher Gernhardt-*Gedichte* von 1954 bis 1994 erschienen.)

Edmond de Goncourt (26. 5. 1822 in Nancy – 16. 7. 1896 in Champrosay)
Jules de Goncourt (17. 12. 1830 in Paris – 20. 6. 1870 in Auteuil)
Die Brüder Goncourt waren die scharfzüngigsten Klatschbasen ihres Jahrhunderts. Gemeinsam (tatsächlich: der eine schrieb, während der andere kommentierend und korrigierend dahinterstand) führten sie ab 1851 ihr berühmtes Tagebuch. Neben den täglichen Aufzeichnungen zu Literaturbetrieb und feiner Gesellschaft haben die beiden gnadenlosen Logensitzer noch die Zeit gefunden, eine ganze Reihe von Romanen, historischen Abhandlungen und kunstgeschichtlichen Werken zu verfassen. Nachdem Jules de Goncourt 1870 gestorben war, führte sein älterer Bruder Edmond die Tagebücher alleine, bis zu seinem Tod im Jahre 1896. – Die Tagebucheintragungen über Flaubert stammen aus einem Buch, das in der Reihe ›Die Andere Bibliothek‹ (herausgegeben von Hans Magnus Enzensberger, Greno, Nördlingen 1989) erschienen ist und das an dieser Stelle noch einmal laut und deutlich gepriesen werden soll – [TUSCH!!] –: *Blitzlichter/Portraits aus dem 19. Jahrhundert. Ausgewählt und aus dem Französischen übertragen von Anita Albus* – [FANFARE!] –. Neben der süffigen Auswahl von Madame Albus gibt es in deutscher Sprache noch eine zweite Auswahl aus den Goncourt-Tagebüchern. Sie wurde zusammengestellt und übersetzt von Justus Franz Wittkop und erschien 1983 im Insel Verlag. [APPLAUS] – Was es jedoch nach wie vor *nicht* gibt, worauf die deutschsprachige Leserschaft immer noch wartet (Zitat G. H.: »Wir müssen ja auch im Alter was zum Lesen haben!«), ist eine große, umfassende Ausgabe der Goncourt-Tagebücher. Nicht nur die »Stellen«, sondern das Gesamtbild. – Ja, das wärs.
Abdruck mit freundlicher Genehmigung des Eichborn Verlags, Frankfurt a. M., wo die ›Andere Bibliothek‹ glanzvoll fortgeführt wird.

Eckhard Henscheid (*14. 9. 1941 in Amberg, lebt in Frankfurt a. M.)
Frau Knopf und Herr Eiermann erschien zuerst in dem Erzählungsband *Ein scharmanter Bauer* (Zweitausendeins, Frankfurt/M. 1980). »Klassiker heißen deswegen Klassiker, weil man nichts mehr dazu sagen muß« (C. Delacourge).
Abdruck mit freundlicher Genehmigung des Autors.

Heinrich Homberger (1838 in Mainz – 1890 in Atrolo)
Der realistische Roman. Die Rezension von *L'Éducation sentimentale,* die am 18. März 1870 in der Beilage zur Augsburger Allgemeinen Zeitung ohne Angabe des Verfassers erschien, war nach Jacob Burckhardts Meinung »von einem Meister geschrieben«. Der Gelehrte gestand: »Ich möchte sehr gerne wissen, von wem?« – Das wollten wir auch wissen. Ergebnis der Nachforschungen: der meisterliche Rezensent heißt Heinrich Homberger. Der studierte Jurist lebte einige Jahre in Frankreich und Italien, ging 1872 nach Berlin und redigierte zwei Jahre lang die »Preußischen Jahrbücher«. Danach wieder langjähriger Aufenthalt in Italien, wo er schließlich starb. – Dank für Recherche und Hilfestellung geht an J. K., an das Deutsche Literaturarchiv in Marbach und an das Hamburger Institut für Sozialforschung. (Siehe auch unter Jacob Burckhardt.)

Joachim Kersten (*17. 12. 1946 in Celle, lebt in Hamburg)
Warum soviel Lärm um einen Eierkuchen? erscheint als Erstveröffentlichung mit freundlicher Genehmigung des Anwalts, Literaten und Literaturanwalts. – Auch die Kompilation zum Thema *Vielleicht solltest Du heiraten* hat Joachim Kersten besorgt; aber ganz davon abgesehen und überhaupt – : Siehe unter *Danksagung,* vorne in diesem Raben.

Lemot, Auguste (1847 in Reims – 1909 in Asnières)
Flaubert seziert Emma Bovary. Selten hat eine Karikatur mehr Verbreitung gefunden als die Darstellung Flauberts als Chirurg, der das aufgespießte Herz Emma Bovarys dem Betrachter entgegenhält. Um so verwunderlicher sind die Unklarheiten über den Urheber der berühmten Flaubert-Ikone. Bereits 1958 erschien in der Reihe Rowohlts Monographien der Band *Gustave Flaubert in Selbstzeugnissen und Bilddokumenten,* herausgegeben von Jean de La Varende und übersetzt von Hans Magnus Enzensberger. Auf Seite 86 dieses nach wie vor erhältlichen Buches ist unter Lemots Zeichnung zu lesen: *Flaubert seziert Madame Bovary. Karikatur von* **A. Lernot** *in ›La Parodie‹, 5. Dezember 1896.* Genau diese Zuschreibung und diese Datierung findet sich auch in dem Flaubert-Band aus der Reihe *Die großen Klassiker/Literatur der Welt in Bildern, Texten, Daten,* erschienen in der Verlagsbuchhandlung Andreas & Andreas, Salzburg 1980. – In der Bibliothèque de la Pléiade (Gallimard, Paris) erschien 1972 das *Album Flaubert*, herausgegeben von Jean Bruneau und Jean Docourneau. Diese Ikonographie (heute übrigens eine gesuchte und teuer gehandelte Rarität) zeigt auf Seite 111 die besagte Karikatur. Die Bildunterschrift lautet: *Flaubert disséquant »Madame Bovary«, par* **A. Loriot**. Eine Quellenangabe sucht man vergebens. – Offenbar im Vertrauen auf die Seriösität der *Album*-Reihe wurde diese Zuordnung vom Diogenes-Verlag übernommen. Dort erschien 1979 der (ansonsten sehr rühmenswerte und gehaltvolle) Band *Über Flaubert.* Im Bildanhang steht un-

ter Lemots Zeichnung: *Flaubert, das Herz von Madame Bovary sezierend, Karikatur von* **Loriot** – Bei Julian Barnes *(Flauberts Papagei)* wird der Zeichner endlich beim richtigen Nachnamen genannt: auf Seite 16 der englischen Ausgabe (London 1984) heißt es: *I remembered Lemot's famous cartoon of Flaubert dissecting Emma Bovary.* – Nun also: Lemot? A. Lernot? A. Loriot? Ein Blick ins *Allgemeine Lexikon der Bildenden Künstler* von Thieme-Becker bringt uns weiter. Lernot und Loriot scheiden aus, fündig werden wir hingegen bei Lemot:

> **Lemot**, J., Zeichner (Karikaturist), *1847 Reims † Ende Sept. 1909 Asnières, Schüler von Gill. Mitarbeiter illustr. Zeitschriften (z. T. unter den Pseudonymen *Uzès* und *Lilio*). Buchvignetten und Illustrationen.

Das klingt nach Volltreffer. Nur das J. als Abkürzung des Vornamens irritiert noch. Die Vermutung liegt nahe, daß es sich dabei um einen schlichten Druckfehler handelt, denn auf der berühmten Zeichnung ist der Vorname klar und deutlich mit A. abgekürzt. Erlösende Auskunft gibt endlich ein längst vergriffenes Werk: *Flaubert – Documents Iconographiques,* hrsg. von Pierre Cailler, Genf 1948. **Auguste Lemot**, so heißt es dort, hat die berühmte Karikatur in der Zeitschrift ›La Parodie‹ (Herausgeber: André Gill) veröffentlicht. Als Erscheinungsdatum wird angegeben: 15.–20. Dezember 1869.
Der Herausgeber bedankt sich bei Julian Barnes, Fritz Weigle, Rainer Hachfeld und Dr. Peter Ronge für Beihilfe zur Klärung dieses Falles.

Guy de Maupassant (5. 8. 1850 in Dieppe – 7. 7. 1893 in Passy)
Lieber Freund! – Lieber Meister! Was den Briefwechsel mit seinem väterlichen Freund und Mentor betrifft: siehe unter Gustave Flaubert.

Julius Meier-Graefe (10. 6. 1867 in Resita – 5. 6. 1935 in Vevey)
Schriftsteller und Mitbegründer der Zeitschrift PAN. *Flauberts Dummheit* entstammt dem Band *Geschichten neben der Kunst* (S. Fischer Verlag, Berlin 1933).

Harry Rowohlt (*27. 3. 1945 in Hamburg, lebt dortselbst)
Um die Mitte des Tages wurde zügig für diesen Raben geschrieben und erscheint mit freundlicher Genehmigung des Autors, Übersetzers und Vortragskünstlers.

George Sand (1804 in Paris – 1876 in Nohant)
Vielleicht solltest Du heiraten ist ein von Joachim Kersten zusammengestellter Auszug aus der Korrespondenz zwischen Gustave Flaubert und George Sand, die auf deutsch in einer sorgfältig edierten und sehr schönen Ausgabe vorliegt: *Gustave Flaubert/George Sand. Eine Freundschaft in Briefen.* Hrsg. v. Alphonse Jacobs, deutsch von Annette Lallemand, Helmut und Tobias Scheffel. Verlag C. H. Beck, München 1992. Abdruck mit freundlicher Genehmigung.

Carl Sternheim (1. 4. 1878 in Leipzig – 3. 11. 1942 in Brüssel)
L'Éducation sentimentale. »Der Aufsatz erschien zum ersten und letzten Male in Sternheims Sammelband ›Prosa‹ (1918) S. 23–25.« So steht es in den Anmerkungen zu

Band sechs von *Carl Sternheim/Gesamtwerk* (Hrsg. von Wilhelm Emrich, Luchterhand, Neuwied und Berlin 1966). Und weiter heißt es in diesen Anmerkungen: »Im Schiller-Nationalmuseum Marbach liegt eine 9seitige handschriftliche Übersetzung Sternheims von Teilen des Romans *L'Éducation sentimentale* ins Deutsche (die Schilderung der Dampferfahrt auf dem See). Sternheim schreibt am 13. 5. 1923 an seine Frau Thea: »Ich lese ein himmlisches Buch, das ich hoch über Flauberts sonstiges Werk stelle: *Jules et Henry*, die 1. Fassung der *L'Éducation sentimentale*, das ist, was ich auch einmal schreiben wollte, Flauberts Wilhelm Meister, der Erziehungsroman, der uns Männern immer am Herzen liegt. Eine Erfahrung des damals 25jährigen, gegen die die Goethesche Erfahrung der reine Stumpfsinn ist. Ich schätze das Buch wie vor 15 Jahren Rouge et Noir, nur ist es im Geistigen viel größer.« Unter dem Titel *Sechs Uhr früh am fünfzehnten September* wird die eigenwillige Übersetzung Sternheims in diesem Raben erstmals veröffentlicht, begleitet von einer Faksimile-Seite der handschriftlichen Fassung. – Dank geht ans Deutsche Literaturarchiv in Marbach, ansonsten siehe unter Joachim Kersten bzw. unter *Danksagung*.

Raben-Impressum
›Der Rabe‹ wurde 1982 begründet und wird seitdem herausgegeben von Gerd Haffmans. Redaktion: Katharina Blarer, Tilo Eckardt, Gerd Haffmans (verantwortlich i. S. d. P.). Konzeption und Gestaltung: Urs Jakob. Herstellung: Nicolas Ditzler. Administration, Anzeigen, Rechte: Anja Nützi. Honorare: Claudia Andri, Vertrieb: Peter Haag. Verlag: Haffmans Verlag AG, Raben-Loft im Steinfels, Heinrichstr. 267, CH-8037 Zürich. Für unverlangt eingehende Manuskripte kann keine Haftung übernommen werden. Bei Rücksendungswunsch bitte internationale Antwortscheine in ausreichender Höhe beilegen. Redaktionsschluß war am Eidgenössischen Nationalfeiertag 1996.

Das Flaubert-Raben-Rätsel

Von Cléophas Delacourge

Zu entziffern ist ein Dreizeiler, wobei die Schreibweise des ersten Wortes nicht ganz festliegt. Bitte die Lösung auf einer Postkarte an die Flaubert-Raben-Rätsel-Jury, Raben-Loft im Steinfels, Heinrichstr. 267, CH-8037 Zürich, schicken. Die Gewinner erhalten ein wertvolles Werk aus dem Hause Haffmans. Einsendeschluß ist Volker Kriegels (und Jesu Christi) Geburtstag 1996 (Datum des Poststempels). Der Rechtsweg ist wie immer ausgeschlagen.

Bereits erschienen:

Deutsch von Cornelia Hasting.
992 Seiten, gebunden, mit Schutzumschlag.
Umschlagbild von Volker Kriegel.
ISBN 3 251 20187 5
DM 86.–/öS 628.–/sFr. 86.–

»Zum ersten Mal vollständig auf deutsch.« *Thomas Steinfeld, FAZ*

»Ein literarisches Vergnügen der besonderen Art.«
Margarete von Schwarzkopf, NDR

»Die vorliegende Edition ist solide, zuverlässig. Das Vorwort von Julian Barnes darf man getrost als einen großartigen Essay werten, der allein schon die Lektüre lohnt.«
Manfred Flügge, Der Tagesspiegel, Berlin

»Flauberts Briefe an Louise Colet sind einzigartig als biographische Quelle, als Bild eines hysterischen Genies.«
Thomas Zenke, DeutschlandRadio

»900 Seiten voller Witz, Klugheit, Schärfe, Ekel, aber auch voller Zartheit und Mitgefühl.« *Jochen Schimmang, Deutschlandfunk*

»Das fast tausendseitige Briefkonvolut liest man mit kaum nachlassender Spannung.« *Klara Obermüller, Die Weltwoche*

»Diese große Liebeskorrespondenz.« *Werner Fuld, Focus*

»Glänzend.« *Beate Pinkerneil, Der Spiegel*

»Das Spontane, Überbordende hat auch Cornelia Hastings Übersetzung.« *Hanns Grössel, SZ*